Plurilinguismo e Contatos Linguísticos

10 anos do grupo Atlas das Línguas em Contato na Fronteira (ALCF)

Cristiane Horst, Marcelo Jacó Krug, Joachim Steffen

Plurilinguismo e Contatos Linguísticos

10 anos do grupo Atlas das Línguas em Contato na Fronteira (ALCF)

Para citar esta publicação, utilize por favor este link:
https://nbn-resolving.org/urn:nbn:de:bvb:384-opus4-1188624

Informação bibliográfica da Biblioteca Nacional Alemã:
A Biblioteca Nacional Alemã registra esta publicação na Bibliografia Nacional Alemã; dados bibliográficos detalhados estão disponíveis na Internet em dnb.dnb.de.

© 2025
Cristiane Horst, Marcelo J. Krug, Joachim Steffen

Verlag: BoD · Books on Demand GmbH, Überseering 33, 22297 Hamburg, bod@bod.de
Druck: Libri Plureos GmbH, Friedensallee 273, 22763 Hamburg
A publicação foi apoiada com recursos da Universidade de Augsburg.

A ilustração da capa apresenta um recorte da região abordada no livro, com base em um mapa do cartógrafo Jean-Baptiste Bourguignon d'Anville, datado de 1733.

ISBN: 978-3-7693-7765-1

Sumário

Prefácio

Cléo V. Altenhofen

Universidade Federal do Rio Grande do Sul – UFRGS

O presente volume nasce da célula de um projeto de pesquisa, o Atlas das Línguas em Contato na Fronteira (ALCF), em desenvolvimento pelos organizadores M. J. Krug e C. Horst e demais colaboradores na área fronteiriça entre Misiones (Argentina) e o oeste de Santa Catarina (Brasil). Trata-se, portanto, de um projeto de natureza geolinguística, ou melhor, macrolinguística, que tem por característica principal abranger "línguas" no plural – não apenas as línguas de colonização português e espanhol, mas também línguas minoritárias indígenas e de imigração, como o guarani, o hunsriqueano e o talian, presentes na área em estudo. Dessa pluralidade decorrem grandes desafios, de ordem metodológica e conceptual, que remetem à dinâmica e funcionamento dos contatos linguísticos, do plurilinguismo e das migrações. Mas também o leque de temas de pesquisa se amplia, como mostra o sumário das contribuições reunidas no volume.

São apresentados dez estudos, cada um alinhado com perspectivas diferentes – pode-se dizer de ao menos cinco campos de trabalho: 04 contribuições de enfoque geolinguístico, amparadas em dados de atlas linguísticos (F. W. Margotti; M. Steffen; J. Steffen & M. J. Krug; S. de Sousa Naedzold & A.C. Santana de Souza); 02 contribuições com foco em contatos linguísticos de imigração italiana (F. W. Margotti; E. Ponzo Peres & M. A. de Oliveira); 02 estudos do campo perceptual, relativos a crenças, preconceitos e atitudes linguísticas (N. I. Philippsen; S. Busse); além de 03 estudos de aplicação ao campo da educação, abordando questões de educação plurilinguística (C. Horst, C. Frizzo, A. Fornara & M. Krug), inclusão de alunos indígenas (E. Pena Ferreira & T. Oliveira da Silva) e ensino de variação linguística, no contexto da pandemia e para além do âmbito local e presencial, abrangendo também espaços virtuais (R. A. da Cruz Oliveira & C. Schmidt). Considerando o âmbito da representatividade regional e transnacional, têm-se no volume contribuições que abarcam não apenas a área nuclear do projeto, mas também o Sul e Centro-oeste, Oeste do Pará, além do Espírito Santo.

Esse espectro de olhares sob perspectivas e âmbitos diversos reflete, naturalmente, demandas do contexto e do próprio objeto de estudo. Como tal, e como tudo, representa um recorte de temas que também mobilizam as pesquisas de orientandos do Programa de Pós-Graduação em Estudos Linguísticos na Universidade Federal da Fronteira Sul (UFFS). Embora se possa considerar esse contexto universitário como sendo ainda relativamente jovem (em 2024, completa recém 15 anos), chama a atenção a forma rasante com que se internacionalizou e expandiu para novas redes de pesquisa. A parceria com a Universidade de Augsburg, na Alemanha, configura nesse sentido um modelo de cooperação internacional e interdisciplinar que tem sua eficácia já comprovada em outros projetos, como também mostra o ALMA (Atlas Linguístico-Contatual das Minorias Alemãs), que se desenvolveu sobre o mesmo modelo de cooperação, nesse caso com a Universidade de Kiel.

No que se refere ao estágio de pesquisa do projeto, é preciso destacar a relevância das contribuições deste volume para a análise propriamente dita dos dados que estão sendo levantados pelo ALCF. Como em todo projeto de atlas, sobretudo quando o objeto de estudo envolve mais de uma língua, sua elaboração implica um trabalho de fôlego e de organização até o limite da capacidade e persistência do pesquisador, para não culminar em mais um projeto que "ficou pelo caminho". No caso do ALCF, a publicação deste volume sinaliza pelo contrário que há um planejamento por trás. Tem-se, nas contribuições apresentadas, uma amostra de questões que podem subsidiar análises futuras sobre a base de dados do conjunto da rede de pontos do projeto, com a qual se espera um poder de explanação ampliado, já que os levantamentos, como mostra o capítulo de M. Steffen, seguem a metodologia do modelo da dialetologia pluridimensional. Um comparativo de S. Naedzold & A. C. Santana de Souza entre os atlas linguísticos no Brasil – que têm por foco o português e línguas indígenas – também é apresentado.

Nessa perspectiva, que busca uma descrição ampla da variação linguística em contato, a abordagem das percepções e atitudes linguísticas (cf. N. Philippsen e S. Busse) é igualmente relevante. O capítulo de Philippsen faz uma reflexão sobre o preconceito linguístico manifestado através do uso da variante "siclano" (em relação a seu correlato "sicrano", associada ao rotacismo), em dados de suporte jornalístico disponíveis on line. Busse, por outro lado, estende sua análise de crenças e atitudes linguísticas para um cenário de contato entre línguas e variedades regionais, mais precisamente de migrantes rio-grandenses e catarinenses na fala do Oeste do Paraná, portanto em situação semelhante à dos pontos do ALCF.

No modelo teórico pluridimensional, as atitudes linguísticas fazem parte da dimensão diarreferencial, na qual se analisa o modo como os diferentes grupos em contato se referem/percebem um ao outro no tocante a seus usos linguísticos. Um exemplo de aplicação desse princípio à cartografia de dados é dado pelo ALGR (Atlas Linguístico Guarani-Románico: Sociología) em relação à visão que os paraguaios possuem acerca do guarani e de suas variedades, como o jopará.

Esse tipo de análise tem a ganhar muito com descrições precisas da dinâmica dos contatos linguísticos (dimensão dialingual e diacontatual), como as apresentadas por F. Margotti e E. Ponzo Peres & M. A. de Oliveira. O capítulo de Margotti, por exemplo, identifica marcas do português de contato com o italiano, nos diferentes níveis de descrição linguística. Adicionalmente, busca delimitar a área de ocorrência dessas marcas linguísticas em diferentes estudos geossociolinguísticos. Os "traços linguísticos" de influência do italiano/talian aparecem igualmente no capítulo de E. Ponzo Peres & M. A. de Oliveira, que também analisam a vitalidade linguística do italiano e sua substituição pelo português, conforme estudos realizados no Espírito Santo.

A contribuição de J. Steffen & M. J. Krug combina a perspectiva da linguística de contato com a da linguística da variação diacrônica e sincrônica, para explorar a gramaticalização de partículas modais no português em comunidades bilíngues do sul do Brasil. Com base em cartas privadas do acervo ALMA-Histórico e de dados de fala do ALCF, os autores analisam como o uso de formas como *ainda* e *uma vez* assumem funções pragmáticas específicas motivadas pela influência de partículas alemãs como *noch* e *(ein)mal*. O estudo correlaciona a ocorrência dessas formas com processos históricos e contemporâneos de adaptação linguística, evidenciando como o contato prolongado com o alemão moldou o uso desse tipo de partícula no português, para suavizar, intensificar ou ajustar declarações.

Por fim, compreender as interinfluências entre os diversos grupos de fala em contato pode, além disso, jogar luz sobre as diversas tentativas de aprimoramento do ensino em situações de uso de línguas minoritárias, como mostram as contribuições do capítulo de C. Horst, C. Frizzo, A. Fornara & M. Krug, bem como de E. Pena Ferreira & T. Oliveira da Silva e de R. A. da Cruz Oliveira & C. Schmidt. Esses estudos mostram via de regra como o contexto social e também plurilíngue – e vice versa o contexto escolar – são dois campos de pesquisa complementares, visto que o modo como a escola acolhe as línguas "de casa e da rua" repercute também no uso, manutenção e configuração das "línguas e variedades em contato". A proposta de "educação plurilinguística", conforme C. Horst, C. Frizzo, A. Fornara & M. Krug, assim como os esforços no sentido de uma "pedagogia da variação", como mostram R. Oliveira & C. Schmidt, buscam de certo modo reatar as duas pontas – da escola e da sociedade –, visibilizando aspectos da diversidade linguística que, embora presentes no dia a dia, deixam de ser abordados no âmbito educacional, postergando para o resto da formação do indivíduo um problema que, uma vez problematizado e debatido às claras, poderia ao menos ter uma chance de ser esclarecido de forma mais objetiva e transparente.

Como se vê, há uma constelação de temas e desdobramentos que um estudo macrolinguístico em uma área delimitada evoca e proporciona. A publicação que ora vem a lume faz um recorte bastante solidário e aberto que enfoca, sob perspectivas diversas, as línguas na sociedade. As contribuições apresentadas no volume convergem, entretanto, para o tema central do projeto e grupo de pesquisa do qual emerge: o plurilinguismo, a variação e mudança linguística, os contatos linguísticos. Para os organizadores do volume são a combinação ideal para subsidiar as análises que se seguirão, centradas especialmente nessa área linguisticamente muito rica da fronteira entre Misiones (Argentina) e Brasil.

Contribuições da língua italiana na formação do português no sul do Brasil

Felício Wessling Margotti
Universidade Federal de Santa Catarina – UFSC

1. Introdução

No final do século XIX, entre as comunidades rurais na Itália, a palavra de ordem era *"andare in Mérica"*. De Rosa (1987 apud SANTOS, 1999), com base nas estatísticas de entrada de imigrantes nos portos do Rio de Janeiro e de Santos/SP, informa que, no período de 1820 a 1908, entraram no Brasil: 1.277.040 italianos, 672.213 portugueses, 303.508 espanhóis, 96.006 alemães, 62.209 austríacos, 60.374 russos, além de contingentes menores de franceses, ingleses, suíços, belgas, suecos e outros, totalizando 2.656.177 imigrantes. O maior número de imigrantes italianos estabeleceu-se em São Paulo, substituindo a mão de obra escrava no cultivo do café. Outros foram para o Espírito Santo e para os estados da Região Sul. As estatísticas da época apontam que, entre 1875 e 1914, estabeleceram-se no Rio Grande do Sul "entre 80 a 100 mil italianos" (DE BONI; COSTA, 1984, p. 68), vindos, sobretudo, da Lombardia, do Vêneto e de Trento. De acordo com Radin (2020, p. 63), em 1900 os italianos em Santa Catarina eram cerca de 320 mil; no Paraná, eram cerca de 18 mil.

De tais informações, deduz-se que a colonização italiana nos três estados meridionais do Brasil representou forte impacto na ocupação do território e na economia, inicialmente com atividades primárias (agropecuária e extrativismo) em áreas antes desabitadas e, ao longo do tempo, com a formação de pequenos e grandes núcleos urbanos, nos quais aos poucos se desenvolveram atividades secundárias e terciárias (indústria, comércio e serviços). Esses imigrantes, inicialmente situados em áreas relativamente bem definidas no meio da mata atlântica, entre o mar e as encostas da Serra Geral, aqui se multiplicaram e atualmente seus descendentes não só migraram para ocupar novas terras no norte e noroeste do Rio Grande do Sul, oeste e sudoeste do Paraná e além, mas também se mesclaram a outros grupos étnicos, tanto no sul quanto em outros estados do Brasil.

Esse influxo de imigrantes europeus, principalmente de italianos e alemães, também desenhou um cenário cultural peculiar que se preserva em grande parte, representado pelas línguas ainda aqui faladas, como o "Talian" e o "Hunsrückisch", entre outras. Historicamente, nos assentamentos de imigrantes europeus falavam-se somente as línguas de origem étnica, embora nem sempre as comunidades fossem linguisticamente homogêneas. O mais frequente, aliás, era a existência de diferentes variedades dialetais em contato. Todavia, à medida que tais populações de imigrantes foram se integrando ao novo meio, iniciaram a aquisição do português como segunda língua. E, em sendo bilíngues, usavam o português como língua de interação com o meio externo e a língua de seus ancestrais nas comunicações familiares e comunitárias. Por fim, já nas terceiras e quartas gerações em diante, quando os pais, por razões diversas, deixaram de transmitir as línguas dos grupos étnicos a seus filhos, tais línguas começaram a passar pelo processo de regressão e progressiva mortandade, de tal modo que parte das novas gerações ou são de bilíngues passivos – entendem em algum grau a língua de seus antepassados –, ou são totalmente monolíngues em português, excetuando-se os eventuais casos de aprendizagem ou aquisição linguística por meio de outras condições.

Em se tratando mais especificamente dos "dialetos italianos", na maioria das vezes, referidos simplesmente como "língua italiana", tema deste trabalho, considera-se que a expressão "dialetos italianos" tanto se refere aos grupos dialetais presentes no Sul do Brasil (vêneto, lombardo, friulano e trentino), quanto aos subgrupos (grupo vêneto: feltrino-belunês, paduano, rovigoto, trevisano, veronês, vicentino; grupo lombardo: bergamasco, cremonês, mantuano, milanês; grupo trentino: trentino; grupo friulano: friulano) e às variedades em contato. A respeito das diferenças e semelhanças entre os diferentes dialetos italianos, especialmente aqueles falados pelos imigrantes italianos do Sul do Brasil, vejam-se Bunse (1975), Frosi e Mioranza (1983), entre outros.

Na atualidade, o maior ou menor grau de manutenção da língua italiana varia de um lugar para outro e, nos casos em que ainda se verificam situações de uso cotidiano dessa língua de imigrantes juntamente com o português, os estudos têm revelado que a língua étnica afastou-se significativamente da língua trazida pelos primeiros imigrantes, constituindo-se numa variedade com características próprias.

Essa constatação não é nova. Bunse (1975), ao confrontar material etnolinguístico sobre o viticultor e a vitivinicultura na Antiga Região Colonial Italiana do Rio Grande do Sul (Caxias do Sul, São Marcos, Farroupilha, Garibaldi, Bento Gonçalves, Flores da Cunha, Antônio Prado, Nova Prata e Veranópolis) com o Atlas Linguístico e Etnográfico da Itália e da Suíça (A. I. S.), concluiu que os dialetos falados na referida região brasileira "apresentam as características fonológicas, morfológicas, sintáticas e lexicais dos dialetos do norte da Itália" (p. 67). Constatou, ainda, que predomina o dialeto vêneto, fundido com elementos de outros dialetos setentrionais italianos, constituindo uma coiné dialetal, principalmente sob o ponto de vista lexical, mas prevalecendo a fonologia do vêneto. Essa coiné, que resultou da fusão de dois grupos linguísticos mais representativos (vêneto e lombardo) em contato com outras variedades, tornou-se o instrumento linguístico de interação entre as diversas comunidades ítalo-brasileiras, tanto no convívio familiar quanto no relacionamento social.

O surgimento dessa coiné veneta deu-se por causa do modelo de ocupação dos lotes das colônias (parcela de terra equivalente a vinte quatro hectares), uma vez que no assentamento dos colonos não foi levado em conta o critério etnolinguístico. As levas de imigrantes italianos eram em geral mistas, provenientes de diferentes províncias e, portanto, compostas por falantes de dialetos diversos, mas os vênetos, que eram em maior quantidade – os números giram em torno de 60% –, irradiaram com maior intensidade seu dialeto e seus costumes. Esse contato do vêneto com diferentes dialetos italianos no Sul do Brasil, especialmente o lombardo, deu origem a um modo de falar característico e bastante peculiar, denominado coiné vêneta, que foi registrada em 2014 no Inventário Nacional da Diversidade Linguística como língua *Talian* (italiano brasileiro). O *Talian* é uma das autodenominações para a língua de imigração/língua de herança falada no Brasil por descendentes de italianos, formada pelo contato linguístico com dialetos setentrionais das regiões do Trentino-Alto Adige, Friuli Venezia Giulia, Piemonte, Lombardia, Emília-Romanha e Ligúria em contato com o português brasileiro (cf. LOGERIAN-PENKAL, 2020 apud LUZZATTO, 1994).

2. Português de contato com o italiano

2.1 Do passado para o presente

Os dialetos trazidos da Itália sofreram aqui processos de nivelamento linguístico (*Sprachausgleich*), no contato interdialetal, e acabaram sendo, em parte, assimilados pela língua oficial. Em vista desse processo, nas áreas de contato do português com as variedades dialetais trazidas pelos imigrantes italianos, por exemplo, o português vernacular apresenta uma série de traços peculiares que o caracterizam como variedade específica atestada por diversos estudos acadêmicos e que são percebidos em parte também pelos falantes em contato, sejam de origem italiana ou não.

O assentamento dos imigrantes italianos em áreas mais ou menos delimitadas, cobertas originalmente por densas florestas (BUNSE, 1978, p. 13) nas colônias velhas, bem como a migração para colônias novas (imigração interna), contribuíram para o surgimento dessa variedade de língua portuguesa – ou "brasileira", como dizem os ítalo-brasileiros – com características próprias, proveniente "das especificidades linguísticas de seus falantes e das condições de aprendizagem da língua oficial do Brasil" (ALTENHOFEN, 2002, p. 131).

> Estudos sobre a diversidade dialetal em regiões de colonização italiana no sul do Brasil revelam que, nos centros urbanos maiores, a fala dialetal cedeu lugar à língua portuguesa; nos centros urbanos menores, o dialeto italiano está sendo relegado em favor da língua portuguesa, especialmente entre pessoas de menos idade; nas comunidades rurais, os dialetos ainda persistem, porém com nivelamento bastante acentuado no âmbito dos próprios dialetos e também com influências da língua portuguesa. (MARGOTTI, 2004, p. 2).

A rigor, os fatos apontam para o gradativo desaparecimento da fala dialetal italiana, embora ainda se faça presente em muitas comunidades – principalmente naquelas mais afastadas dos centros urbanos e com forte presença de ítalo-brasileiros – e, mais especificamente, no seio das famílias dos colonos. Mas, mesmo nesses casos, a fala dialetal italiana é praticamente a fala dos *nonos*, pois os jovens – a maioria dos quais busca, pela formação escolar, oportunidades mais favoráveis de ascensão social – falam, com raras exceções, exclusivamente português.

A regressão do *Talian* tem – portanto – estreita relação com a crescente assimilação linguística e cultural das populações ítalo-brasileiras, associada a atitudes negativas em relação a essa língua e à redução de sua transmissão às novas gerações. De certo modo, especialmente em ambientes urbanos, o *Talian* é visto como língua de "colono grosso", também denominada de "sotacon", com a qual os jovens, os urbanos e os mais letrados não mais se identificam, apesar de alguns esforços e medidas para frear, ou mesmo reverter essa tendência.

> Na literatura especializada sobre a integração dos italianos ao novo meio nas regiões de colonização no Sul do Brasil, tem-se repetido que os ítalo-brasileiros sentem *vergonha* de falar o dialeto italiano. Da mesma forma, sentem-se constrangidos de falar português tendo em vista a percepção de que *falam mal, falam errado, falam com sotaque carregado*, ou seja, sentem *vergonha* de assumir sua italianidade [...]. Essa percepção constitui-se em um tipo de preconceito

linguístico, cuja origem remonta sobretudo à Campanha de Nacionalização do Ensino, na década de 30, quando os dialetos italianos, assim como outras línguas de imigrantes, foram proibidos nas escolas, nas igrejas, nos quartéis e em lugares públicos. (MARGOTTI, 2019, p. 363).

Evidência dessa percepção é representada pelo depoimento de um jovem agricultor do interior do município de Caxias do Sul/RS.

Eu tinha vergonha quando, na escola, chamavam a gente... falava em dialeto, muitos chamavam a gente de grosso, era colono, era grosso e... Quem é que fazia isso na escola? Quem não era [colono]. Tinha geralmente os... sempre tinha aqueles que queriam sê mais. Eram italianos, mas que... acham porque eles falavam bem o brasileiro, o português que nós dizemos, eles se achavam que eram superior à gente, porque tinha mais dinheiro, porque eram da cidade, e queriam desmoralizar a gente, assim, por ali, chamando a gente de grosso porque nós falava italiano. (MARGOTTI, 2004, p. 247).

Em período mais recente, à medida que enriqueceram e se urbanizaram, os ítalo-brasileiros buscam se identificar com valores de prestígio, entre os quais o domínio do português-padrão. Falar português sem as marcas de contato com a língua dos ancestrais passou, então, a ser visto como fator de promoção social. Ao mesmo tempo, essa nova classe de italianos "passa a segregar social e linguisticamente os menos favorecidos – o colono – que, ou se comunica através do dialeto italiano e é qualificado como grosso, ou se expressa em português, porém de um modo assaz precário, e torna-se motivo de riso" (FROSI, 1989, p. 61).

Há que se destacar que essa variedade de português de contato com o italiano não costuma ser prestigiada pela escola, nem ela está preparada para isso. Ao contrário, não raro, a escola atua como um vetor de reforço do preconceito

2.2 Distintos olhares acadêmicos sobre os imigrantes italianos e seus descendentes

Os enfoques dos estudos sobre o contato do português com o italiano no sul do Brasil variam conforme os objetivos de cada pesquisa. Assim, há trabalhos cuja preocupação principal é descrever e identificar os traços característicos da língua dos imigrantes e, a partir dessa descrição, compará-la com a respectiva variedade equivalente à da matriz de origem, na Itália, ou mesmo com outras variedades. Vários desses estudos enfatizaram, como dito antes, a *tese da* existência ou desenvolvimento de uma coiné de base vêneta, modificada pelo contato interdialetal com outras variedades de italiano e interlingual com o português.

Igualmente frequentes se mostram os temas sobre a história da imigração e da colonização italiana e a integração do imigrante italiano ao novo meio, associados às questões relacionadas à língua, à cultura, às atitudes e à identidade, tais como a manutenção e mortandade (substituição) linguística do italiano como língua de imigrantes, o predomínio do uso do italiano ou do português, incluindo aspectos relacionados *às interinfluências linguísticas* (interferências, transferências e empréstimos).

Há também estudos cujo foco é o ensino, tanto de português nas comunidades bilíngues, quanto de italiano para alunos brasileiros.

E, também, há pesquisas direcionadas à *descrição da variação do português em contato com o italiano*, sobretudo de cunho sociolinguístico, mas também geolinguístico. Entre essas pesquisas, citam-se Bunse (1975, 1978), Marquardt (1977), Paviani (1992), Spessatto (2001), Ponso (2003), Margotti (2004), Altenhofen (2008), ALERS (2011, v. 1 e 2), Altenhofen & Margotti (2011), entre outras.

Feitas essas considerações, serão apresentadas a seguir algumas contribuições da língua italiana na formação do português no sul do Brasil, visando caracterizar, em especial, uma variedade de fala que se identifica como português de contato com o italiano.

3. Indicadores linguísticos do português de contato com o italiano

Os pesquisadores do *Atlas Linguístico-Etnográfico da Região Sul do Brasil – ALERS –* tiveram o cuidado de incluir, na definição da rede de pontos de pesquisa, localidades representativas de contato linguístico, tanto de contato do português com línguas de imigrantes, quanto o contato do português com o espanhol, nas fronteiras com o Uruguai, a Argentina e o Paraguai. A justificativa para tal se amparou no fato de que na Região Sul há "presença significativa de elementos provenientes do adstrato de imigrantes europeus e asiáticos" (ALERS, 2011, p. 27), conforme se demonstra nas tabelas 1 e 2.

Tabela 1 – Número de informantes bilíngues do ALERS, de acordo com a segunda língua falada pelo informante, em contato com o português

	Alemão	%	Italiano	%	Polonês	%	Ucraniano	%	Outras	%	Total
PR	2	13,33	8	53,33	1	6,67	3	20,00	1	6,67	15
SC	17	38,64	21	47,73	4	9,09	0	0,00	2	4,55	44
RS	9	36,00	12	48,00	3	12,00	0	0,00	1	4,00	25
Região	28	33,33	41	48,81	8	9,52	3	3,57	4	4,76	84

Fonte: ALERS, 2011, p. 27.

Tabela 2 – Distribuição dos pontos de inquérito do ALERS de acordo com a variável "bilinguismo dos informantes".

Tipo de ponto de inquérito conforme o bilinguismo	PR	%	SC	%	RS	%	Total
Ponto bilíngue com informante bilíngue	15	15	44	55	25	26,32	84 (30,55%)
Ponto bilíngue com informante monolíngue	62	62	24	30	37	38,95	123 (44,73%)
Ponto monolíngue com informante monolíngue	23	23	12	15	33	34,74	68 (24,73%)
Total de pontos	100		80		95		275 (100%)

Fonte: ALERS, 2011, p. 28.

O cenário apontado pelas Tabelas 1 e 2, sem que fossem considerados eventuais falantes bilíngues de português e espanhol, notadamente nas áreas fronteiriças com países de língua hispânica, indica a existência de línguas minoritárias em uso no território pesquisado pelo ALERS, consequentemente, situações de bilinguismo e contato linguístico. Do total de 275 informantes, 84 deles são bilíngues em diferentes graus. Também fica evidenciado que. dentre eles, os falantes de italiano somam 48,81%, o que representa uma quantidade superior a todos os demais bilíngues de português e outras línguas. Observa-se ainda que, em cerca de 45% dos pontos de pesquisa nos quais também existem falantes bilíngues – embora não seja a maioria da população do lugar –, o informante selecionado para a pesquisa não se reconhece como falante de uma segunda língua.

Com base nas variáveis linguísticas e sociais controladas pelo ALERS, Koch (2000) identificou distintas áreas linguísticas na Região Sul relacionadas ao povoamento (Figura 1). Esse estudo feito por Koch com base em variáveis fonético-fonológicas, foi posteriormente refinado por Altenhofen (2002), com a incorporação de variáveis morfossintáticas e semântico-lexicais.

Figura 1 – Áreas linguísticas do português apontadas pelo ALERS

ATLAS LINGÜÍSTICO-ETNOGRÁFICO DA REGIÃO SUL DO BRASIL (ALERS)

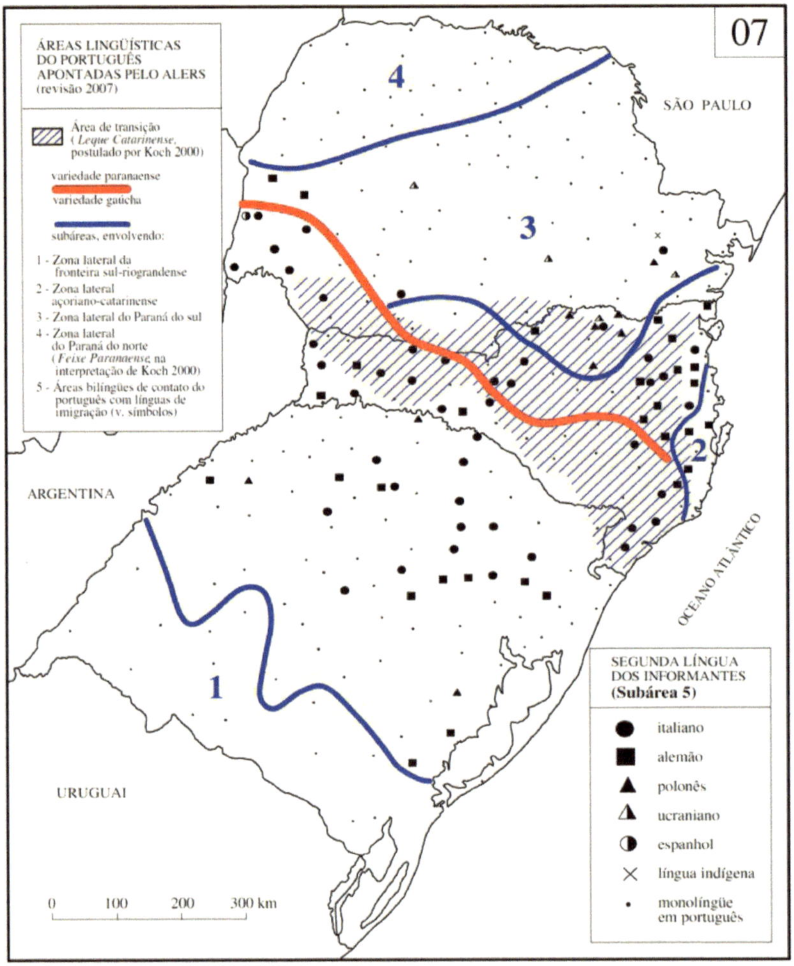

MAPA 07 - Áreas lingüísticas do português apontadas pelos dados do ALERS

Fonte: ALTENHOFEN; THUN (2016, p. 389).

As áreas bilíngues de contato do português com outra(s) língua(s) estão identificadas na Figura 1. Observa-se que nos pontos em que o informante é falante de uma segunda língua há um símbolo indicando essa língua, incluindo o espanhol. No caso, os bilíngues de português e italiano, foco deste texto, estão situados principalmente na região serrana, norte e noroeste do Rio Grande do Sul, em áreas próximas ao litoral (no Vale do Rio Itajaí e no sul do estado) e centro-oeste de Santa Catarina e sudoeste do Paraná.

3.1 Indicadores fonético-fonológicos

No português, o [R] forte (vibrante alveolar, fricativo velar ou uvular) é um fonema oposto a [R] brando (tepe ou vibrante simples, realizado com um único toque vibratório da ponta da língua junto aos dentes superiores). Desse modo, distingue-se *erra* de *era*, ou *ferro* de *fero*, ou *carro* de *caro*, ou *corre* de *core*, e assim por diante (cf. CÂMARA JR., 1970, p. 17).

No português de contato com o italiano, no entanto, os falantes nem sempre realizam o [R] forte nos contextos em que ele costuma ser realizado no português brasileiro, e isso tem sido percebido como um dos traços (estereótipos) derivados do *Talian* (italiano brasileiro). A explicação histórica para essa diferença está nos dialetos italianos falados nas áreas bilíngues de português/italiano. Nesses dialetos, trazidos do norte da Itália, só existe uma vibrante simples apicodental (cf. FROSI; MIORANZA, 1983, p. 347).

Estudo realizado por Spessato (2001) sobre "as características dialetais dos imigrantes italianos em Chapecó" mostrou que os descendentes de italianos realizam, em início de palavra, o tepe (48% das ocorrências) ou uma variante "intermediária" (24% das ocorrências). E entre vogais, a exemplo de *carro, bairro, garrafa*, houve registro de 42% de tepe e de 49% da variante "intermediária". Na realização do denominado rótico "intermediário", que se situa entre a vibrante múltipla e o tepe, a vibração não ocorre com o ápice da língua nos alvéolos, como na vibrante prototípica do português brasileiro, mas sim com a lâmina da língua.

Pesquisa realizada por Margotti (2004) em oito municípios (quatro no Rio Grande do Sul e quatro em Santa Catarina) sobre o português de contato com o italiano revelou que, em 1.048 dados sobre o [R] em início de vocábulo (*rapaz* e *revólver*, por exemplo), em início de sílaba precedida por consoante (*genro*, por exemplo) e em posição intervocálica (*garrafa* e *chimarrão*, por exemplo), 50% das ocorrências foram de variantes associadas ao português não marcado pelo contato com o italiano, isto é, vibrantes ou fricativas, e 50%

foram de tepe ou aproximante ("intermediária"), variantes essas que caracterizam o português de contato com o italiano.

A carta linguística da Figura 2, publicada pelo ALERS, representa as áreas de concentração das ocorrências de tepe em *revólver*, *genro*, *carro*, *calor* e *corda* na Região Sul.

Figura 2 – Áreas de concentração do [R] fraco, ou tepe, na Região Sul do Brasil

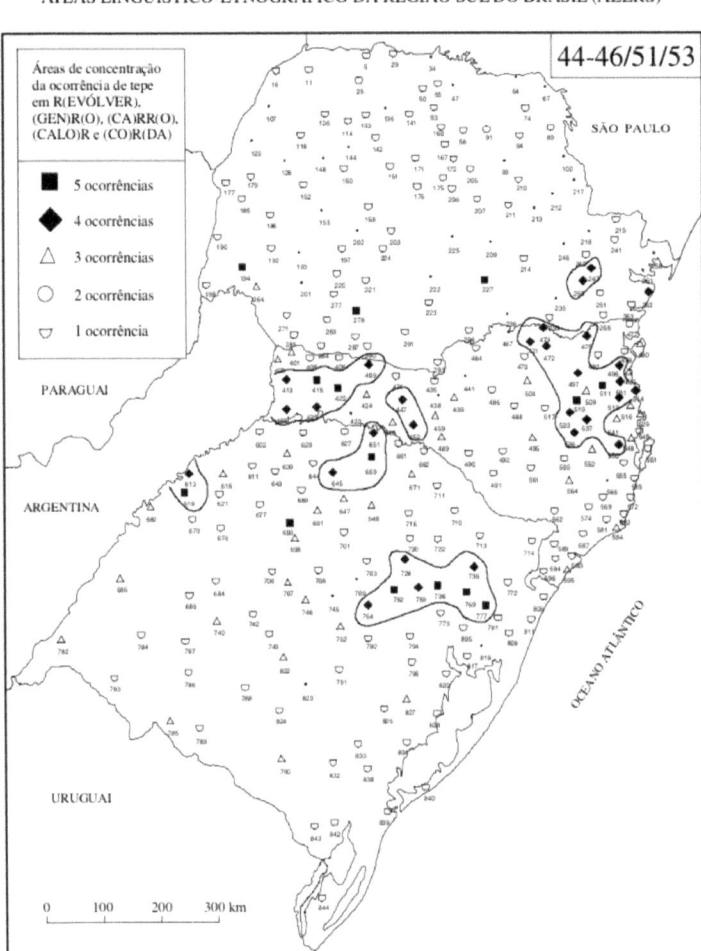

Fonte: ALERS, 2011, v. 1, p. 259.

De acordo com o mapa da Figura 2, os pontos em que há maior concentração de tepe são exatamente aqueles nos quais os ítalo-brasileiros são predominantes, a saber: Serra Gaúcha (Região de Colonização Italiana – RCI), norte e noroeste do Rio Grande do Sul, Vale do rio Itajaí-Açu e imediações, centro-oeste e oeste de Santa Catarina e alguns pontos no sul do Paraná. É de se registrar, todavia, que no sul de Santa Catarina, onde também há concentração de ítalo-brasileiros, foram registradas poucas ocorrências de tepe.

O uso dos róticos no português em contato com o italiano, em início de sílaba e em contextos intervocálicos, no RS e em SC, também foi estudado por Comiotto & Margotti (2019). Para a análise do uso /r/ foram consideradas treze respostas (palavras) obtidas por meio do Questionário Fonético-Fonológico (QFF) do *Atlas Linguístico do Brasil - ALiB*. A realização da variável foi observada em dois contextos: posição intervocálica e início de palavra: 'terreno', 'varrer', 'ruim', 'arroz', 'rosa', 'rato', 'remando', 'real/reais', 'borracha', 'rasgar', 'correio', 'sorriso', 'morreu'. Os resultados foram cartografados, conforme se observa na Figura 3.

Figura 3 – Uso dos róticos no português em contato com o italiano em Santa Catarina e no Rio Grande do Sul

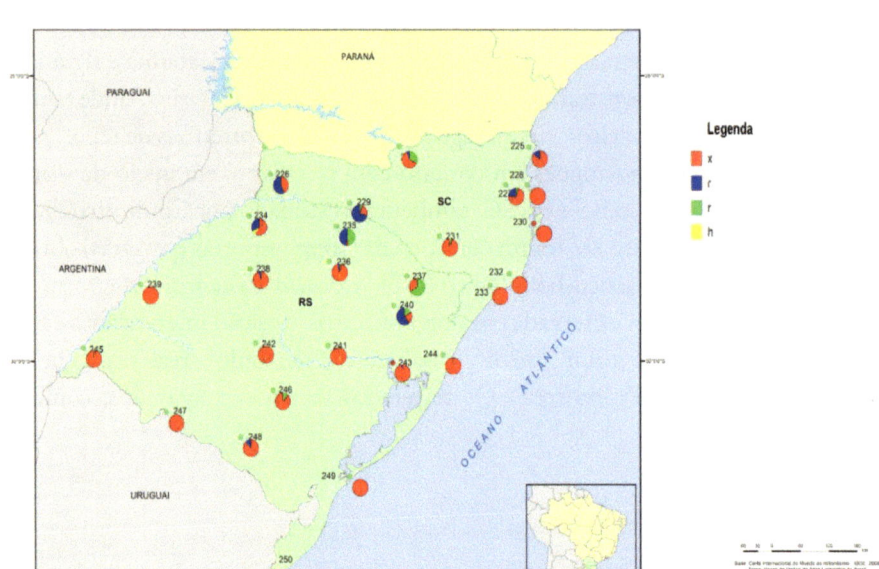

Fonte: COMIOTTO; MARGOTTI, 2019, p. 4.

Conforme consta na Figura 3, há o predomínio do uso da fricativa velar [x] nos estados do Rio Grande do Sul e Santa Catarina, porém nas regiões de contato com o dialeto italiano, representado pelos pontos 226 – São Miguel do Oeste (SC), 229 – Concórdia (SC), 235 – Erechim (RS), 240 – Flores da Cunha (RS), registram-se as variantes r-forte [r] e principalmente tepe [ɾ]. Além dos quatro pontos, a cidade de Criciúma, representada pelo ponto 233, também recebeu imigrantes italianos. Entretanto, as marcas típicas do contato entre o português e falares do dialeto italiano não foram observadas nos dados, apenas a fricativa velar [x], realidade que já havia sido indicada pelo ALERS (ver Figura 2).

Além da realização do tepe [ɾ] em ataque de sílaba inicial e entre vogais nas localidades de colonização predominantemente italiana, essa variante também foi documentada em outras localidades, a saber: 224 – Porto União (SC), 225 – São Francisco do Sul (SC), 227 – Blumenau (SC), 236 – Passo (RS), 238 – Ijuí (RS), 243 – Porto Alegre (RS), 248 – Bagé e 245 – Uruguaiana (RS). Dentre essas localidades, a que apresentou maior índice de tepe [ɾ] foi Blumenau (SC), onde existe o contato do português com o alemão, o que sinaliza que o contato com a língua alemã também contribui para a realização do [R] fraco em contextos nos quais é esperada a realização do [R] forte.

Outra variável fonético-fonológica prototípica do português de contato com o italiano é a redução do ditongo final [-ão]. Sabe-se que na língua italiana inexiste esse ditongo e, por isso, os ítalo-brasileiros eventualmente não o realizam, mas mantêm a nasalização da vogal, substituindo o segmento [-ão] por [-õ]: *verON > verão*, *coraçON > coração*, *fogON > fogão*, *cerraçON > cerração*, limão > *limON*.

Em estudo realizado por Tomiello (2005) sobre o uso variável do ditongo [-ão] em zona rural do município de São Marcos/RS, onde os falantes bilíngues irrestritos de italiano-português são os mais idosos e os semirrestritos são os mais jovens, verificou-se forte influência das variáveis sociais idade, escolaridade e sexo nos resultados. Em relação à idade dos falantes, os resultados sobre a redução do ditongo nasal final [-ão] foram: de 15 a 25 anos, 20%; de 30 a 45 anos, 44%; de 50 anos ou mais, 73%. Em média, o percentual de ocorrências da redução do referido ditongo ficou em 46%.

No município de Vargeão/SC, Gubert (2012) obteve 424 dados do ditongo final [-ão], dos quais a variante prototípica do português em relação à idade dos falantes foi a seguinte: de 20 a 35 anos, 90% da variante [-ão]; acima de 45 anos, 60% da variante [-ão]. Ou seja, a variante [-õ], que é associada ao português-*talian* tem alguma vitalidade entre os mais velhos, mas seu uso é reduzido entre os mais jovens.

Além do uso variável dos róticos e do ditongo nasal [-ão], outras variantes fonético-fonológicas associadas ao português de contato com o italiano costumam ser apontadas: ausência de alçamento das vogais átonas finais /e/ e /o/; alternância de [ʃ] com [ʂ] e de [ʒ] com [ʐ]; realização de vogal [a] oral em contextos seguidos de consoante nasal; ausência de palatalização das consoantes /t/ e /d/ quando seguidas de /i/.

A carta linguística da Figura 4, elaborada por Margotti (2004), indica a intensidade e os percentuais de uso das seis variantes fonético-fonológicos às quais se fez referência acima. Através de uma escala percentual com degraus que se alteram a cada dez pontos, a legenda do mapa associa o grau de difusão dos traços associados ao português aos símbolos, os quais representam a difusão no plano diatópico: quando mais hachurado estiver o símbolo, maior o grau de difusão. Em sentido oposto, quanto menos preenchido estiver o símbolo, maior o percentual de variantes influenciadas pelo contato com o italiano. As localidades em que isso ocorre mais intensamente foram Rodeio/SC e Sananduva/RS, municípios em que se falam os dialetos trentino e vêneto, respectivamente, inclusive no meio social. Em sentido oposto, em Orleans e Chapecó, ambos em Santa Catarina, o uso de variantes [+] italianas é bastante reduzido. Em geral, quanto à idade dos falantes, na fala dos mais jovens as variantes de contato são quase ausentes, embora ainda se mantenham com relativa vitalidade entre os jovens rurais e bilíngues.

Figura 4 – Difusão de variantes fonético-fonológicas no português de contato com o italiano na Região Sul do Brasil

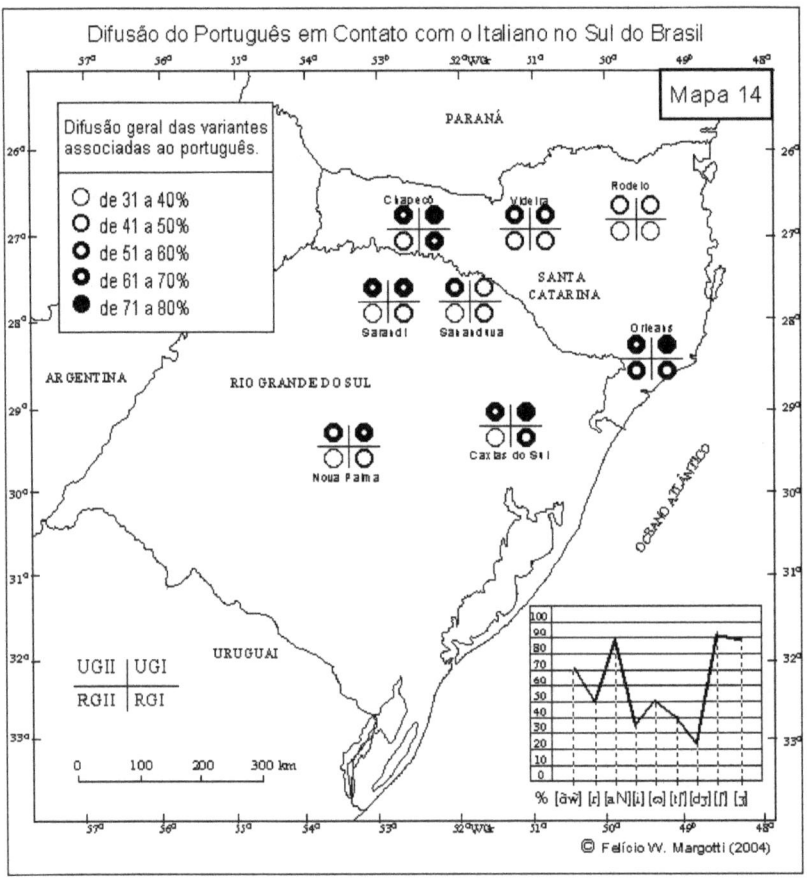

Fonte: MARGOTTI (2004), p. 208.

A carta também sinaliza que entre os ítalo-brasileiros as variantes fonético-fonológicas mais associadas ao português-*talian* são, por ordem decrescente: a ausência de palatalização do /d/ e do /t/ seguidos de [i]; o não alçamento de /e/ e de /o/ átonos finais. Ao contrário, as menos associadas são a redução do ditongo nasal [-ão], a desnalização da vogal /a/ seguida de consoante nasal e a ausência da palatização de /s/ e /z/ em coda silábica.

3.2 Indicadores morfossintáticos

No nível morfológico, uma das contribuições mais perceptíveis para a formação do português-*talian* é a incorporação de sufixos, tais como: *-eta* (bragueta, porteta, caseta, carreta), *-eto* (mureto, aceto), *-ete* (escarpete, filete), *-ito* (gambito), *-ela* (mortadela, bagatela), *-elo* (bambinelo, farelo), *-ola* (caçarola, barcarola), *-esco* (dantesco, afresco), *-ano* (milano, soprano), *-ina* (poverina, polentinha, cantina, gelatina), *-ino* (bambino, travertino), *-one* (canelone, tetone, provolone, pimentone), *ifício* (panifício, lanifício), *-ucia* (Mariúcia, Catiúcia).

Outro aspecto a ser considerado é que a atribuição de gênero gramatical na língua italiana, assim como em outras línguas de imigração, nem sempre coincide com o gênero gramatical atribuído na língua portuguesa. É o caso, por exemplo, de *sabonete*, que em português pertence ao gênero masculino (o sabonete), e em italiano pertence ao gênero feminino (la saponetta). Isso explica o que revela o Mapa 07 do ALERS (Figura 5), uma vez que em áreas de assentamento original de imigrantes italianos, bem como em espaços para onde seus descendentes migraram, constata-se a atribuição de gênero gramatical feminino para a palavra *sabonete*.

Figura 5 – Atribuição de gênero gramatical ao vocábulo *sabonete* na Região Sul do Brasil

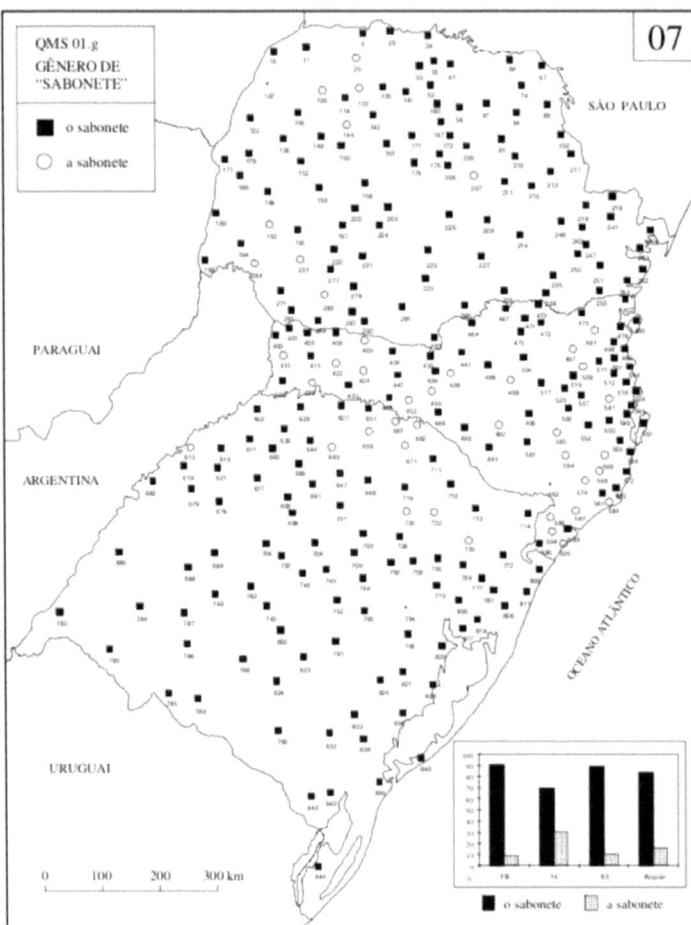

ATLAS LINGUÍSTICO-ETNOGRÁFICO DA REGIÃO SUL DO BRASIL (ALERS)

Fonte: ALERS, 2011, v. 1, p. 299

De acordo com a Figura 5, a atribuição de gênero feminino ao vocábulo *sabonete* ocorre em 10 pontos do Rio Grande do Sul (serra gaúcha e região norte), em 24 pontos de Santa Catarina (em todas as regiões, exceto em áreas de ocupação açoriana, no litoral, e em área de influência paulista, no planalto norte) e em 9 pontos do Paraná (alguns no sudoeste, que é área de deslocamento de populações vindas do sul, e no norte, que é área de deslocamento de paulistas).

3.3 Indicadores semântico-lexicais

O contato do português com as línguas dos imigrantes, dos indígenas, dos africanos e, ao longo das fronteiras, com o espanhol não só trouxe mudanças nessas línguas, mas também modificou o português brasileiro, tanto nos distintos níveis da gramática quanto no léxico.

Essas mudanças fizeram com que o português brasileiro fosse se dialetando em comparação ao português europeu, em todos os aspectos. No léxico, em particular, essas diferenças são expressivas principalmente devido à incorporação de sufixos e empréstimos de palavras.

Alguns desses empréstimos lexicais são provenientes do contato com a língua italiana, entre os quais citam-se: *rastelo* ou *restelo, restel, rastel* (it. *rastrello*) para "ancinho"; *agnolini* (it. *agnolini*), ou *capeleti* (it. *cappelletti*) para "sopa feita com massa em forma de chapéu recheada com carne"; *nono* (it. *nono*) para "avô"; *sagra* (vên. *sacra*) para "festa da padroeira"; *filó* (vên. *filó)* para "festa familiar ou com vizinhos"; *brodo* (vên. *brodo*) para "caldo de galinha gorda com água e sal"; *tifa* (vên. *tifa*) para "lugar retirado, no final de um caminho, ao pé de uma montanha"; *minestra* (it. e vên. *minestra*) para "sopa de feijão com arroz ou com massas"; *fortaia* (vên. *fortaia*) para "ovos mexidos com queijo e salame"; *polenta* (it. polenta) para "massa feita com farinha de milho, fubá"; *formagio* ou *formai* (vên. *formagio*) para "queijo"; *puína* (vên. *puina*) para "laticínio caseoso separado do soro", ou "ricota"; *bòcia* (do vên. *sbòcia,* it. *bocce*) para "bocha, que vem a ser um jogo com bolas de madeira ou outros materiais resistentes e que se joga com as mãos"; *brócolis* (it. *broccolo*) para "crista florida de um repolho"; r*adicha* (vên. *radichi)* para "tipo de chicória", *grostoli (vên. crostoli) para massa* também denominada "cueca virada", "orelha de gato", "cavaquinho", entre outras formas.

Como exemplo de difusão de palavras emprestadas do italiano, o Mapa 108 do ALERS (Figura 6), que apresenta as variantes para "um instrumento de cabo longo e com uma travessa dentada na ponta, que serve para juntar folhas secas ou sujeira", revela alta incidência de *restel/rastel* e *rastelo/restelo* em toda a Região Sul.

Figura 6 – Produtividade de *restel/rastel* e *rastelo/restelo* na Região Sul do Brasil

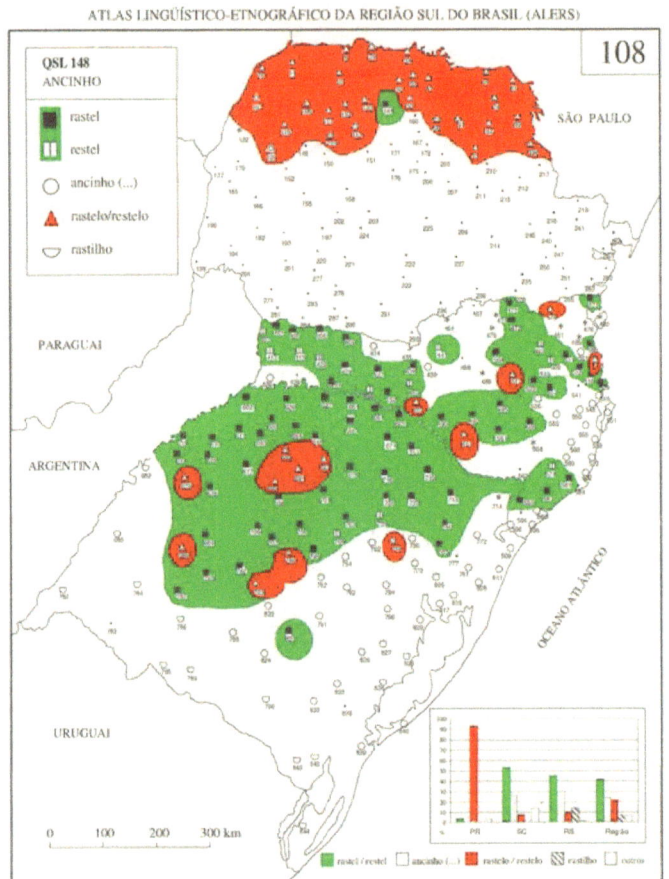

Fonte: TRAINOTTI; MARGOTTI, 2008, p. 272, apud ALERS, v. 2, 2011).

As formas *rastelo* e variantes *restelo*, *rastel*, *restel* são empréstimos do italiano *rastrello*; ocorrem, predominantemente, em espaços geográficos de colonização italiana. Boso (2002, p. 139), com base no dicionário Garzanti Linguística (2008), informa que *restel* é proveniente dos dialetos Rovereto e Vigolo Vattaro, e *restelo*, do dialeto da Valsugana: ou seja, dialetos da região do Trentino, na Itália, de onde partiram muitos emigrantes que se fixaram no Sul do Brasil, São Paulo e Espírito Santo.

No Rio Grande do Sul e em Santa Catarina – nas áreas de colonização italiana e adjacências, tendo em vista a expansão por meio de migrações internas, incluindo o sudoeste do Paraná, prevalecem as formas *rastel* e *restel*, mas ao norte do Paraná, área de expansão agrícola de populações paulistas, as formas documentadas foram *rastelo* e *restelo*.

Outro empréstimo lexical do italiano é *bergamota/vergamota*, cuja difusão na Região Sul foi documentada pelo ALERS, conforme Figura 7, por meio da pergunta do QSL 126: "[...] fruta menor que a laranja, que se descasca com a mão?"

Figura 7 – Produtividade de *bergamota/vergamota* na Região Sul

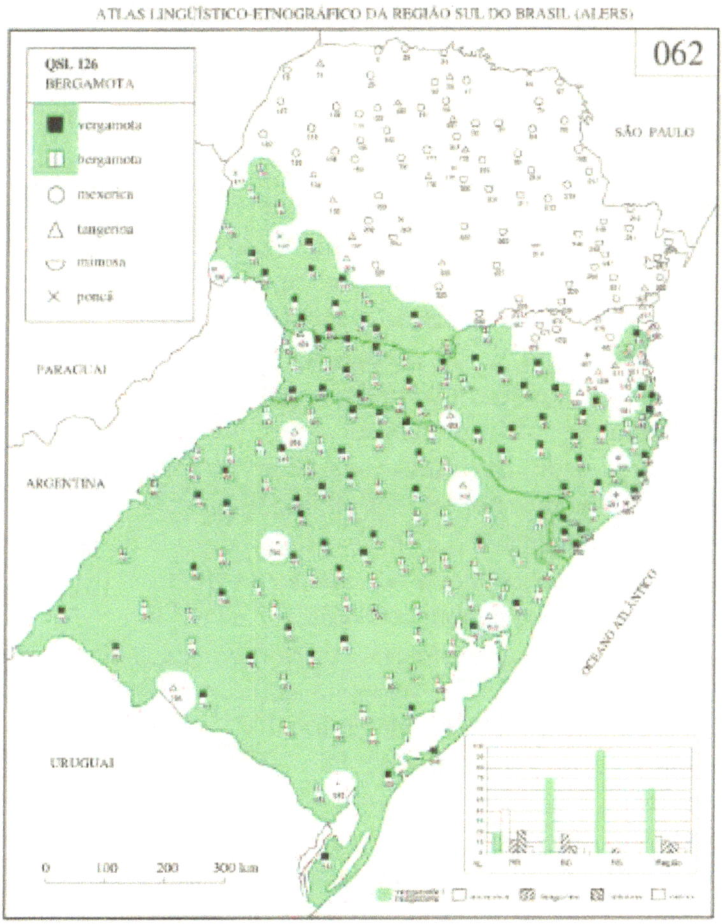

Fonte: ALERS, 2011, v. 2, p. 201 [adaptado].

Conforme consta no *Dicionário Garzanti Linguística*, *bergamotta* é "fruta (laranja, limão, cedro, toranja, bergamota etc.) rica em vitaminas e óleos essenciais, com sabor ácido característico". *Bergamota* provém do turco *beg-armŭdî 'pero*. Rocha (2008) presume que, na Região Sul do Brasil, a incorporação dessa palavra ao português ocorreu em função do contato com a língua dos imigrantes italianos, além da possibilidade do contato com a língua hispânica nas fronteiras, considerando que no espanhol também existe a palavra *bergamota*.

No mapa 062 do ALERS (Figura 7), verifica-se que *bergamota/vergamota* são predominantes no Rio Grande do Sul e também em Santa Catarina, exceto no planalto norte e litoral norte deste estado. No Paraná, foram registradas ocorrências dessas variantes lexicais no sudoeste, área de expansão de populações sulistas.

4. Considerações finais

Por meio deste texto, além de resgatar aspectos relevantes do processo de colonização italiana no Brasil e mais especificamente na Região Sul, buscou-se demonstrar que o português em contato com a língua italiana apresenta uma série de traços peculiares que o caracterizam como variedade específica atestada por diversos estudos acadêmicos. Essa variedade do português brasileiro falada em áreas em que os falantes ítalo-brasileiras constituem parte significativa da população se caracteriza por um conjunto de variáveis linguísticas nos diferentes níveis da gramática e do léxico. Essa realidade linguística tem sido evidenciada tanto por estudos sociolinguísticos, quanto por estudos geolinguísticos.

No nível fonético-fonológico, por exemplo, a variedade do português associado ao *Talian* caracteriza-se, sobretudo, pela realização do [R] fraco (tepe) em contextos nos quais no português é regra prototípica a realização do [R] forte (vibrante alveolar, velar, uvular ou glotal); pela redução e mudança morfofonêmica do ditongo nasal [-ão] para [-õ]; pela ausência de alçamento das vogais átonas finais /e/ e /o/; pela substituição de [ʃ] por [ʂ] e de [ʒ] por [ʐ]; pela realização de vogal oral [a] em contextos seguidos de consoante nasal; pela ausência de palatalização das consoantes /t/ e /d/ quando seguidas de /i/. Para demonstrar a abrangência diatópica dessas variantes, foram mencionados resultados de diversos estudos e apresentados mapas linguísticos extraídos do *Atlas Linguístico-Etnográfico da Região Sul do Brasil – ALERS* e de outros estudos geossociolinguísticos, como os de Margotti (2004) e Comioto & Margotti (2019).

No nível morfológico, destaca-se o empréstimo de sufixos derivacionais, entre os quais, por exemplo, *-eta* (camiseta, caseta, carreta), *-eto* (aceto), *-ete* (filete), *-ela* (mortadela, bagatela), *-elo (*farelo), *-ola* (caçarola), *-esco* (dantesco, afresco), *-ano* (milano, soprano), *-ina* (polentinha, cantina, gelatina), *-ino* (travertino), *-one* (canelone, provolone). Também há casos de alternância de gênero gramatical, a exemplo da atribuição de feminino para "sabonete", cuja difusão diatópica se revelou por meio do mapa linguístico do ALERS (2011, v. 1, p. 299). Diversos outros aspectos morfossintáticos ainda podem ser identificados com resultado do contato português-italiano, seja na formação de palavras, seja na flexão nominal e verbal ou no uso dos pronomes. Todavia, poucos estudos são destinados a tais regras variáveis, especialmente porque são menos perceptíveis e, de outra parte, porque é mais difícil de se obter tais dados de forma sistemática e controlada para fins de análise e comparação com outras variantes.

E no nível semântico-lexical, muitos são os empréstimos e os neologismos incorporados ao português brasileiro atribuídos ao contato do português com o italiano. Alguns desses vocábulos têm ampla difusão no português brasileiro, inclusive em região onde não houve o contato interlinguístico, e outros têm uso mais restrito. Diversos itens lexicais emprestados do italiano foram relacionados, a exemplo de *filó*, *minestra*, *fortaia*, *capeleti*, *nono*, *brodo*, *bocha*, *radicha*, *grostoli*. Os mapas do ALERS incluídos no texto revelam a difusão das variantes *rastelo* ou *restelo*, *restel*, *rastel* (it. *rastrello*) para "ancinho" (TRAINOTTI; MARGOTTI, 2008, p. 272) e das variantes *bergamota/vergamota* (ALERS, 2011, v. 2, p. 201). Observa-se, então, que *restel* e *rastel* são as formas em uso em áreas do Rio Grande de Sul e de Santa Catarina, onde existe a presença de ítalo-brasileiros, ao passo que as formas *rastelo* ou *restelo* foram documentadas na região do denominado Paraná Moderno, que é área de expansão de paulistas, muitos dos quais de origem italiana. As formas *bergamota/vergamota*, por sua vez, têm ampla difusão no território sulista, sobretudo nos espaços mais a oeste, associados à colonização italiana e às áreas de fronteira com países de língua espanhola.

As contribuições da língua dos imigrantes italianos para a formação do português na Região Sul do Brasil vão muito além do que se expôs aqui, e isso tem sido revelado cada vez mais por meio de diferentes estudos geossociolinguísticos. Algumas dessas mudanças haverão de permanecer, outras, eventualmente, terão breve duração, haja vista os progressivos processos de assimilação e substituição linguística no referido espaço do território brasileiro. Embora não seja possível prever a amplitude e o alcance dessas contribuições na linha do tempo futuro, o fato é que, mesmo havendo a supressão do *Talian* como adstrato, ele haverá de se manter como substrato enriquecedor da língua portuguesa e que caracteriza uma variedade linguística *sui generis* falada em diversas áreas na Região Sul do Brasil.

Referências

ALERS – ATLAS LINGUÍSTICO-ETNOGRÁFICO DA REGIÃO SUL DO BRASIL. Cartas fonéticas e morfossintáticas. ALTENHOFEN, Cléo V.; KLASSMANN, Mário Silfredo et al. 1. ed. Porto Alegre: Ed. da UFRGS; Florianópolis: Ed. da UFSC; Curitiba: Ed. UFPR, 2002. 2. ed. v. 1. Porto Alegre: Ed. da UFRGS; Florianópolis: Ed. da UFSC, 2011.

ALERS – ATLAS LINGUÍSTICO-ETNOGRÁFICO DA REGIÃO SUL DO BRASIL. Cartas semântico-lexicais. ALTENHOFEN, Cléo V.; KLASSMANN, Mário Silfredo et al. v. 2. Porto Alegre: Ed. da UFRGS; Florianópolis: Ed. da UFSC, 2011.

ALTENHOFEN, Cléo V. Áreas linguísticas do português falado no Sul do Brasil: um balanço das fotografias linguísticas do ALERS. In: VANDRESEN, Paulino. Variação e mudança no português falado da Região Sul. Pelotas: Educat, 2002, p. 115-145.

ALTENHOFEN, Cléo V. Os contatos linguísticos e seu papel na realização do português falado no sul do Brasil. In: ELIZAINCÍN, Adolfo; ESPIGA, Jorge (Orgs.). Español y português: fronteiras e contatos. Pelotas: UCPEL, 2008, p. 129-164.

ALTENHOFEN, Cléo V.; MARGOTTI, Felício. O português de contato e o contato com as línguas de imigração no Brasil. In: MELLO, Heliana; ALTENHOFEN, Cléo; RASO, Tommaso (Orgs.). Os contatos linguísticos no Brasil. 1. ed. Belo Horizonte: Editora UFMG, 2011. 482 p.

ALTENHOFEN, Cléo V.; THUN, Harald. As migrações e os contatos linguísticos na geografia linguística do Sul do Brasil e Bacia do Prata. In: AGUILERA, Vanderci de Andrade; ROMANO, Valter Pereira. A geolingüística no Brasil: caminhos percorridos, horizontes alcançados. Londrina: EDUEL, 2016, p. 371-392.

BOSO, Ivete. Noi altre che parlen tuti em talian - dialetti trentini in Brasile. Trento: Museo Storico di Trento, 2002.

BUNSE, H. A. W. Dialetos italianos no Rio Grande do Sul. Porto Alegre: Instituto de Letras/UFRGS, 1975.

BUNSE, H. A. W. O vinhateiro: estudo etnográfico-linguístico sobre o colono italiano no RS. Porto Alegre: UFRGS/IEL/DAC/SEC, 1978.

CAMARA JR., J. M. Estrutura da língua portuguesa. Petrópolis: Vozes, 1970.

COMIOTTO, Ariela Fátima; MARGOTTI, Felício Wessling. Uso dos róticos do português em contato com os dialetos italianos. Revista Acta Scientiarum. Language and Culture, v. 41, e48857, 2019, p. 3-9.

DICIONÁRIO GARZANTI LINGUÍSTICA. Disponível em: https://www.garzantilinguistica.it/. Acesso em: 13 de set. de 2021.

DE BONI, L. A.; COSTA, R. Os italianos do Rio Grande do Sul. Porto Alegre: Escola Superior de Teologia de São Lourenço de Brindes; Caxias do Sul: Universidade de Caxias do Sul; Correio Riograndense, 1984.

FROSI, Vitalina M.; MIORANZA, Ciro. Dialetos italianos: um perfil linguístico dos ítalo-brasileiros do nordeste do Rio Grande do Sul. Caxias do Sul/RS: EDUCS, 1983.

FROSI, Vitalina M. Provérbios dialetais italianos: uma linguagem em extinção. Porto Alegre: PUC-RS, 1989. Dissertação de Mestrado.

GUBERT, Antonio Luiz. Influências do talian no português brasileiro de Vargeão (SC): um estudo sobre variação no nível fonético. Curitiba: UFPR, 2012. Dissertação de Mestrado.

KOCH, Walter. O povoamento do território e a formação de áreas linguísticas. In: GARTNER, Eberhard; HUNDT, Christine; SCHÖNBERGER, Axel (Ed.). Estudos de geolinguística do português americano. Frankfurt a.M.: TFM, 2000, p. 55-69.

LOGERIAN-PENKAL, Loremi. Língua e cultura taliana no Paraná: ações para salvaguarda da língua de herança. XXXV Encontro Nacional da ANPOLL. Dez. 2020. Encontro Virtual. Disponível em: https://anpoll.org.br/enanpoll-2020-anais/resumos/digitados/0001/PPT-eposter-trab-aceito-0443-1.pdf. Acesso em: 16 de ago. de 2021.

MARGOTTI, Felício Wessling. Difusão sócio-geográfica do português em contato com o italiano no Sul do Brasil. Porto Alegre: UFRGS, 2004. 330 p. Tese de doutorado.

MARGOTTI, Felício Wessling. Português de contato com o italiano no sul do Brasil: crenças e atitudes sobre a fala do colono grosso. In: BENÇAL, Dayme Rosane; COSTA, Daniela de Souza Silva. Estudos linguísticos em foco: perspectivas sincrônica e diacrônica. Londrina: Eduel, 2019. 414 p.

MARQUARDT, Lia Lourdes. A vibrante no Rio Grande do Sul: uma análise computacional. Porto Alegre: UFRGS, 1977. Dissertação de Mestrado.

PAVIANI, N. M. S. O pronome ético: uma característica dialetal. Porto Alegre: UFRGS, 1992. Dissertação de Mestrado.

PONSO, Letícia Cao. A variação do português em contato com o italiano na comunidade bilíngue de São Marcos – RS. Porto Alegre: UFRGS, 2003. Dissertação de Mestrado.

RADIN, José Carlos. A imigração italiana em Santa Catarina e no Paraná: fontes diplomáticas italianas (1875-1927). Chapecó: UFFS, 2020.

ROCHA, Patrícia Graciela da. O português de contato com o espanhol no sul do Brasil: empréstimos lexicais. Florianópolis: Universidade Federal de Santa Catarina, 2008. Dissertação de Mestrado.

SANTOS, Roselys Izabel Correa dos. A terra prometida: imigração italiana: mito e realidade. Itajaí/SC: Ed. da UNIVALI, 1999.

SPESSATTO, Marizete B. Marcas da história: características dialetais dos imigrantes italianos na fala de Chapecó. Florianópolis: UFSC, 2001. Dissertação de Mestrado.

TOMIELLO, Marciana. A variação do ditongo nasal tônico –ão como prática social no português de São Marcos/RS. Caxias do Sul: Universidade de Caxias do Sul, 2005. Dissertação de Mestrado.

TRAINOTTI, K. T.; MARGOTTI, Felício Wessling. Empréstimos lexicais do italiano no português do sul do Brasil e suas implicações em sala de aula. Linguagens: Revista de Letras, Artes e Comunicação (FURB), v. 2, 2008, p. 263-274.

A situação sociolinguística na região fronteiriça de Misiones (Argentina-Brasil): Observações a partir de levantamentos preliminares para o 'Atlas das línguas em contato na fronteira'

Martina Steffen

Universität Augsburg – UNiA (Alemanha)

1. Introdução

No âmbito do projeto e grupo de pesquisa *Atlas das Línguas em Contato na Fronteira* (ALCF), de julho de 2017 até junho de 2018 desenvolvi o projeto de pós-doutorado "A linguagem da fronteira. Um estudo pluridimensional da variação e do contato entre o português e o espanhol na região fronteiriça entre Brasil e Argentina", financiado pela CAPES. O projeto teve como objetivo o levantamento e a análise de dados sobre as variedades maioritárias (português no lado brasileiro, espanhol no lado argentino) da região fronteiriça entre Santa Catarina/Paraná e a província de Misiones, Argentina, assim como as circunstâncias do contato entre elas. Com as gravações de entrevistas linguísticas e de conversas livres feitas em 3 localidades diferentes da fronteira (ver abaixo) e a subsequente análise dos dados, foi possível obter uma primeira impressão da situação linguística na região e do funcionamento do questionário utilizado, possibilitando assim uma preparação bem direcionada para o futuro levantamento de dados no âmbito do projeto do ALCF.

Neste artigo pretende-se apresentar informações sobre a situação sociolinguística da região estudada, baseadas primordialmente em declarações obtidas pelos mesmos informantes (cap. 5), e fazer observações sobre determinadas questões metodológicas que precisam ser revisadas para um bom funcionamento do futuro levantamento de dados (cap. 3 e 4).

As localidades incluídas nas entrevistas foram San Antonio e Bernardo de Irigoyen no Departamento General Manuel Belgrano, a nordeste da província de Misiones, e do lado brasileiro, Santo Antônio, no Paraná. Trata-se de cidades gêmeas, especialmente apropriadas para estudar o contato linguístico entre o espanhol e o português: Bernardo de Irigoyen (Ar) – Dionísio Cerqueira (SC) – Barracão (PR) formam uma cidade só, sem separação geográfica, embora pertencentes a diferentes países, e San Antonio (Ar) – Santo Antônio do Sudoeste (PR) estão ligadas por uma ponte sobre o rio Santo Antônio.

2. O projeto do ALCF

O ALCF, como macroprojeto, pretende constituir uma base de dados adequada para um atlas linguístico-contatual das línguas minoritárias com o português e o espanhol na região de Fronteira no Sul do Brasil. Como primeiro passo para atingir o objetivo de estudar o contato entre as línguas minoritárias (p. ex. hunsriqueano, talian, guarani etc.) e as maioritárias (espanhol e português), é indispensável conhecer detalhadamente as características regionais das últimas, visto que o contato não se realiza entre línguas padronizadas, mas entre variedades dialetais (ou regionais). Mesmo que o *Atlas Linguístico do Brasil* (ALiB) e o *Atlas Lingüístico-Etnográfico da Região Sul do Brasil* (ALERS) ofereçam uma documentação básica para o lado brasileiro, não existe uma fonte documental comparável para o espanhol do outro lado da fronteira. Infelizmente, não existem muitos estudos linguísticos que abranjam ou se refiram especificamente à variedade de espanhol da província de Misiones. Nos estudos gerais sobre o espanhol da Argentina, o espanhol de Misiones está normalmente incluído na descrição da *Región guaranítica* ou *nordeste* (que também inclui Corrientes, o leste de Formosa e Chaco, o nordeste de Santa Fé e uma área de Entre Ríos)[1]. No âmbito do projeto do *Atlas Lingüístico-Antropológico de la República Argentina* (ALARA) e dos inquéritos realizados para a Província de Corrientes, foram também incluídas algumas localidades do sudoeste de Misiones (Kovacci, 2003, p. 140), mas até agora só foram publicados alguns trabalhos

---

[1] Na publicação *El español de la Argentina* de Vidal de Battini (1966) existem algumas menções específicas sobre o espanhol de Misiones, mas geralmente está incluído na descrição da *Región guaranítica*. Na descrição do espanhol do nordeste argentino de Abadía de Quant, incluído na obra *El español de la Argentina y sus variedades regionales* de Fontanella de Weinberg (2000), as observações referem-se principalmente às capitais das províncias de Chaco, Corrientes, Formosa e Misiones. Exemplos de obras que estudam especificamente a variedade missioneira são, por exemplo, De Ramos (2017) que analisa aspectos morfossintáticos do espanhol em Oberá ou Sanicky (1996, 2001, 2008) que estuda aspectos fonéticos missioneiros.

sobre aspectos específicos de outras regiões[2], e, infelizmente, o projeto não foi continuado devido a problemas de financiamento (Kovacci, 2003, p. 143). Uma boa contribuição para conhecer a situação linguística da região é a obra de Hugo Amable (*Las figuras del habla misionera*, 1975), escritor e professor na Universidade Nacional de Misiones, que chegou a Misiones em 1958 e se interessou pelas particularidades da fala missioneira.

Todas estas obras mencionadas nem cobrem o multilinguismo existente na região nem o contato entre o português e o espanhol e, o que é de maior importância ainda, não dispõem de uma metodologia pluridimensional (em outras palavras, não levam em consideração outras dimensões de variação além da diatópica). Outros projetos de atlas linguísticos que já têm em conta o aspecto do multilinguismo e do contato entre línguas são, por exemplo, o *Atlas Linguístico Guaraní Románico* (ALGR), que possui um banco de dados voltado para o contato entre as línguas espanhola, mbyá guarani e portuguesa, envolvendo três países (Brasil, Argentina e Paraguai), ou o *Atlas Linguístico Contatual das Minorias Alemãs na Bacia do Prata – Hunsrückisch* (ALMA-H), o mais recente dentre eles que finalizou os levantamentos dos dados em 2015 e passou para a fase de organização do material e das transcrições. Também podemos citar o *Atlas Linguístico Diatópico y Diastrático del Uruguay* (ADDU) que contribui metodologicamente com o ALCF e que como objetivo não tem só a documentação da variação do espanhol dentro do Uruguai, mas também a descrição do contato entre o espanhol e o português na região da fronteira entre o norte do Uruguai e Rio Grande do Sul.

3. Metodologia pluridimensional

O ALCF pretende adotar a metodologia da dialetologia pluridimensional que apresenta várias vantagens sobre a dialetologia tradicional, já que além de estudar a variação diatópica das línguas, também inclui parâmetros da sociolinguística. Desta forma é possível atingir uma visão mais realista da variação linguística porque com essa metodologia levam-se em conta características típicas das sociedades modernas, e especialmente das latino-americanas, tais como o povoamento relativamente tardio de certas regiões, o alto índice de imigração e a grande mobilidade da sociedade. Para isso, também é levado em consideração dimensões como a diastrática, que estuda as diferenças na fala de indivíduos

---

[2] Por exemplo: Colantoni (2001) "Préstamos léxicos del guaraní en el español de la Provincia de Corrientes" ou Kovacci (1992) "El objeto directo anafórico en el español de la provincia de Corrientes y un caso de interferencia del guaraní".

pertencentes a distintos estratos socioculturais, a diageracional, que observa o comportamento linguístico de diferentes faixas etárias, a diassexual, que compara a fala de homens e mulheres, e a dimensão diafásica, que abrange as diferenças entre os distintos estilos de fala, só para mencionar as mais importantes. Nos atlas pluridimensionais a variação diastrática é registrada por meio do grau de escolaridade (somente estudos primários: Cb (classe socioculturalmente baixa) vs. mínimo educação secundária acabada: Ca (classe socioculturalmente alta)), a variação diageracional geralmente está representada por duas gerações distintas permitindo observar uma mudança em curso (GI: 18 a 36 anos vs. GII: acima de 55 anos), e a variação diafásica é considerada por meio de três estilos de uso da língua, incluindo conversa livre, respostas a perguntas do questionário e leitura. Este último estilo, mais monitorado, representa o menos livre, já que pressupõe a "tradução" de um texto preestabelecido do meio gráfico para o meio oral. Neste caso, por exemplo, é de se esperar uma pronúncia mais cuidada do que na conversa livre. Esta última dimensão pode ser interessante para identificar variações de pronúncia na fala do mesmo informante. Mais um aspecto importante da metodologia na hora de fazer o levantamento de dados é a pluralidade de informantes. Isto significa que cada grupo de entrevista se constitui de mais de um informante entrevistado simultaneamente. Isso garante maior clareza e detalhamento de processos de convergência e divergência da variação linguística em foco. Para obter uma documentação linguística equilibrada será necessário fazer quatro entrevistas por localidade, diferenciando entre duas gerações, informantes jovens e mais velhos, e ao mesmo tempo considerando dois graus de escolaridade.

3.1 Reflexões sobre a dimensão diastrática e a biografia linguística dos informantes

No âmbito deste estudo preliminar, por razões de tempo, infelizmente não foi possível encontrar grupos de classe sociocultural baixa (Cb) monolíngues de espanhol do lado argentino da fronteira. Estes, sem dúvida, devem existir, embora provavelmente em menor medida (e por isso são mais difíceis de encontrar), uma vez que nessa região de Misiones são sobretudo os brasileiros ou os seus descendentes que pertencem aos estratos socioculturais mais baixos. Muitos deles moram nas regiões rurais e afastadas, trabalhando a terra (por exemplo, na colheita de tabaco). A população de língua espanhola monolíngue geralmente tem empregos para os quais é necessário um bom nível de espanhol, não poucos são imigrantes de outras províncias argentinas (por. exemplo, Corrientes, Chaco) atraídos por empregos em áreas como o exército, a polícia, a administração pública e a educação. Nas zonas mais urbanas também os descendentes de brasileiros hoje em dia frequentam escolas secundárias. Esses fatos em relação à educação escolar devem ser levados em conta nos futuros levantamentos de dados, e, talvez, até seja preciso contemplar uma subdivisão diferente para registrar a dimensão diastrática, sobretudo nas gerações jovens que, hoje em dia, geralmente têm melhor acesso à educação.

Nos primeiros inquéritos verificou-se também que para o futuro levantamento do ALCF é necessário adotar critérios específicos para determinar os graus de bilinguismo/monolinguismo dos informantes. Aconteceu que, inclusive pertencendo a um mesmo grupo de mesma classe sociocultural e de mesma geração, pudesse haver grandes divergências com relação ao conhecimento das duas línguas da região entre os integrantes dependendo da sua biografia pessoal. Para a análise destas entrevistas preliminares, ativemo-nos aos próprios critérios dos informantes e às informações fornecidas sobre o seu modo de vida. Nas conversas sobre as línguas que falam e a situação linguística na fronteira, surgiram constelações muito diversas de diferentes graus de conhecimento/uso das línguas. Para além do fato de os próprios critérios poderem contradizer a realidade, algumas constelações são difíceis de definir, por exemplo, no caso de um informante que diz falar muito mal o português, mas que, no entanto, atravessa diariamente a fronteira para fazer compras no Brasil conseguindo comunicar-se. Por outro lado, precisa-se ter em conta que não só por morar na região fronteiriça seja evidente que todos os moradores falem as duas línguas: isso depende do caso individual.

Para as futuras pesquisas, seria necessário pensar num método específico de classificação, por exemplo, adaptando a escala de bilinguismo sugerida por Palacios (2005: 87) à situação fronteiriça: monolíngue de português – bilíngue incipiente (funcional) – bilíngue consecutivo (aquisição da L2 não completa) – bilíngue simultâneo ou simétrico – monolíngue de espanhol (e vice-versa). Também poderia servir de referência o questionário de *The Bilingual Language Profile* oferecido pela Universidade de Texas de forma gratuita e aberta na internet[3]. Por conseguinte, no contexto de fronteira é necessário ter em conta a competência linguística dos falantes além da variação diastrática e diageracional, e para uma comparabilidade adequada dos dados não será suficiente registrar somente a língua dominante dos entrevistados.

---

[3] Disponível em: https://sites.la.utexas.edu/bilingual/.

3.2 Observações sobre a linguística variacional perceptiva

No estudo das línguas, tradicionalmente sempre foi a produção linguística que teve preferência tanto empírica como teoricamente em detrimento da percepção linguística (cf. Krefeld; Pustka 2010). Decerto seria aconselhável ter em conta esta linha de investigação relativamente recente dentro da linguística variacional. Na primeira parte do questionário (cf. cap. 4), a parte sociolinguística, se pergunta por dados metalinguísticos dos informantes, como os seus conhecimentos linguísticos. Esta parte já é uma contribuição para conhecer algumas representações linguísticas dos falantes sobre a sua percepção das diferenças entre as variedades faladas na região, onde veem as fronteiras entre essas variedades ou a valorização delas (atitudes linguísticas, auto e hétero-representações). Além disso seria interessante incluir na pesquisa futura alguns dados propriamente perceptivos, procedentes de uma percepção concreta (e não só das representações formadas na mente do falante no transcurso da sua vida). Por exemplo, se poderiam utilizar áudios com imitações ou caricaturas de formas de falar da região e registrar as valorizações dos informantes com respeito a estas realizações concretas: procedência presumida do falante, avaliação da variedade etc.

Outro aspecto importante, justamente para a região fronteiriça, é a ideia da maioria dos falantes que em uma região de fronteira não pode existir uma variedade de língua "pura". Praticamente todos os informantes acham que falam misturado por causa do contato de línguas. É fundamental levar em conta as percepções e representações dos falantes sobre a situação linguística de fronteira no estudo do contato de línguas porque essas representações podem conduzir o estudo numa direção determinada. É preciso verificar se essa autopercepção sobre a mistura de línguas corresponde com a realidade linguística.

4. Questionário e entrevistas

Para a elaboração do questionário espanhol-português foi possível recorrer à modelos como os questionários do ADDU, ADDU-Norte ou ALERS (cf. cap. 2), além do questionário já existente do ALCF de Krug (2013), concebido para investigar o contato entre o português e o *Hunsrückisch*. Aqui foi necessária a adaptação para o espanhol e o português de aspectos relevantes também para essas línguas (perguntas metalinguísticas, temas lexicais). Para a parte morfossintática foram fundamentais os atlas já mencionados, ademais de uma análise contrastiva do português e do espanhol para levar em conta os temas mais interessantes nessa situação de contato. O questionário consiste em cinco partes: na primeira, a parte sociolinguística, se pergunta por dados metalinguísticos dos informantes, incluindo sua biografia e seus conhecimentos linguísticos, segue a parte lexical com 93 perguntas sobre tópicos como as partes do corpo, alimentação, flora e fauna etc.; a terceira parte se dedica à morfossintaxe com 87 perguntas sobre aspectos como o gênero dos substantivos, pronomes (de tratamento), construções sintáticas, tempos verbais etc.; finalmente, há a parte fonética que consiste em perguntas sobre fonemas específicos e a tradução de frases para a outra língua para verificar a pronúncia de fonemas determinados. Ao final da entrevista, os informantes são convidados a ler a parábola do filho pródigo (Lucas 15:11-32) em voz alta. Na maioria dos casos, durante ou após as entrevistas, surgiram conversas espontâneas de forma que também a variação diafásica é incluída na coleta de dados, sendo possível comparar três estilos diferentes: o estilo de leitura controlado, as respostas um pouco mais livres às perguntas específicas do questionário e, finalmente, a conversa livre. Pode acontecer que alguns informantes afirmem não conhecer uma das formas perguntadas, mas depois a utilizem espontaneamente na conversa, ou que a pronúncia de um certo fonema na conversa livre difere da pronúncia mais monitorada do estilo de leitura.

Depois de considerar a opção de seguir o exemplo do ADDU-Norte e fazer dois questionários separados para cada idioma, por fim, achei mais conveniente fazer um questionário só para as duas línguas com as mesmas perguntas para o espanhol e para o português. Algumas questões talvez sejam especialmente interessantes mais para uma das duas línguas, mas na maioria dos casos funcionou bem elaborar o questionário de forma paralela. Assim, no caso de entrevistar falantes bilíngues espanhol-português pode-se perguntar sempre pelas formas na outra língua também.

4.1 Considerações sobre entrevistas bilíngues

Como já foi mencionado no cap. 3, além da variação diastrática e diageracional, nesse contexto de fronteira é necessário ter em conta a competência linguística dos falantes. Depois de ter estabelecido uma escala de bilinguismo aplicável à situação linguística na região fronteiriça missioneira (considerando diferentes graus de bilinguismo, as línguas maternas dos informantes, a sua língua dominante e o uso que fazem das línguas no dia a dia), é necessário tomar uma decisão com respeito a realização das entrevistas: fazer a entrevista em uma das duas línguas (a dominante) e perguntar pontualmente pela outra, ou, se o informante for um bilíngue simétrico, fazer duas entrevistas completas, uma em cada língua? Uma questão muito relevante a ter em conta é a uniformidade e comparabilidade dos dados levantados. A opção de fazer entrevistas nas duas línguas nos casos possíveis e somente perguntas pontuais na outra língua nos outros, levará a uma coleção de dados não comparáveis. Por conseguinte, é indispensável decidir de antemão como aplicar o questionário em cada situação. Seria importante, por exemplo, determinar um número de questões ou formas da outra língua a serem incluídas sem falta durante a entrevista, no caso de conhecimentos na outra língua por parte do falante (sempre ficando aberta a oportunidade de perguntar por mais formas se o informante estiver motivado, mas mantendo um denominador comum para todas as entrevistas). Também é questionável se, no caso de bilíngues simétricos, uma dupla-entrevista seria o ideal porque leva muito tempo e há o perigo de esgotar a paciência do informante.

4.2 Problemas na hora de perguntar por estruturas gramaticais

No transcurso das entrevistas surgiu uma dificuldade metodológica sobretudo na parte morfossintática do questionário, na qual, muitas vezes, os informantes não entenderam o que era esperado deles e, assim, foi difícil obter respostas mais ou menos espontâneas justamente com as estruturas que interessavam na pesquisa. Em vez da tarefa de completar uma frase com a estrutura esperada, talvez seja mais vantajoso elicitar respostas desejadas utilizando imagens ou até vídeos que mostrem uma situação determinada à qual o informante há de reagir. Da mesma forma, para os pesquisadores não sempre é fácil parafrasear o que se exige do informante, como se pode constatar no exemplo seguinte:

46.	Se eu tivesse dinheiro, ... (fazer presente a ele) Si tuviera dinero, ... (hacer un regalo a él) (cf. ADDU Norte 691)
P	a) dar-lhe-ia um presente, b) lhe daria um presente, c) daria um presente a ele
E	a) le haría un regalo

Questionário Português/Espanhol do ALCF (Steffen 2017)

Mais importante ainda resulta a questão de que muitos informantes têm conhecimentos passivos ou sabem aplicar certas estruturas gramaticais durante a entrevista, mas depois na parte das conversas livres não usam essas estruturas. Para conhecer realmente o uso que fazem os falantes de certas questões morfossintáticas, poderia ser mais proveitoso gravar um número maior de conversas livres e cortar um pouco a parte morfossintática da entrevista, que é, na minha experiência, a mais cansativa e não necessariamente reflete o uso que fazem os falantes da língua.

5. Situação sociolinguística do português e espanhol na região da fronteira

Antes de poder fazer estudos detalhados do contato linguístico na região em questão, é indispensável uma investigação de base para definir as variedades do português e do espanhol faladas nessa região e, assim, obter informações consistentes que funcionem como referência para pesquisas futuras de contato linguístico. Igualmente é de suma importância conhecer bem a situação sociolinguística dos falantes para poder avaliar de forma correta os dados linguísticos levantados. Neste capítulo se apresentarão informações sociolinguísticas da região fronteiriça de Misiones obtidas pelos informantes nas já mencionadas entrevistas preliminares (ver Introdução) para, assim, conhecer a percepção dos mesmos habitantes da região sobre as línguas faladas no seu entorno.

5.1 Origem dos habitantes

Os entrevistados coincidem em que a maioria da população no Departamento General Manuel Belgrano é de origem brasileira, sobretudo na região da fronteira leste (Amable, 1975, p. 27; Vidal de Battini, 1966, p. 77 e os dados do censo de 2010[4]). Muitos dos argentinos nascidos ali são descendentes de imigrantes brasileiros que começaram a vir primordialmente a partir dos anos 20 do século XX (Salvador, 2006, p. 31). Os descendentes de brasileiros concentram-se mais nas zonas rurais e trabalham como agricultores. Muitos dentre eles são ao mesmo tempo descendentes de europeus (alemães, italianos, polacos, ucranianos etc.) imigrados para o sul do Brasil no século XIX. É por isso que a maioria dos habitantes de Misiones tem algum parente próximo ou distante no Brasil. Também é comum existirem casais mistos argentino-brasileiros. Ao mesmo tempo há imigração de outras províncias da Argentina, como Corrientes ou de mais longe, sobretudo por razões de trabalho em âmbitos públicos (docência, exército, polícia, administração). Já na fronteira oeste da província, existe imigração paraguaia. Do lado

---

[4] Segundo o censo de 2010 o Departamento General Manuel Belgrano tem 43 000 habitantes, dos que 2350 são estrangeiros e destes 2060 (88%) são do Brasil. Disponível em:
https://www.indec.gob.ar/indec/web/Nivel4-CensoProvincia-3-7-54-049-2010. (22.03.2022).

brasileiro nesta região fronteiriça, os moradores são principalmente descendentes de imigrantes alemães, italianos ou polacos provenientes do Rio Grande do Sul. Todos os entrevistados estão de acordo em que há muito mais brasileiros na Argentina do que argentinos no Brasil.

5.2 Conhecimento e caracterização do espanhol e português falados na região fronteiriça

Para conseguir uma imagem completa da situação linguística da região, não é somente de interesse ter em conta os resultados especificamente linguísticos dos inquéritos, mas também a consciência linguística dos falantes, ou seja, considerar o ponto de vista deles, sobre questões como os limites entre as variedades faladas, a sua percepção das diferenças entre variedades e a valorização a respeito das variedades (atitudes linguísticas). Essas informações se obtêm da primeira parte do questionário e de conversas livres com os informantes.

5.2.1 *Argentina (zona fronteiriça Dep. General Manuel Belgrano)*

Com respeito às línguas faladas do lado argentino da fronteira é necessário distinguir dois grupos de falantes diferentes: os que têm como língua materna (ou do lar) o espanhol e os que têm como língua materna o português.

Na zona fronteiriça do Departamento General Manuel Belgrano, devido à origem brasileira de uma principal parte da população, muitos habitantes têm o português como língua materna e língua principal do lar. Mesmo tendo imigrado para a Argentina há várias gerações, continuam conservando o português como língua da família. Alguns, sobretudo os que vivem da agricultura em zonas afastadas, aprendem o espanhol só por necessidade para as ocasiões em que precisam ir para as cidades e fazer trâmites no banco, nas instituições públicas, ir ao médico etc., e fazem uso do espanhol unicamente nessas situações. Já as pessoas que têm/tiveram um maior acesso à educação pública têm um bom nível de competência em espanhol, língua oficial da Argentina e única língua da educação formal na maioria das escolas (ver cap. 5.4). Mesmo que as crianças de famílias de origem brasileira, que moram em ou perto de cidades, já entrem em contato com o espanhol antes de começar a escola, a maioria delas (assim falaram os próprios informantes) tem dificuldades no rendimento escolar por causa da situação linguística em que se encontram (ver cap. 5.4). As interferências do português no espanhol também são vistas como um problema por parte dos professores. No entanto, o nível de competência em espanhol não depende só da escolarização, mas também da profissão e os costumes do cotidiano das pessoas.

A língua portuguesa falada pelos descendentes de brasileiros pela maioria dos falantes é caracterizada como "portunhol" ou uma "mistura" devido à situação de contato com o espanhol (CbGIIp[5]: "Acá no hay espanhol nem português, é portunhol"). Eles mesmos acham que o seu português não é o mesmo que o português do lado brasileiro, visto que muitas vezes, quando se encontram do outro lado da fronteira, os brasileiros os reconhecem como "castelhanos". Uma característica do português na região norte de Misiones é ter status de "língua sem teto" e, por isso, carecer de registros formais por não haver escolaridade nessa língua. Esse português tem traços do português rural do sudoeste brasileiro e do português falado em geral, mas o grau de influência do espanhol é um aspecto que ainda há de ser estudado com detalhe (Steffen 2024). As primeiras impressões mostram que as pessoas pouco escolarizadas têm fortes tendências de misturar as línguas e não parecem falar uma variedade estável de português. Os mesmos informantes afirmam: "cuando hablamos português le incorporamos palabras del español" (CaGIp). Não obstante, ao perguntar por alguma palavra determinada do espanhol usada falando português, ninguém dos entrevistados se lembrou de uma ou soube dizer uma frase misturando as línguas como exemplo. A única menção de uma palavra não padrão utilizada no "portunhol" foi a forma verbal "fumo" em vez de "fomos". Entretanto, não é possível generalizar sobre os conhecimentos das línguas, já que a biografia linguística individual tem grande importância e pode variar consideravelmente até na mesma comunidade ou família.

Os conhecimentos de português dos hispanófonos da região fronteiriça variam muito de pessoa a pessoa e também dependem da biografia individual. A maioria sem dúvida tem conhecimentos passivos de português, seja pelos meios de comunicação (a televisão brasileira é mais acessível do que a argentina, v. 5.3), seja pelo hábito de fazer compras no Brasil ou pela convivência com os lusófonos. Alguns têm um interesse pessoal pela língua portuguesa e aprendem-na por gosto ou têm cônjuges brasileiros ou outros familiares morando no Brasil (para mais detalhes sobre o espanhol de contato cf. Steffen, 2021). Naturalmente o conhecimento de português das pessoas que vêm de outras regiões argentinas por trabalho é mais baixo. É preciso relembrar que geralmente não há ensino de português nas escolas e por isso quase ninguém sabe escrever em português. Da mesma

---

[5] "p" indica como língua dominante o português.

forma que os lusófonos, os hispanófonos mencionam o "portunhol" como fenômeno típico da fronteira (CaGIIe[6]: "se cruzan los vocabularios"; "en reuniones sociales se mezclan las lenguas").

Outro fator extralinguístico importante com respeito à competência das línguas (além da escolarização) parece ser a idade dos falantes. Lusófonos bem como hispanófonos mencionaram que os jovens falam muito bem as duas línguas, podendo considerá-los bilíngues. Os primeiros aprendem o espanhol na escola (CbGIp: "la gurizada habla en castellano en clase y afuera solo el portugués"), os segundos aprendem o português através da televisão (CaGIIe: "todos los jóvenes son así acá [falam as duas línguas] porque se criaron mirando la Globo").

Um ponto em que estiveram de acordo todos os entrevistados, argentinos e brasileiros, é que geralmente os argentinos se esforçam mais em falar e aprender ou português, pelo contrário são poucos os brasileiros que falam o espanhol.

5.2.2 Brasil (zona fronteiriça Paraná/Santa Catarina)

Do lado brasileiro da fronteira se pode dizer que o português é a língua normal do lar (em alguns casos além de alemão ou italiano). A maioria dos informantes entrevistados diz que só fala português, mas igualmente quase todos acrescentam que acham importante aprender o espanhol e que o entendem. Explicam que é mais fácil entender do que falar em espanhol: "o espanhol a gente enrola, eu entendo bastante, assim falar mesmo a gente não tem costume, a gente enrola, né? mas falar não, só português brasileiro" (CbGIp). Em uma situação em que perguntei a um grupo de informantes idosas se conheciam alguma palavra em espanhol, a reposta foi a seguinte: "Eu não!", "Eu menos ainda!" [risadas], "Eu sei o que eles estão falando, mas se for para mim pronunciar, não vai sair, quando meus netos falam, daí eu sei mais ou menos o que estão falando" (CbGIIp). Muitos comerciantes do lado argentino são brasileiros, por isso na maioria dos casos para os brasileiros que vão fazer compras na Argentina nem é necessário falar em espanhol. Além do mais, também funciona a comunicação cada um falando na sua língua.

Uma questão interessante é a percepção de que os brasileiros da fronteira têm do espanhol fronteiriço. Os entrevistados o caracterizam como um espanhol "não muito refinado", "um espanhol de fronteira", um "portunhol" que não é um "castelhano puro". O único informante brasileiro que por razões de trabalho tem um bom nível de espanhol

---

[6] e indico como língua dominante o espanhol.

(ele é escritor e participa de encontros literários na Argentina) considera o "fenômeno do portunhol" "muito errado" e se queixa de "erros grotescos" que são cometidos por outros falantes (mas não se lembra de nenhum exemplo). Para ele o portunhol é mais um fenômeno da Argentina, consideração que fica confirmada pelos falantes entrevistados do lado argentino que na sua totalidade mencionam o problema da mistura de línguas.

Se poderia dizer que o contato entre as línguas espanhol e português acontece principalmente na região de fronteira do lado argentino e nos comércios de ambos os lados da fronteira, onde tem lugar a situação (proto)típica de intercâmbio entre as duas nacionalidades.

5.2.3 O portunhol e as suas diferentes acepções

Segundo as afirmações dos informantes o conceito de *portunhol* pode ser entendido de diferentes formas. Para falantes de português que moram em Misiones trata-se da sua própria maneira de falar português, o seja, de uma mistura do português com o espanhol. Também para os hispanófonos argentinos o *portunhol* é o tipo de português que falam os descendentes dos imigrantes brasileiros e não tem status de língua. Além disso, o espanhol com interferências do português igualmente é classificado de *portunhol*. Ao mesmo tempo, *portunhol* caracteriza "algo inventado", uma forma de falar que surge em encontros mistos (quando cada um tenta falar a língua do outro). Para alguns, até seria a língua ideal da fronteira, projetando o seu uso como meio de comunicação normal no futuro. Do mesmo modo, para os informantes do lado brasileiro o *portunhol* faz referência ao português dos brasileiros que moram na Argentina, mas também designa o espanhol falado por brasileiros com muito poucos conhecimentos de espanhol (um espanhol improvisado) (Lipski, 2017, p. 400-401).

5.3 Convivência e mídia

Para compreender melhor a situação da fronteira e os contextos em que falantes de diferentes línguas entram em contato, perguntamos aos informantes pelos seus costumes cotidianos, as suas preferências no consumo de mídia e os contatos com "o outro lado".

Para muitos moradores de San Antonio ou Bernardo de Irigoyen, a convivência com o Brasil tem lugar diariamente, por exemplo, para almoçar num restaurante, ir ao dentista, visitar um familiar ou fazer compras no outro lado da fronteira. Apesar de ter outro idioma, a relação com os vizinhos é estreita. Existe, por exemplo, um projeto turístico, o *Parque Turístico Ambiental de Integração*[7] na divisa entre Bernardo de Irigoyen e Dionísio Cerqueira, que serve para impulsionar a atividade turística, comercial e cultural da região e assim fomentar o respeito das culturas de cada um dos países; ou o *Calendário da Fronteira* que mostra em fotografias os pontos turísticos de ambos os lados. Também se organizam eventos, como, por exemplo, encontros para assistir a jogos de futebol ao ar livre no parque mencionado.

Também os brasileiros passam regularmente a fronteira para visitar familiares que moram do lado argentino ou para fazer compras (em parte por razões econômicas, devido ao preço mais baixo de alguns produtos como farinha, óleo ou produtos de limpeza).

Apesar de o espanhol hoje em dia ser mais acessível através da internet, em filmes etc., a televisão é em primeira linha brasileira por razões técnicas. Sobretudo em zonas afastadas, o acesso ao sistema de televisão se faz por antena parabólica podendo receber assim os canais brasileiros (Globo, SBT), mas não chega o sistema de cabo para receber os canais de Buenos Aires ou as notícias da província; em outros casos o acesso aos canais argentinos é muito recente. Nesse sentido, uma informante comenta: "tardó mucho en llegar el Canal 12 de Posadas", "los niños se criaron viendo la Xuxa" (CaGIIe). Outro informante argentino explica a sua própria experiência crescendo com a televisão brasileira: "Ahora en Puerto Iguazú la influencia del portugués no es tan fuerte [...] Yo me crie con la televisión brasilera, [...] el cambio en esta zona de tecnología y comunicación se dio hace 25 años para acá, yo todavía he recibido toda la influencia del *portunhol* y aprendimos por los *desenhos animados*" (CaGIe).

5.4 As línguas no sistema educativo

Como já foi mencionado, em Misiones a situação linguística é vista como problemática no âmbito da educação. Os informantes entrevistados estão de acordo que falar várias línguas é uma riqueza, mas também veem os desafios e problemas que acompanham a situação de contato de línguas na região fronteiriça. A única língua dos estabelecimentos educativos (salvo algumas poucas exceções) é o espanhol. Desde a criação do Mercosul em 1991, o fomento do ensino de português forma parte da política linguística oficial da Argentina, embora quase não se tenha levado à prática (Patzelt; Herling, 2013, p 793) e unicamente em poucas escolas de fato ensina-se o português (por exemplo, na Escuela de frontera

---

[7] Disponível em: http://cifronteira.com.br/projetos-e-obras/turismo/.

Bilingüe – Intercultural Nº 604 Juan Carlos Leonetti, em Bernardo de Irigoyen). Segundo uma informante professora de Irigoyen, no Dep. General Manuel Belgrano existem duas escolas secundárias com o português como língua estrangeira e três escolas primárias, mas são poucas as horas administradas. Apesar do português ser por lei língua estrangeira obrigatória no ensino, não é implementado de forma séria por razões financeiras ou desinteresse das autoridades. Segundo ela, professores não faltam, a UNaM de Posadas (com sede em várias cidades) oferece um *profesorado* de português[8]. Uma informante professora que participou num projeto bilíngue de intercâmbio de professores entre Argentina e Brasil, organizado pela escola bilíngue mencionada, comentou que em outras cidades da região (Iguazú, San Javier) os projetos bilíngues foram suspensos, entre outras coisas, por diferenças administrativas entre os dois países, por exemplo: um problema é a diferença nos feriados entre os dos países, além disso, no Brasil tem um total de 200 dias de aula, mas na Argentina só de 180; no Brasil não parecem respeitar as licenças gerais (na Argentina os professores têm direito à 6) ou as licenças por motivo de doença (30 dias na Argentina) ou em razão de doença em pessoa da família (mais 30 dias), no Brasil o professor que falta paga ao suplente, na Argentina nesse caso mandam os alunos para casa etc. Outra questão que dificulta o andamento do projeto é a falta de formação dos professores em relação ao ensino de línguas estrangeiras: "es difícil porque no estudiamos para enseñar a alumnos que hablan otro idioma", explica a professora que participou do intercâmbio. À pergunta se os alunos brasileiros gostam de aprender o espanhol ela contestou sem hesitação: "No. Es un fracaso, nosotros tratamos... se portan terrible, son terribles, no sé cuántas veces más terribles que los alumnos nuestros porque nosotros vamos y somos como un suplente, viste, el maestro [...] no tiene autoridad [...] porque ellos obedecen a la maestra original". Em suma, aparte da falta de formação, são problemas administrativos e de autoridade dos professores estrangeiros os que dificultam o êxito do projeto.

Por outro lado, existe um projeto que parece ter mais sucesso: "Jóvenes emprendedores de la trifrontera", do que participam as cinco maiores escolas do lado argentino. Nesse caso, fomentam-se os conhecimentos da língua através de livros em português com conteúdos e atividades que estimulam o interesse dos alunos em serem jovens empresários. A informante professora de Bernardo de Irigoyen comentou que além de os alunos se familiarizarem com o português escrito, o projeto é importante para os jovens porque na região não existem muitas oportunidades de emprego. No início também houve alguns problemas burocráticos (passar os livros em português pela aduana) e de conscientização das autoridades e em parte até dos pais, que no começo não estavam de acordo com os

---

[8] Disponível em: https://www.fhycs.unam.edu.ar/portada/profesorado-en-portugues/.

livros em língua portuguesa. Mas atualmente, o projeto parece funcionar bem, como se pode constatar através dos relatos da professora sobre a exposição dos projetos pelos alunos na Argentina e no Brasil.

Na região fronteiriça do nordeste de Misiones, vários professores entrevistados comentaram que seria muito importante ter aula de português na escola "para salir del portunhol" e para ensinar a escrever esta língua que para muitos na região é a língua materna[9]. Os alunos de escolas rurais ou os que vêm de zonas rurais para estudar em zonas mais urbanas (e moram em albergues) apresentam dificuldades na hora de aprender o espanhol. Muitos só falam espanhol na aula e fora da escola somente português. Nos primeiros anos pode ser até necessário os professores explicarem os conteúdos em português, porque os alunos não entendem suficientemente o espanhol. Uma professora aclara: "Muchos chicos no conocen el vocabulario del español, así que al no conocer, se inhiben, no participan, no interactúan porque no saben cómo decir esa palabra". Um dos problemas principais, neste caso, também é a falta de formação dos professores. Muitos dos docentes entrevistados veem no portunhol ou português das crianças uma ferramenta para aprender o espanhol e entendem que o português forma uma parte muito importante da cultura dos alunos que deveria ser valorizada na escola. Mas sobretudo quando os professores são provenientes de outras partes da Argentina e nem conhecem esta situação de contato e nem compreendem o português, a situação de ensino se complica por mal-entendidos que possam surgir. Assim, para os professores seria necessária uma formação de espanhol como língua estrangeira (da mesma forma que para os professores argentinos que vão ensinar o espanhol do lado brasileiro), como comenta também uma professora de ensino primário de uma escola rural falando sobre os seus alunos e as dificuldades que surgem na hora de ensinar:

> es como que yo les estoy enseñando totalmente otro idioma, las autoridades como que no entienden eso. La calidad de la enseñanza no es la misma [...] Nosotros los maestros para arrancar estamos pedaleando un tractor, ... las autoridades allá de Posadas, como están encerradas en su escritorio [...] no entienden [...]. La calidad educativa tiene que ser para todos. [...] Los chicos tienen todo en su cabecita, las palabritas están todas en portugués [...]. Antes los maestros pegaban a los alumnos... para mí es un re-desafío [ensinar a ler e escrever em espanhol até 2° grau)].

---

[9] Segundo a estimativa de uma informante, no município de Irigoyen, 90% dos alunos fala português em casa.

A sua colega, também professora e tradutora, enfatiza: "en las escuelas rurales hay que enseñar el español como lengua extranjera".

Até os mesmos alunos de uma escola secundária são da opinião que seria bom e útil ter aula de português na escola. A maioria deles sabe falar o português, mas não sabem escrever a sua língua materna. Eles comentam que nas aulas só é permitido falar em espanhol, mas nos intervalos, entre eles, a língua usual é o português. Uma aluna muito consciente considera o fato de falar duas línguas uma riqueza, mas também reconhece que no âmbito acadêmico pode ser um obstáculo, sobretudo na hora dos exames ou exposições que se fazem no colégio. Nessas situações ela se dá conta de que a sua língua materna, o português, interferia na sua produção de espanhol, levando a enunciados não normativos, e assim, às vezes, a más notas. Também um informante de idade mais avançada se lembra das dificuldades que teve no começo na escola por não falar quase o espanhol ("Era proibido falar português na escola, só escondido do professor", CbGIIp).

Do lado brasileiro, em geral, nas escolas se oferecem aulas de espanhol como língua estrangeira, mas apenas no último ano, segundo umas informantes jovens de Sto. Antônio. Elas são da opinião de que seria melhor ter mais aulas desde mais cedo para aprender melhor a língua. Outro informante de idade mais avançada comentou: "Teve uma época em que se ensinava mais [o espanhol], agora já não tanto, passou o entusiasmo... por ser fronteira deveria se entusiasmar mais" (CaGIIp).

6. Conclusões

Com estas observações sobre aspectos metodológicos e sociolinguísticos a partir das primeiras experiências de coleta de dados na região fronteiriça de Misiones, espero contribuir para um bom funcionamento do projeto do ALCF.

Os resultados mais importantes com respeito aos aspectos metodológicos seriam:
1. levar em consideração uma adaptação da dimensão diastrática, sendo uma das razões que é cada vez mais difícil encontrar jovens com pouca escolaridade;
2. ter em conta os diferentes graus de conhecimento das línguas e utilizar um método específico de classificação dos informantes segundo o seu grau de monolinguismo/bilinguismo;
3. dar mais importância às representações e percepções dos informantes sobre a situação linguística de fronteira (comparar as representações e a realidade linguística);

4. tomar uma decisão sobre a extensão das entrevistas com respeito às duas línguas em questão (um denominador comum para todas as entrevistas de formas perguntadas nas duas línguas, aplicação ou não de entrevistas bilíngues);

5. revisar o funcionamento das questões morfossintáticas e gravar mais conversas livres.

A propósito da situação sociolinguística é de importância destacar que o contato entre o espanhol e o português acontece principalmente na região de fronteira do lado argentino e nos comércios de ambos os lados da fronteira, onde há lugar a situação (proto)típica de intercâmbio entre as duas nacionalidades. Para os informantes entrevistados falar várias línguas e viver nessa situação de contato de culturas é uma riqueza, mas ao mesmo tempo estão preocupados com os desafios e problemas que a acompanham, sobretudo no âmbito do ensino.

Referências

ABADÍA DE QUANT, Inés. El español del Nordeste. In: WEINBERG, María Beatriz Fontanella de (org.). El español de la Argentina y sus variedades regionales. 1. ed. Buenos Aires: Edicial (Colección Edicial universidad), 2000, p. 101–137.

AMABLE, Hugo. Las figuras del habla misionera. Santa Fé (Argentina): Editorial Colmegna, 1975.

BATTINI, Berta Elena Vidal de. El español de la Argentina. Estudio destinado a los maestros de las escuelas primarias. 2. Aufl. Buenos Aires: Consejo nacional de educación, 1966.

CARDOSO, Suzana A.; MOTA, Jacyra A.; AGUILERA, Vanderci d. A. ALiB: Atlas linguístico do Brasil. Londrina: Eduel, 2014.

COLANTONI, Laura. Préstamos léxicos del guaraní en el español de Corrientes (Argentina). In: DE LA CRUZ, Isabel (ed.). La lingüística aplicada a finales del siglo XX. Alcalá de Henares: Univ. de Alcalá, 2001, p. 309–316.

DE RAMOS, Patricia. Estratégias de realização do objeto direto anafórico de terceira pessoa no espanhol de Oberá – Misiones (Argentina): um estudo sociolinguístico. Rio de Janeiro: UFRJ, 2017.

KOCH, Walter; ALTENHOFEN, Cléo V.; KLASSMANN, Mário S. ALERS: Atlas linguístico-etnográfico da Região Sul do Brasil; cartas fonéticas e morfossintáticas. Porto Alegre: Ed. UFRGS, 2011.

KOVACCI, Ofelia. El objeto directo anafórico en el español de la provincia de Corrientes y un caso de interferencia del guaraní. In: España y el Nuevo Mundo: Un diálogo de 500 años. Buenos Aires: Academia Argentina de Letras, 1992, p. 1307-1320.

KOVACCI, Ofelia. Atlas lingüístico-antropológico de la República Argentina. Boletín de la Academia Argentina de Letras, p. 267-268, jan./jun. 2003.

KREFELD, Thomas; PUSTKA, Elissa. Für eine perzeptive Varietätenlinguistik. In: KREFELD, Thomas; PUSTKA, Elissa (eds.). Perzeptive Varietätenlinguistik. Frankfurt a.M.: Peter Lang, 2010, p. 9-28.

KRUG, Marcelo. Questionário pluridimensional do atlas das línguas em contato na fronteira: Missões, no Brasil e Misiones, na Argentina, 2013.

PALACIOS, Azucena. Aspectos teóricos y metodológicos del contacto de lenguas: el sistema pronominal del español en áreas de contacto con lenguas amerindias. In: NEUMANN-HOLZSCHUH, Ingrid; ZIMMERMANN, Klaus; NOLL, Volker (eds.). El español en América: Aspectos teóricos, particularidades, contactos. Madrid, Frankfurt am Main: Iberoamericana, 2005, p. 63–94.

PATZELT, Carolin; HERLING, Sandra. Weltsprache Spanisch: Variation, Soziolinguistik und geographische Verbreitung. Handbuch für das Studium der Hispanistik. Stuttgart: Ibidem-Verl, 2006.

SALVADOR, Claudio G. Fundadores en tierra colorada. Posadas, Misiones, Argentina: Ed. Univ. Nacional, 2006.

SANICKY, Cristina. Las variaciones de /s/ final en el habla de mujeres y hombres en Misiones, Argentina. Bulletin of Hispanic Studies, v. 73, p. 311–324, 1996.

SANICKY, Cristina. Influencias en el comportamiento de /r/ final en el habla dialectal de Misiones, Argentina. Bulletin of Hispanic Studies, v. 78, p. 137–154, 2001.

SANICKY, Cristina. Las variantes de /j/ en Misiones, Argentina: estudio diacrónico-sincrónico. Bulletin of Hispanic Studies, v. 85, p. 599–608, 2008.

STEFFEN, Martina. Am Rande des brasilianischen Portugiesisch: Portugiesisch-spanischer Sprachkontakt im Grenzgebiet von Misiones, Argentinien. In: MERLAN, Aurelia; SCHÄFER-PRIEß, Barbara (eds.). Randromania im Fokus: gesprochenes Galicisch, Portugiesisch und Rumänisch. Frankfurt a.M.: Peter Lang, 2024, p. 155-176.

STEFFEN, Martina. Questionário Português/Espanhol do ALCF (não publicado).

STEFFEN, Martina. "Acá no hay español nem português, é portunhol". El español en contacto con el portugués en Misiones (Argentina). In: PALACIOS, Azucena; BLESTEL, Élodie (eds.). Variedades del español en contacto con otras lenguas. Berlin: Peter Lang, 2021.

THUN, Harald. ADDU: Atlas lingüístico diatópico y diastrático del Uruguay. Kiel: Westensee-Verlag, 2000a.

THUN, Harald. ADDU – Norte: Atlas lingüístico diatópico y diastrático del Uruguay – Norte. Kiel: Westensee-Verlag, 2000b.

THUN, Harald; DIETRICH, Wolf. ALGR: Atlas lingüístico guaraní-románico. Kiel: Westensee-Verlag, 2009.

WEINBERG, María Beatriz Fontanella de (org.). El español de la Argentina y sus variedades regionales. 1. ed. Buenos Aires: Edicial (Colección Edicial universidad), 2000.

Por uma educação plurilinguística – reflexões sobre trabalho com a diversidade linguística na escola: um olhar para a BNCC

Cristiane Horst, Celina Eliane Frizzo, Ana Elizabeht Fornara, Marcelo Jacó Krug

Universidade Federal da Fronteira Sul – UFFS

1. Considerações iniciais

Neste capítulo, procuramos realizar uma reflexão sobre o trabalho com a diversidade linguística na escola, um espaço pluriétnico, pluricultural, plurilinguístico e, consequentemente, heterogêneo. A fim de colaborarmos com as análises e estudos que vêm sendo realizados em relação aos documentos normativos da educação, decidimos lançar um olhar para a Base Nacional Comum Curricular (BRASIL, 2018), pois percebemos que esse documento, que define o conjunto de aprendizagens essenciais que todos os alunos devem desenvolver ao longo das etapas e modalidades da Educação Básica, ainda não é suficientemente conhecido por uma significativa parcela de professores, pais e pesquisadores/docentes formadores, no que se refere à diversidade linguística.

A diversidade linguística, em nossa compreensão, acaba sendo analisada de forma insuficiente e limitada, pois percebemos que os professores de línguas (língua portuguesa e língua estrangeira – LE) trabalham as suas disciplinas isoladamente e, com isso, se centram somente na variação linguística, ou no português falado em outros países, como também, no caso da LE, na sua difusão e uso pelo mundo. O contato entre as línguas e os fenômenos decorrentes dessa experiência, assim como a existência de falantes bilíngues e a realidade vivida por eles, passam despercebidas e são vistas como exceção.

As realidades linguísticas vividas por nossos alunos acabam sendo invisibilizadas, i) considerando a crença no monolinguismo, que gera conflitos para muitos professores, pois ao mesmo tempo que observam que o aluno usa uma variedade diferente, ela somente é usada como ponte para apresentar a forma "correta", tanto do português, quando da LE. Ademais, ii) a disciplinarização, prática comum usada, especialmente, a partir do 6º ano do Ensino Fundamental no Brasil, também leva o professor a realizar um trabalho mais isolado e focado nos conteúdos específicos de cada disciplina. Porém, na Educação

Infantil, ainda há a possibilidade de um trabalho mais interdisciplinar, pois normalmente há um professor regente por turma neste nível de ensino.

No entanto, na prática, fica evidente que o trabalho interdisciplinar é possível para todos os níveis de ensino e termina por ocorrer, conforme o engajamento pessoal de cada professor/educador, que sabe da importância de um trabalho coeso e coerente com a realidade vivida pelos seus alunos, que vai muito além de uma disciplina escolar específica.

Entendemos que, na realidade das escolas do Brasil, a diversidade linguística não poderia ser trabalhada por um professor ou em uma disciplina isoladamente, mas que seria mais efetivo, se a escola, de forma conjunta com a comunidade escolar, promovesse a conscientização linguística plural e uma prática pedagógica sensível à diversidade linguística.

Este capítulo está organizado em três partes, na primeira parte apresentamos uma breve revisão bibliográfica sobre diversidade linguística e história dos contatos linguísticos no Brasil, na segunda, analisamos partes da BNCC (2018), a partir da ocorrência do termo "diversidade linguística" no documento (três casos) e expandindo a busca a partir da ocorrência dos termos "diversidade cultural", "diversidade humana" e "diversidade de indivíduos" (oito casos). Por fim, na terceira e última parte, apresentamos cinco propostas de projetos de trabalhos já realizados e concluímos com nossa própria proposta de tratamento didático da diversidade linguística.

2. Realidade brasileira e diversidade linguística

A fim de refletirmos conjuntamente sobre o trabalho com a diversidade linguística na escola, entendemos que é preciso conhecer alguns dados, além da realidade linguística brasileira, desde tempos mais distantes, com destaque para a língua da escola e da alfabetização, como também, especificar como compreendemos diversidade linguística e, assim, alinharmos as nossas reflexões.

Além do português, a partir da Lei nº 10.436, de 24 de abril de 2002, oficializou-se no Brasil, a Língua Brasileira de Sinais (Libras), tornando possível, em âmbito nacional, realizar discussões relacionadas à necessidade do respeito às particularidades linguísticas da comunidade surda e do uso da língua nos ambientes escolares.

Vale destacar que, conforme estudos de Altenhofen (2013, p. 35), estima-se que no Brasil tenhamos cerca de 330 línguas (indígenas, de imigração, de sinais, crioulas e afro-brasileiras, além do português e de suas variedades). Esse patrimônio cultural e linguístico é desconhecido por grande parte da população brasileira e é o que faz do nosso país "um dos territórios com maior diversidade linguística no mundo" (RASO; MELLO; ALTENHOFEN, 2011, p. 19). Atualmente, no século XXI, temos uma nova caracterização de imigração de refugiados, a exemplo os imigrantes haitianos, senegaleses, venezuelanos e sírios. (ALTO COMISSARIADO DAS NAÇÕES UNIDAS PARA OS REFUGIADOS 2013, 2016; CAVALCANTI; OLIVEIRA; TONHATI, 2015). Assim, amplia-se a diversidade linguística no território brasileiro.

Registramos que, além das línguas oficiais, o Brasil tem línguas cooficiais que, conforme dados do IPOL 2023 totalizam 22 línguas, em 51 municípios. Todas as cooficializações destacadas, são de âmbito municipal, o que acaba sendo relevante para o grupo envolvido, mas também nos ajuda a desenhar o cenário linguístico brasileiro de forma mais clara. Ademais, a partir de pesquisas realizadas pelo Atlas Linguístico Contatual das Minorias Alemãs na Bacia do Prata (ALMA) e Atlas das Línguas em Contato na Fronteira (ALCF), foi possível observar que em Nova Erechim/SC, o italiano é língua cooficial, assim como, nas cidades de São João do Oeste/SC e Cerro Largo/RS, o alemão é língua cooficial.

No oeste de Santa Catarina, conforme pesquisas realizadas por Horst, Krug e Fornara (2017), foi comprovado, a partir de uma pesquisa de dados do IBGE e dos sites das prefeituras que, em todos os municípios dessa região, encontram-se em uso, além do português, ao menos mais uma língua, na grande maioria minoritárias/minorizadas e maternas dos indivíduos, sem prestígio na sociedade de maneira geral, mas muito significativas para os seus falantes. Estudos empíricos também já foram realizados: contato italiano-português, alemão-português, polonês-português, kaingang-português, guarani-português, espanhol-português, crioulo haitiano-francês e português em contato confirmam a existência dessas línguas em uso (KRUG; HORST; WEPIK, 2016; KRUG; RUSCHEINSKY; HORST, 2019; HORST; KRUG; BERNIERI, 2019; FRIZZO; KRUG; HORST, 2019; HORST; BERTIOTTI, 2019; KUSY, 2019; HORST; KRUG, 2021; ZAMARO, 2021; KAUFMANN; HORST; KRUG, 2022).

Depois da sistematização das línguas oficiais e cooficiais do Brasil, entendemos que a noção de diversidade se amplia e novos conhecimentos são agregados, pois, segundo os dados, é possível perceber que diferentes culturas, grupos étnicos, identidades e línguas estão em contato e que o português é a língua que oficialmente conecta, ou deveria conectar, os diferentes grupos.

Enfim, já não é mais possível compreender o Brasil como um país monolíngue, mas ainda gostaríamos de trazer um pouco da história da formação e da constituição do nosso país, para que tenhamos ainda mais elementos para reflexão. Sempre vivemos numa realidade de contatos linguísticos, no qual falantes de línguas distintas estiveram em contato, sejam elas línguas indígenas ou vindas da Europa, África e Ásia (RASO; MELLO;

ALTENHOFEN, 2011) e, aos poucos, de todos os continentes, mas com destaque, na atualidade, para línguas da América Central e do Sul (ACNUR, 2013, 2016).

No que tange à língua da escola básica e da alfabetização, destacamos que o português não foi sempre a língua de referência. De forma sucinta, apresentamos uma sistematização dos diferentes momentos que vivemos no transcorrer dos séculos, organizada em períodos, com destaque para as línguas da alfabetização (HORST, 2009), a partir de Rambo (1999) e Kreuz (2000): a) de 1549 a 1758 –- Os Padres Jesuítas alfabetizaram os indígenas em Língua Geral e o objetivo estava centrado na "educação das almas"; b) a partir de 1759 –- Marquês de Pombal instituiu o português como língua oficial que, a partir de então, passou a ser a língua da alfabetização, uma responsabilidade do Estado; c) de 1818 a 1929 –- Com as grandes ondas de imigração, especialmente, da Europa e da Ásia, a língua de alfabetização passou a ser definida pelos seus grupos étnicos, que se valiam da língua oficial do seu país de origem (alemão, italiano, japonês, por exemplo) para alfabetizar, pois não havia escolas brasileiras em número suficiente para todos e o desconhecimento da língua do outro dificultava o diálogo com luso-falantes e d) de 1930 a 1984 –- A partir de 1930, iniciou uma forte campanha de nacionalização e as línguas de imigração sofreram forte repressão por parte do governo, principalmente pelo que representavam no contexto internacional. Conforme destaca Gregory (2005), nas áreas de fronteira, os estrangeiros foram expulsos. Assim, o português voltou a ser a única língua utilizada na alfabetização no Brasil.

Fica explícito e evidente que o Brasil sempre foi um país multilíngue e que já vivemos experiências desastrosas de preconceito no decorrer dos tempos (CAMPOS, 2006; HILGEMANN, 2004), especialmente em nossas escolas, porém se não nos tornarmos protagonistas de novas experiências, propiciadas com a chegada de imigrantes haitianos, senegaleses e venezuelanos ao Brasil, mais especialmente ao sul do Brasil a partir de 2010, na grande maioria em situação de refúgio (ACNUR, 2013, 2016), inevitavelmente, iremos nos valer das mesmas políticas linguísticas definidas na oportunidade com os imigrantes que chegaram ao Brasil no século 19, gerando muitas perdas linguísticas, étnicas, culturais e até identitárias.

No que se refere à diversidade linguística, Kuchenbecker (2019) nos apresenta uma discussão referente à forma como a diversidade linguística é contemplada nos currículos das escolas básicas, que são: Diversidade como diversificação de línguas estrangeiras; Diversidade como um bem/produto; Diversidade como variação linguística; Diversidade como herança e Diversidade como inclusão, e a autora destaca que a noção de diversidade como inclusão poderia, a partir de Beacco e Byram (2007, p. 40), que concebem o plurilinguismo como "*[...] an unexceptional ability shared by all speakers*", fomentar uma educação plurilinguística, pois não está centrada somente na valorização de minorias, no ensino de LEs e na diversidade intralinguística (variação linguística).

Salientamos que, conforme o Quadro Europeu Comum de Referência para as Línguas (QECRL), uma abordagem plurilinguística

> [...] acentua o facto de que, à medida que a experiência pessoal de um indivíduo no seu contexto cultural se expande, da língua falada em casa para a da sociedade em geral e, depois, para as línguas de outros povos (aprendidas na escola, na universidade ou por experiência directa), essas línguas e culturas não ficam armazenadas em compartimentos mentais rigorosamente separados; pelo contrário, constrói-se uma competência comunicativa, para a qual contribuem todo o conhecimento e toda a experiência das línguas e na qual as línguas se inter-relacionam e interagem. (QECRL, 2001, p. 23)

Nossa proposta é envolver, além dos professores de línguas, especialmente os pedagogos no fomento de uma educação voltada para uma *multilingual language awareness* (HAWKINS, 1999; GARCIA, 2008), traduzido por nós como conscientização plurilinguística e, a partir dos fatores que promovem a diversidade linguística que destacamos: a colonização, a imigração, as migrações de indivíduos procurando refúgio, a oficialização e cooficialização de línguas, a manutenção de línguas minoritárias, a educação bilíngue, dentre outros aspectos. Compreendemos a diversidade linguística como característica de um país plurilíngue, no qual línguas, culturas e diferentes grupos étnicos estão em contato diário, constituindo um Brasil com muita riqueza linguística e cultural. Assim, para nós, diversidade linguística não é sinônimo de variação linguística (diversidade intralinguística), pois sentimos que a diversidade interlinguística e todos os fenômenos registrados em situações de contato linguístico acabam ficando sem a devida atenção na escola, mas também na sociedade em geral e na família, por questões de preconceito e mitos instaurados.

3. Um olhar para a BNCC: diversidade linguística

Diante da revisão bibliográfica apresentada, fica registrada a necessidade e a relevância de conhecer, estudar, refletir a analisar a diversidade linguística no contexto escolar, pois é na escola que essa realidade presente na sociedade fica evidente, porém, normalmente, essa diversidade é "desconsiderada" em detrimento de uma homogeneização linguística que é vista como fator determinante para que haja sucesso na aprendizagem do português e da LE.

Segundo Spinassé (2011, p. 423), muitas pessoas têm a consciência de que somos um país multilíngue, mas o senso comum ainda acredita não apenas em um monolinguismo, mas vê vantagens neste fato. Ainda para a autora, até então, a ideia de que "brasileiro fala português" e de que falar outra variedade refere-se a "não ser brasileiro" é uma crença perceptível quando discutimos questões de pluralidade de línguas.

Por essa razão, abordar o tema de diversidade linguística nas escolas, na perspectiva que propomos neste trabalho, seria relevante pois, mesmo com uma maior visibilidade desta questão na sociedade, a educação plurilinguística/para o plurilinguismo ainda não está presente nas práticas escolares (HÉLOT, 2012). Então, como tratar, analisar e reconhecer a presença ou não da diversidade linguística na escola? Há diversas formas de fazer isso, poderíamos conversar com professores, alunos, assistir e acompanhar aulas, enfim, um grande número de possibilidades. Contudo, sabemos que currículos, projetos políticos pedagógicos e planos de aula, são regidos por documentos, diretrizes, normas diversas.

Atualmente, a educação brasileira está alicerçada na Base Nacional Comum Curricular (BNCC), homologada em 14 de dezembro de 2018 e elaborada por especialistas de todas as áreas de conhecimento. Além de definir o conjunto de aprendizagens essenciais que os alunos devem desenvolver ao longo das etapas e modalidades da Educação Básica, ainda garante que eles tenham assegurados seus direitos de aprendizagens e desenvolvimento (BRASIL, 2018, p. 05 e 07). Um documento recente, que ainda passa por análise de professores, especialistas e comunidade, traz novidades tanto para a prática do professor, quanto para o aluno, e mobilizou escolas e redes de ensino a reelaborarem e ajustarem seus currículos escolares, contemplando as habilidades e competências que compõe a Base.

Devido à sua normatividade e importância para a Educação Básica, nossa análise e reflexão sobre o trabalho com a diversidade linguística na escola será realizado na BNCC, em todas as suas etapas, ou seja, na Educação Infantil, no Ensino Fundamental e Médio, procurando, num primeiro momento, lançar um olhar para o documento, diretamente pelo assunto "diversidade linguística", como ele é apresentado e tratado, e em seguida, como um segundo olhar, também pelas formas indiretas que o tema pode aparecer no documento.

Quando pensamos em diversidade linguística, seria redutor responsabilizar somente os professores de línguas. Esse tema estará necessariamente presente em todos os componentes curriculares, durante as aulas, na interação aluno -- professor, aluno -- aluno. Dessa forma, quando nos debruçamos sobre a BNCC (2018) em busca de observar como esse documento normativo aborda a diversidade linguística, além de olharmos para todas as etapas, nossa análise contemplará todos os componentes curriculares. Afinal, a diversidade linguística, a forma como olhar e trabalhar com ela, bem como a variação linguística, estarão presentes em todas as aulas, em todas as produções realizadas pelos alunos, e não somente no componente de língua portuguesa.

Partindo para a busca direta da definição "Diversidade Linguística" na BNCC (2018), registramos que o termo aparece em três momentos no documento, cuja indicação de páginas e de trechos do texto apresentamos a seguir:

(1) Na página 70, no texto introdutório do componente curricular de língua portuguesa, no Ensino Fundamental.

> Assim, é relevante no espaço escolar conhecer e valorizar as realidades nacionais e internacionais da **diversidade linguística** e analisar diferentes situações e atitudes humanas implicadas nos usos linguísticos como o preconceito linguístico. Por outro lado, existem muitas línguas ameaçadas de extinção no país e no mundo, o que nos chama a atenção para a correlação entre repertórios culturais e linguísticos, pois o desaparecimento de uma língua impacta significativamente a cultura. (BRASIL, 2018, p. 70)

(2) Na página 246, na 4ª competência específica de língua inglesa para o Ensino Fundamental.

> Elaborar repertórios linguístico-discursivos da língua inglesa, usados em diferentes países e por grupos sociais distintos dentro de um mesmo país, de modo a reconhecer a **diversidade linguística** como direito e valorizar os usos heterogêneos, híbridos e multimodais emergentes nas sociedades contemporâneas. (BRASIL, 2018, p. 246)

(3) Na página 494, na 4ª competência de linguagens e suas tecnologias para o Ensino Médio.

> Essa competência específica indica a necessidade de, ao final do Ensino Médio, os estudantes compreenderem as línguas e seu funcionamento como fenômeno marcado pela heterogeneidade e variedade de registros, dialetos, idioletos, estilizações e usos, respeitando os fenômenos da variação e **diversidade linguística**, sem preconceitos. (BRASIL, 2018, p. 494)

Os dados apontam que, apesar de poucos resultados na busca, o tema é abordado no documento, embora esteja presente apenas nos componentes da área de linguagens. De maneira geral, pela nossa experiência com a educação básica, percebemos que não há um comprometimento de outras áreas em relação ao tema, o que nos preocupa, pois certos de que a diversidade linguística não tem relação apenas com aulas de língua portuguesa e LE, observamos um estado de falta de conscientização e sensibilização, de forma geral, na escola, assunto que abordaremos adiante.

Durante a leitura dos trechos nos quais localizamos o tema em discussão, registramos e destacamos a informação dada pela nota de rodapé da página 71, no texto introdutório do componente curricular de língua portuguesa, no Ensino Fundamental: o documento detalha exemplos de educação bilíngue como o Programa Escolas Interculturais de Fronteira (PEIF), no âmbito do MERCOSUL, em cidades brasileiras da faixa de fronteira e em suas respectivas cidades-gêmeas de países fronteiriços ao Brasil; cita o caso dos povos indígenas que têm o direito constitucional de desenvolver em seus territórios projetos educacionais e práticas pedagógicas de ensino intercultural e bilíngue; e a situação dos pomeranos que também dispõem de programas de educação bilíngue, no Espírito Santo (BRASIL, 2018, p. 71).

A escola pública oferece educação bilíngue em casos específicos como os citados no texto, entretanto a Base não menciona os casos em que não há educação bilíngue, como por exemplo, escolas que atendem filhos de imigrantes que usam outra língua/variedade (como francês e espanhol) entre os familiares e amigos; não menciona os inúmeros indígenas que acabam frequentando escolas de não indígenas e que também podem usar a língua indígena com a família e grupo étnico, como também, os ítalo-, teuto- e polono-brasileiros que vivem no Brasil desde século 19 e falam línguas de imigração, entre tantos outros exemplos, que também representam a diversidade linguística de nosso país. Ao que parece, os diversos contextos do Brasil, não são contemplados pela BNCC (2018).

Seguindo nossa análise, como o próprio leitor pode ter percebido, não há menção direta de diversidade linguística na Educação Infantil, etapa escolar em que muitos alunos, possivelmente, têm o primeiro contato com o contexto escolar e com a norma culta da língua portuguesa. É nessa fase que o aluno apresenta sua variante/variedade linguística usada na família. Nossa dúvida é como será o tratamento que o educador/professor/gestor terá ao se deparar com um aluno que fala, por exemplo, *"nóiz fumo"*. Ele será repreendido? Será corrigido com a frase: *"não é assim que se fala!"* ou *"fala certo!"*. Não é nosso intuito discutir as sequelas que uma forma inadequada no tratamento com a fala informal de uma criança pode causar, mas pontuamos que é crucial que o professor esteja preparado para lidar de forma sensível com tal demanda. Para a criança, sem dúvida, a língua que ela usa é a língua da família e dos demais indivíduos do seu convívio diário, língua pela qual se comunicam e se entendem.

Ademais, como o professor acolherá uma criança que chega à escola sem falar o português? Recomendará que a família passe a ensinar português aos seus filhos para que não sofram ao entrar na escola no Brasil ou criará estratégias com a família para acolher esse aluno? São muitas dúvidas e para isso precisamos nos capacitar como professor, como gestor e como familiar. Horst e Krug (2020), que descreveram a experiência com seus filhos que não têm o português como língua materna e ingressam na escola, registram que a postura sensível dos professores com as crianças na escola, foram determinantes para que seus filhos se sentissem acolhidos por aquele novo grupo, o escolar.

Além disso, em nossa análise, nos reportamos ao percurso formativo[1], definido pela Proposta Curricular de Santa Catarina (SANTA CATARINA, 2014, p. 31), documento que, juntamente com a BNCC (2018), serve de subsídio à elaboração de projetos, pois apresenta um conjunto de orientações a ser seguido pelas instituições de ensino do Estado de Santa Catarina, contexto no qual se insere este trabalho:

> [...] compreende-se o percurso formativo como processo constitutivo e constituinte da formação humana. Nesse sentido, o percurso da formação, a ser desenvolvido na/ pela escola, estrutura-se em torno de uma organização curricular, que deverá ter em vista o desenvolvimento e as especificidades que constituem a diversidade de cada um dos sujeitos acolhidos na Educação Básica. Entende-se que é por meio da apropriação dos diferentes elementos da cultura que cada indivíduo desenvolve suas capacidades (SANTA CATARINA, 2014, p. 31).

O documento ainda afirma: "[...] faz-se necessário transcender os componentes curriculares das áreas em suas especificidades, promovendo o diálogo com os diferentes aspectos da cultura [...]" (SANTA CATARINA, 2014, p. 31 e 32). A partir da análise dos dados, compreendemos que o percurso formativo é interrompido considerando a diversidade linguística, pois na primeira etapa da Educação Básica não ocorrem menções sobre o tema. As vivências quanto às múltiplas formas de falar e se expressar oriundas e pré-estabelecidas antes da vida escolar, não são valorizadas ou desenvolvidas, pelo que se lê no documento.

Além disso, mais um fator importante fica comprometido, a transição entre a Educação Infantil e Ensino Fundamental. A Base apresenta como fazer a transição:

---

1 A BNCC traz o termo "percurso educativo" que tem o mesmo sentido de "percurso formativo".

> [...] para que as crianças superem com sucesso os desafios da transição, é indispensável um equilíbrio entre as mudanças introduzidas, a continuidade das aprendizagens e o acolhimento afetivo, de modo que a nova etapa se construa com base no que os educandos sabem e são capazes de fazer, evitando a fragmentação e a descontinuidade do trabalho pedagógico. (BRASIL, 2018, p. 53)

Contudo, permanece a questão: como fica o percurso formativo? O aluno vai refletir sobre o assunto apenas no Ensino Fundamental e Médio? É apenas lá que ele vai entender que existem usos mais formais e menos formais da língua dependendo das situações? Também é somente no Fundamental II que o aluno irá refletir sobre a formação étnica, cultural e linguística do Brasil e sobre a identidade linguística, por exemplo? Como fica a prática do professor que ao ler o documento não encontra nada sobre o tema e sequer é sensibilizado para o assunto? As lacunas desse documento comprometem o percurso formativo e a transição da Educação Infantil para o Fundamental no que se refere ao multilinguismo do país.

Contudo, mesmo que de forma pouco aprofundada e não conectada entre os diferentes níveis de ensino, registramos que a base contempla a diversidade e a pluralidade em sua essência. Antes mesmo de realizar esta análise sobre a diversidade linguística, percebemos como o documento menciona a diversidade cultural e outras formas indiretas que nos remetem à noção de diversidade, e é para este ponto que queremos nos voltar agora, pois buscamos interpretar a BNCC (2018) a nosso favor.

Como a própria BNCC (2018) diz na página 70: "[...] o desaparecimento de uma língua impacta significativamente a cultura". Também Giles, Bourhis e Taylor (1977) afirmam que, com uma língua um grupo se diferencia dos demais, pois, além de transmitir normas e valores culturais, seu uso enfatiza sentimentos próprios de um grupo e exclui membros externos de suas operações internas.

Diante dessa relação, estendemos a busca de termos às colocações registradas no texto para "**diversidade cultural**; **diversidade humana** e **diversidade de indivíduos**" entre outros, pois consideramos que de forma indireta ou implícita, estamos também falando em diversidade linguística [2]. Desta forma, apresentamos o trecho que, em nossa compreensão, aborda a diversidade linguística e destacamos em negrito os termos que se relacionam ao tema.

---

2 Citaremos apenas alguns resultados, visto o espaço que temos para realizar esta análise.

(4) O primeiro resultado encontrado está no início, nas Competências Gerais da BNCC (2018), na competência 8, página 10:

> 8. Conhecer-se, apreciar-se e cuidar de sua saúde física e emocional, compreendendo-se na **diversidade humana** e reconhecendo suas emoções e as dos outros e reconhecendo suas emoções e as dos outros, com autocrítica e capacidade para lidar com elas (BRASIL, 2018, p. 10).

(5) Na página 15, temos um parágrafo que deixa muito claro que escolas e redes devem respeitar e abordar diversidade cultural e considerar a identidade linguística:

> No Brasil [...] acentuada **diversidade cultural** e profundas desigualdades sociais [...] e as escolas precisam elaborar propostas pedagógicas que considerem as necessidades, as possibilidades e os interesses dos estudantes, assim como suas **identidades linguísticas,** étnicas e culturais (BRASIL, 2018, p. 15).

(6) Percebemos que logo no início da Base, encontramos termos que nos levam a ver a diversidade linguística na BNCC (2018). A partir disso, seguimos encontrando resultados, inclusive, na Educação Infantil, no texto introdutório na página 37:

> [...] para potencializar as aprendizagens e o desenvolvimento das crianças, a prática do diálogo e o compartilhamento de responsabilidades [...] a instituição precisa conhecer e trabalhar com as culturas plurais, dialogando com a **riqueza/diversidade cultural** das famílias e da comunidade (BRASIL, 2018, p. 37).

(7) Ainda, há resultados em uma habilidade presente no "Campo de Experiência: O eu, o Outro e o Nós", na página 46: "(EI03EO06) Manifestar interesse e respeito por **diferentes culturas** e modos de vida" (BRASIL, 2018, p. 46).

(8) No Ensino Fundamental, mencionamos que toda a competência 5, página 65, das Competências Específicas de Linguagens para o Ensino Fundamental, aborda a temática da diversidade, consequentemente, diversidade linguística.

> 6. [...] respeitar **as diversas manifestações artísticas e culturais,** das locais às mundiais, inclusive aquelas pertencentes ao patrimônio cultural da humanidade, bem como participar de práticas diversificadas, individuais e coletivas, da produção artístico-cultural, com respeito **à diversidade de saberes, identidades e culturas** (BRASIL, 2018, p. 65).

Destacamos (9) e (10), de outro trecho do documento, na página 246, no qual interpretamos encontrar diversidade linguística nas Competências Específicas de Língua Inglesa para o Ensino fundamental, as competências 1 e 3, respectivamente:

> 1. Identificar o lugar de si e o do outro em um mundo **plurilíngue** e **multicultural** refletindo, criticamente, sobre como a aprendizagem da língua inglesa contribui para a inserção dos sujeitos no mundo globalizado, inclusive no que concerne ao mundo do trabalho (BRASIL, 2018, p. 246).

> 3. Identificar similaridades e diferenças entre a língua inglesa e a língua materna/outras línguas, articulando-as a **aspectos sociais, culturais e identitários**, em uma **relação intrínseca entre língua, cultura e identidade** (BRASIL, 2018, p. 246).

(11) Já no Ensino Médio, na página 491, na área de Linguagens e suas Tecnologias no Ensino Médio, Competências Específicas e Habilidades, a habilidade específica 4 nos remete a diversidade linguística:

> 4: Compreender as línguas como fenômeno (geo)político, histórico, cultural, social, variável, heterogêneo e sensível aos contextos de uso, reconhecendo suas variedades e vivenciando-as como formas de expressões identitárias, pessoais e coletivas, bem como agindo no enfrentamento de preconceitos de qualquer natureza (BRASIL, 2018, p. 491).

Por meio dos dados oriundos da BNCC, que foram selecionados e apresentados, verificamos, a partir das definições encontradas: "**diversidade cultural; diversidade humana e diversidade de indivíduos**", como também, "**plurilíngue e multicultural; diversidade de saberes; heterogêneos; relação intrínseca entre língua, cultura e identidade**" entre outros, podemos afirmar que, de forma indireta ou implícita, encontramos a diversidade linguística desde a Educação Infantil até o Ensino Médio contemplando assim o percurso formativo/educativo intencionado pela Base, na grande maioria dos componentes curriculares, mesmo não os tendo apresentado neste trabalho. Contudo, registramos nossa preocupação de que essa interpretação pode não acontecer para todos os leitores deste documento. Esse foi um dos motivos que nos fez pensar neste trabalho, pois se o assunto não chegar aos professores, se não for discutido e sensibilizado, ele não estará presente nas interpretações e menos ainda, nas práticas pedagógicas.

Assim, entendemos que o trabalho com a diversidade linguística na escola precisa ser interpretado na BNCC (2018), especialmente a partir de definições próximas, que remetem à cultura, à heterogeneidade e à identidade, pois o seu registro direto no documento é limitado. Isso nos desafia a refletirmos sobre como podemos trabalhar a diversidade linguística na escola que, em nossa compreensão, deveria, para que seja uma intervenção transformadora, ser uma tarefa das famílias, da escola e da sociedade em geral.

4. Possibilidades de trabalho com a diversidade linguística na escola

Após uma análise da BNCC (2018) e a apuração de menções diretas e indiretas à respeito da diversidade linguística, consideramos relevante apresentar aos nossos leitores, em especial aos educadores e professores da educação básica, possíveis ações para se fomentar a discussão e a compreensão dos fenômenos da diversidade linguística, especialmente, na escola. De antemão, enfatizamos que essa causa não deve recair apenas sobre o professor de línguas, afinal trata-se de um processo que requer a atuação da escola como um todo, passando, inicialmente, pela gestão e organização escolar e pelo corpo docente até chegar aos alunos.

Destacamos a possibilidade e a já comprovada eficácia de um trabalho pautado na Pedagogia de Projetos, tradição escolar que favorece a pesquisa da realidade e do trabalho ativo por parte do aluno (HERNÁNDEZ; VENTURA, 1998). Essa metodologia permite que o aluno contextualize e ressignifique seus conceitos, selecionando informações relevantes e desenvolvendo habilidades e competências importantes para a vida pessoal e profissional. Além disso, a elaboração de projetos pelas escolas estimula o fazer científico através da definição de objetivos, do alinhamento do escopo teórico e da sistematização dos processos a serem aplicados.

Um ponto de destaque no que diz respeito à Pedagogia de Projetos é o seu caráter interdisciplinar (BUCK INSTITUTE FOR EDUCATION, 2008). Os projetos tendem a ser diversificados e, partem das dúvidas e curiosidades dos alunos, logo contemplam componentes diferentes e interesses e necessidades diversas. Além disso, a escola assume como função estabelecer a interdisciplinaridade para embasar o conhecimento sistematizado e a aquisição de competências associadas aos processos formais e informais de aprendizagem.

Ao acionarmos conceitos como a Pedagogia de Projetos à BNCC (2018) e à diversidade linguística e cultural, surgem questões e dúvidas relacionadas à aplicação e à interconexão desses saberes no âmbito escolar: a) Qual seria o papel da escola frente à diversidade linguística e cultural presente nas práticas dos alunos, em especial dos falantes de línguas minoritárias? b) Como desenvolver ações de promoção da diversidade linguística? c) Como dar visibilidade à diversidade linguística e social dentro de uma sala de aula? e) Como pensar/elaborar propostas/ações que contemplem as habilidades postas na BNCC (2018) e que deem espaço para a diversidade linguística e cultural dos alunos?

Se levarmos em consideração a atual organização curricular das nossas escolas, perceberemos que as línguas ocupam espaços bem definidos: de um lado o componente curricular da língua oficial, nesse caso a Língua Portuguesa, e de outro a LE. Nota-se ainda que essas áreas atuam de forma isolada e fragmentada, por vezes não há diálogo entre essas disciplinas e menos ainda com outros campos do saber. Como resultado, o entendimento da diversidade linguística difere entre os educadores e, por vezes, chega a ser ignorado, como também, equivocadamente compreendido, muitas vezes, posto como sinônimo de variação linguística somente.

Diante de tal cenário, com o intuito de contribuir para um processo de ensino que potencialize as línguas, em especial aquelas de caráter minoritário, existentes na comunidade local, procuramos refletir sobre possibilidades/ações baseadas numa educação plurilinguística (ALTENHOFEN; BROCH, 2011), com vistas à conscientização linguística (HAWKINS, 1984, 1999; GARCIA, 2008) e a uma prática pedagógica alicerçada na ideia da sensibilização à diversidade linguística e cultural. Partimos do pressuposto que uma abordagem de ensino produtiva e aplicável na prática é aquela que promove o respeito entre diferentes culturas e línguas e uma comunicação intercultural, construída coletivamente com diferentes representantes da comunidade escolar a partir de propostas didáticas que partam da realidade linguística do aluno. Para isso, Horst, Krug e Fornara (2017) apontam/percebem a conscientização linguística voltada para a sensibilização à diversidade linguística e cultural como uma das estratégias mais importantes para a promoção da pluralidade linguística e para a manutenção das línguas minoritárias faladas localmente.

A fim de pensar nessa abordagem plural (CANDELIER et al., 2004), com vistas à conscientização linguística na escola, organizamos, na sequência, cinco casos de reflexões e propostas de ações baseadas em trabalhos de diferentes pesquisadores do Brasil e de outros países. Todas essas propostas aqui elencadas podem ser, com ajustes, aplicadas e adaptadas às especificidades que se apresentam em cada espaço de ensino e nos diferentes segmentos educacionais (Ensino Infantil, Fundamental e Médio).

i) Um projeto pioneiro que deu vez ao movimento da conscientização linguística e à educação plurilinguística é o Janua-Linguarum –- Uma porta para as línguas, conhecido como Ja-Ling, e coordenado por Michel Candelier, na Université du Maine, em Le Mans, na França. Esse projeto almeja dar suporte educacional a professores na criação e aplicação de materiais didáticos que colaborem para o contato com diferentes culturas e línguas. Essa abordagem multilíngue, conhecida como Despertar para as Línguas, segundo Candelier et al. (2004), objetivou promover crenças e atitudes favoráveis em relação às línguas e sua diversidade e àqueles que são falantes dessas línguas e partícipes dessas culturas. O ganho maior se aplica à língua e cultura de crianças e jovens cuja origem cultural e linguística não é majoritária, possibilitando que essas também sejam percebidas pela escola.

Podemos citar como exemplo desse projeto a estratégia de formação aplicada a professores denominada *Biografia Linguística* (PINHO; ANDRADE, 2002). Trata-se de uma estratégia que leva o professor a um processo de descoberta das suas experiências de aprendizagem linguístico-comunicativas, contribuindo para a construção de uma capacidade de autoanálise constante. Nesse processo, o professor documenta suas experiências linguísticas e de aprendizagem de línguas, identifica tendências, percepções, representações e atitudes em relação ao mundo das línguas e das culturas, desenvolvendo questionamentos, relativizações, autotransformações e construções.

A Biografia Linguística se tornou uma estratégia de formação de professores (PINHO; ANDRADE, 2002), com a construção de um diário de bordo através dos dados obtidos. Desse modo, os professores foram confrontados com suas próprias contradições e com sua pouca cultura linguística, passaram a debater suas posições e a perceber a história linguística como algo que pode ser recontado. Juntos, eles também construíram um dossiê "O mundo das línguas e das culturas" que os auxiliou na planificação de suas aulas e tornaram-se mais conscientes da complexidade da política linguística e do papel que desempenham como educadores e formadores linguísticos.

ii) Voltando-se para projetos de ensino-aprendizagem de LE, Broch (2014) analisou o gerenciamento linguístico de um grupo de alunos de uma escola pública que oferece quatro LEs no seu currículo. Os alunos escolhem três destas línguas para estudar, de forma consecutiva, ao longo da educação básica. A partir das suas análises, a autora percebeu que há vários fatores que levam seus alunos a escolherem determinadas línguas para o estudo e não outras, variando entre motivações mais integrativas ou instrumentais. Inglês e espanhol, por exemplo, são línguas citadas por alunos que pensam em questões mais profissionais, enquanto o italiano e o alemão são requisitados por aqueles que possuem laços afetivos e culturais marcados pela origem da família.

De todas as formas, conforme Broch (2014, p. 170), a pluralidade linguística se evidencia numa oferta multilíngue, num conjunto de ações de conscientização e sensibilização à diversidade linguística e cultural, aliadas a aspectos como a ampliação de carga horária para as línguas, flexibilização do currículo, diversificação de atividades e integração entre professores de línguas.

iii) Horst e Krug (2020) ampliam a ideia de Broch (2014), propondo uma educação plurilinguística na família[3] e na escola, considerando o estudo de caso envolvendo os filhos, que inclui pais, familiares, além dos pedagogos, equipe diretiva, pais e demais participantes da vida escolar e familiar das crianças. Uma educação plurilinguística desde a infância na família precisa ser reconhecida, aceita, respeitada e estimulada, pois ainda há muitos mitos presentes na sociedade de que é somente na escola que se aprende o certo, ou seja, a visão do "certo" e do "errado", considerando diferentes usos linguísticos. Gradativamente, estamos nos tornando pessoas mais plurais, no entanto, algumas atitudes de preconceito linguístico, por exemplo, perante o falar de algum indivíduo ou grupo de falantes, não colabora com a educação plurilinguística, pois, conforme o QECRL (2001):

> [...] uma competência comunicativa plurilingue e pluricultural sugere um perfil transitório e uma configuração em evolução. Dependendo da trajectória profissional, da história da família, da experiência de viagens, das leituras e dos passatempos do indivíduo em causa, dar-se-ão modificações significativas na sua biografia linguística e cultural, que alteram as formas de desigualdade no seu plurilinguismo e tornam mais complexa a sua experiência da pluralidade de culturas. Isto não implica, de forma alguma, instabilidade, incerteza ou falta de equilíbrio da pessoa em questão, antes contribui, na maioria dos casos, para uma maior consciência da sua identidade (QECRL, p. 188).

iv) Em contextos multilíngues de contato, um interessante projeto que buscou a aplicação da Didática do Multilinguismo (*Didaktik der Mehrsprachigkeit, cf.* HUFEISEN; NEUNER, 2003; WIATER, 2006) aconteceu em escolas municipais de Morro Reuter no RS. Spinassé e Käfer (2017) chamaram a atenção para o contato português alemão e procuraram incluir a língua minoritária local, o *Hunsrückisch*, como estratégia pedagógica para o ensino do alemão padrão como língua adicional (LA). As

---

3 É aquela que ocorre na família, quando os pais e familiares não se ocupam necessariamente em ensinar línguas especificamente, mas especialmente, em senbilizar os filhos para a aprendizagem de línguas através de atitudes positivas perante qualquer língua e cultura, por exemplo.

pesquisas empíricas de Steffen (2008) e Spinassé (2014) mostraram que o pré-conhecimento de estruturas do alemão trazidas pelos alunos falantes de *Hunsrückisch* contribui para o aprendizado do alemão padrão. No geral, as atividades desenvolvidas ao longo do projeto são de sensibilização linguística e contextualização histórica da língua minoritária, bem como trabalhos de reflexão morfofonêmica, e alguns resultados apontam que: a) os alunos falantes de línguas minoritárias necessitam de estímulos que os façam sentir-se valorizados pelo seu capital linguístico; b) é possível incluir a língua minoritária como um meio para a aprendizagem de uma nova língua; c) essa inclusão é produtiva e eficaz.

v) Em um contexto mais local, destacamos um projeto voltado para o público haitiano desenvolvido no município de Chapecó/SC. Soares e Tirloni (2017) utilizaram a Pedagogia de Projetos como metodologia didática e o método intervencionista da observação/ação para aplicar o projeto de Contação de Histórias em crioulo haitiano. As autoras se alicerçaram na literatura popular haitiana e brasileira e trabalharam com contos tradicionais de cada país, contemplando as habilidades de produção textual oral e escrita e da análise linguística. Os participantes desse projeto eram todos haitianos adultos aprendizes de português como língua estrangeira. O projeto se baseou- em situações reais de uso das línguas envolvidas e objetivou a criação de um *blog* com as produções de contos populares feitas pelos alunos. Entendemos que o projeto pode ser adaptado a fim de atender alunos da Educação Básica.

Por fim, com base em nossa leitura da BNCC (2018) e com a apreciação dos cinco projetos acima mencionados, e com o intuito de darmos nossas próprias contribuições nesse processo prático, elencamos algumas ações/atividades que podem, conforme as realidades individuais, ser aplicadas no ensino básico. São propostas que consideramos válidas para a sensibilização à diversidade linguística e cultural, em especial no oeste catarinense, visto se tratar de uma região que abriga diferentes grupos étnicos (HORST; KRUG; FORNARA, 2017).

Projetos que envolvam músicas/cantigas em diferentes línguas minoritárias são um interessante passo introdutório para a discussão sobre a diversidade linguística local. Pode-se organizar um levantamento de canções aprendidas em família que podem ser apresentadas nas línguas minoritárias dos grupos correspondentes. A partir disso, o professor pode lançar um olhar para os diferentes países de origem das famílias que compõem a comunidade escolar, pode identificar junto aos alunos o nome dessas diferentes variedades linguísticas, como também, apresentar outras canções, enfatizando a presença de variadas línguas em nossa região. Ainda, pode-se pensar em propostas de ilustrações e brincadeiras a partir dessas cantigas, abrindo espaço para a construção de significações dessas culturas e línguas pelos alunos. Esse seria o espaço e momento propício para o professor conversar com seus estudantes sobre o rol de línguas faladas em nosso país, enfatizando sua importância e representação identitária pelos grupos que as utilizam. Oficinas, seminários e palestras relacionadas à presença, ao uso e à relevância das línguas locais podem ser oportunidades interessantes para que pais, alunos e comunidade escolar no geral possam "falar sobre si e sobre suas experiências linguísticas", ocupando seus espaços de direito –- *aménagement linguistique* (CALVET, 2007).

Visto que muitas línguas minoritárias locais passam por um processo gradativo de perda de transmissão linguística intergeracional (WEPIK, 2017; BERNIERI, 2017; FORNARA, 2019; KAUFMANN, 2019), projetos que fortaleçam a funcionalidade oral e escrita das línguas através de atividades que desenvolvam habilidades orais e escritas nas línguas próprias dos falantes também são necessários. Ações como a produção de livros de histórias referentes às crenças e práticas tradicionais da comunidade, receitas culinárias típicas e a formação de um repertório de etnotextos relacionadas a diferentes áreas do conhecimento (métodos de produção de vinho, de erva mate artesanal, uso de ervas medicinais, atividades do ferreiro, de acordo com as culturas locais), narradas ou escritas por pessoas da comunidade com possibilidade de serem registradas na língua em que foram coletadas e também traduzidas para o português, quando necessário. Além disso, a elaboração de materiais de caráter informativo, como panfletos de prevenção a doenças, sobre ervas medicinais ou sobre o plantio de alimentos orgânicos são ideias que podem auxiliar no desenvolvimento da oralidade e da escrita dos alunos em sala de aula.

Considerações finais

Neste texto procuramos, num primeiro momento, descrever a realidade linguística brasileira, para que o leitor possa (re)conhecer o Brasil quanto às línguas em uso em seu território. Além disso, situamos o leitor em relação à nossa compreensão de diversidade linguística. Posteriormente, lançamos um olhar para a BNCC (2018) a fim de compreender de que forma esse documento aborda a diversidade linguística e por fim, procuramos conhecer alguns projetos que se baseiam em propostas de trabalho com a diversidade linguística, em especial na escola, e refletimos sobre possíveis ações que podem ser colocadas em prática com o objetivo de auxiliar os professores em suas abordagens referentes à diversidade de línguas e culturas.

A menção direta à diversidade linguística na BNCC (2018) é, em nossa compreensão, insuficiente considerando o percurso formativo dos alunos de escolas brasileiras. Em contrapartida, quando analisamos as menções de forma indireta, buscando por definições que estão ligadas à diversidade linguística, percebemos a sua presença em todo o documento, em todas as áreas e isso deixa evidente que o texto se presta a diferentes interpretações relacionadas aos diferentes grupos étnicos, culturais e linguísticos para que a diversidade linguística seja trabalhada em todos níveis de ensino e que não fique a cargo das disciplinas de língua portuguesa e LE, envolvendo, assim, a equipe diretiva, pedagógica, professores, alunos e pais.

Em um mundo que se caracteriza pelo inevitável contato entre culturas e línguas, seria esperado defender a diversidade linguística e cultural. Nessa direção, torna-se necessário sensibilizar e formar professores e alunos, preparando-os para gerir abordagens plurais desde os anos iniciais da vida escolar. Uma educação plurilinguística, possivelmente, seja um caminho a seguir e esse novo modelo pode começar na família e receber suporte educacional (num trabalho conjunto da escola e da família), como no exemplo descrito e analisado por Horst e Krug (2020). A educação sensível ao plurilinguismo, então passaria a ser uma prática comum na escola, com a intervenção da família e assim, gradativamente, poderia ocorrer a tão esperada mudança na nossa sociedade.

Em nossa compreensão, seria indicado reconhecer a pluralidade de línguas que coexistem tanto nas regiões menos hegemônicas, quanto nas mais hegemônicas; sensibilizar as pessoas em relação à importância da manutenção da diversidade linguística; desconstruir mitos presentes na sociedade favoráveis ao monolinguismo e criar ações para fomentar a diversidade linguística nas famílias, mas especialmente nas escolas.

Referências

ALTENHOFEN, Cléo. Migrações e contatos linguísticos na perspectiva da geolinguística pluridimensional e contatual. Revista de Letras Norte@mentos, v. 6, n. 12, p. 19-43, 2013. Disponível em: http://sinop.unemat.br/projetos/revista/index.php/norteamentos/article/view/1216/860. Acesso em: 22 set. 2020.

ALTENHOFEN, Cléo; BROCH, Ingrid. Fundamentos para uma pedagogia do plurilinguismo baseada no modelo de conscientização linguística (language awareness). In: V ENCUENTRO INTERNACIONAL DE INVESTIGADORES DE POLÍTICAS LINGÜÍSTICAS, 5., 2011, Montevideo. Anais [...]. Montevideo: Universidad de la República y Asociación de Universidades Grupo Montevideo, 2011, p. 15-24.

ALTO COMISSARIADO DAS NAÇÕES UNIDAS PARA OS REFUGIADOS (ACNUR). Refúgio no Brasil: Uma Análise Estatística (2010-2013). Brasília: ACNUR Brasil, 2013. Disponível em: http://www.acnur.org/t3/fileadmin/Documentos/portugues/Estatisticas/Refugio_no_Brasil_2010_2013.pdf. Acesso em: 07 jul. 2020.

ALTO COMISSARIADO DAS NAÇÕES UNIDAS PARA OS REFUGIADOS (ACNUR). Dados sobre refúgio no Brasil – Balanço até abril de 2016. Brasília: ACNUR Brasil, 2016b. Disponível em: http://www.acnur.org/portugues/recursos/estatisticas/dados-sobre-refugio-no-brasil/. Acesso em: 07 jul. 2020.

BEACCO, Jean-Claude; BYRAM, Michael. From linguistic diversity to plurilingual education: Guide for the development of language education policies in Europe. Strasbourg: Council of Europe, 2007.

BERNIERI, Simone. Crenças e atitudes linguísticas em relação a línguas minoritárias: Alemão em São Carlos/SC e Italiano em Coronel Freitas/SC. 2017. 187 fl. Dissertação (Mestrado em Estudos Linguísticos) – Programa de Pós-Graduação em Estudos Linguísticos, Universidade Federal da Fronteira Sul, Chapecó-SC, 2017. Disponível em: https://rd.uffs.edu.br/handle/prefix/1765. Acesso em: 23 set. 2020.

BRASIL. Ministério da Educação. Base Nacional Comum Curricular. Brasília: MEC, 2018. Disponível em: http://basenacionalcomum.mec.gov.br/images/BNCC_EI_EF_110518_versaofinal_site.pdf. Acesso em: 20 set. 2020.

BRASIL. Lei nº 10.436, de 24 de abril de 2002. Dispõe sobre a Língua Brasileira de Sinais e dá outras providências. Diário Oficial da União, Brasília, 25 de abril de 2002. Disponível em: http://www.planalto.gov.br/ccivil_03/leis/2002/l10436.htm. Acesso em: 22 set. 2020.

BROCH, Ingrid Kuchenbecker. Ações de promoção da pluralidade linguística em contextos escolares. 2014. 268 fl. Tese (Doutorado em Letras) – Programa de Pós-Graduação em Letras, Universidade Federal do Rio Grande do Sul, Porto Alegre, 2014. Disponível em: https://lume.ufrgs.br/handle/10183/102190. Acesso em: 23 set. 2020.

BUCK INSTITUTE FOR EDUCATION. Aprendizagem baseada em projetos: guia para professores de ensino fundamental e médio. 2. ed. Porto Alegre: Artmed, 2008.

CALVET, Louis-Jean. As políticas linguísticas. São Paulo: Parábola Editorial, 2007.

CAMPOS, Cynthia Machado. A política da língua na era Vargas: a proibição do falar alemão e resistências no sul do Brasil. Campinas: Ed. da UNICAMP, 2006.

CANDELIER, Michel et al. Janua Linguarum – The gateway to languages. The introduction of language awareness into the curriculum: Awakening to languages. Council of Europe Publishing, 2004.

CAVALCANTI, Leonardo; OLIVEIRA, Antonio; TONHATI, Tânia (Orgs.). A Inserção dos Imigrantes no Mercado de Trabalho Brasileiro. Cadernos OBMigra, Ed. Especial, Brasília, 2015.

FORNARA, Ana E. Aspectos do bilinguismo Deitsch-Português em Saudades-SC e Talian-Português em Nova Erechim-SC. 2019. 156 fl. Dissertação (Mestrado em Estudos Linguísticos) – Programa de Pós-Graduação em Estudos Linguísticos, Universidade Federal da Fronteira Sul, Chapecó-SC, 2019. Disponível em: https://rd.uffs.edu.br/handle/prefix/3253. Acesso em: 23 set. 2020.

FRIZZO, Celina Eliane; KRUG, Marcelo Jacó; HORST, Cristiane. Ano Internacional das Línguas Indígenas: cenário linguístico Kaingang da terra indígena Guarita. Web Revista SOCIODIALETO, v. 9, n. 27, p. 44-63, 2019. Disponível em: http://sociodialeto.com.br/index.php/sociodialeto/article/view/193/161. Acesso em: 22 set. 2020.

GARCÍA, Ofelia. Multilingual language awareness and teacher education. In: CENOZ, Jasone; HORNBERGER, Nancy H. (Orgs.). Encyclopedia of language and education. 2. ed. v. 5. New York: Springer Science, 2008, p. 385-400.

GILES, H.; BOURHIS, R. Y.; TAYLOR, D. M. Towards a Theory of Language in Ethnic Group Relations. In: GILES, H. (Ed.). Language, Ethnicity and Intergroup Relations. London: Academic Press, 1997.

GREGORY, Valdir. Os eurobrasileiros e o espaço colonial: migrações no Oeste do Paraná (1940-1970). Cascavel: EDUNIOESTE, 2005.

HAWKINS, Eric. Awareness of language: an introduction. Cambridge: Cambridge University Press, 1984.

HAWKINS, Eric. Foreign language study and language awareness. Language Awareness, v. 8, n. 3 e 4, p. 124-141, 1999. Disponível em: https://jaling.ecml.at/pdfdocs/hawkins.pdf. Acesso em: 22 set. 2020.

HÉLOT, Christine. Multilingual Education and Language Awareness. In: CHAPELLE, Carol (Org.). The Encyclopedia of Applied Linguistics. New York: Wiley Blackwell, 2012, p. 258-300.

HERNÁNDEZ, Fernando; VENTURA, Montserrat. A organização do currículo por projetos de trabalho: o conhecimento é um caleidoscópio. 5. ed. Porto Alegre: Artmed, 1998.

HILGEMANN, Clarice. Mitos e concepções linguísticas do professor em contextos multilíngues. 2004. 169 fl. Dissertação (Mestrado em Letras) – Programa de Pós-Graduação em Letras, Universidade Federal do Rio Grande do Sul, Porto Alegre, 2004. Disponível em: https://lume.ufrgs.br/handle/10183/4319. Acesso em: 23 set. 2020.

HORST, Cristiane. A situação da alfabetização dos falantes de línguas de imigração no contexto brasileiro. Contingentia, v. 4, p. 73-84, 2009. Disponível em: https://seer.ufrgs.br/contingentia/article/view/11417/6762. Acesso em: 22 set. 2020.

HORST, Cristiane; BERTIOTTI, Julia. Multilinguismo na escola: crenças e atitudes linguísticas de professores de línguas para/com imigrantes refugiados em escolas públicas de Chapecó. Muiraquitã - Revista de Letras e Humanidades, v. 7, n. 2, p. 61-79, 2019. Disponível em: https://periodicos.ufac.br/index.php/mui/article/view/2907/2028. Acesso em: 22 set. 2020.

HORST, Cristiane; KRUG, Marcelo Jacó. Desafios de uma educação plurilinguística em um país que se diz monolíngue: um estudo de caso. Revista Estudos da Linguagem, Pelotas, v. 23, n. 4, p. 1274-1296, 2020. Disponível em: https://periodicos.ufpel.edu.br/ojs2/index.php/rle/article/view/18946. Acesso em 15 dez. 2020.

HORST, Cristiane; KRUG, Marcelo Jacó. Atlas das línguas em contato na fronteira. In: SNICHELOTTO, Surdi da Luz (Org.). Estudos Linguísticos da/na Fronteira Sul. Chapecó: Editora da UFFS, 2021, p. 85-101.

HORST, Cristiane; KRUG, Marcelo; BERNIERI, Simone. Fatores (in)conscientes que influenciaram uma ítalo-brasileira a usar progressivamente o português em detrimento da variedade italiana. Caderno de Letras, Pelotas, n. 35, p. 195-208, 2019. Disponível em: https://periodicos.ufpel.edu.br/ojs2/index.php/cadernodeletras/article/view/17409/10983. Acesso em: 22 set. 2020.

HORST, Cristiane; KRUG, Marcelo; FORNARA, Ana Elizabeth. Estratégias de Manutenção e Revitalização Linguística no Oeste Catarinense. Organon, Porto Alegre, v. 32, n. 62, 2017. Disponível em: https://seer.ufrgs.br/organon/article/view/72292. Acesso em: 23 set. 2020.

HUFEISEN, Britta; NEUNER, Gerhard. Mehrsprachigkeitskonzept – Tertiärsprachen – Deutsch nach Englisch. Strasbourg: Council of Europe Publishing, 2003.

INSTITUTO DE INVESTIGAÇÃO E DESENVOLVIMENTO EM POLÍTICA LINGUÍSTICA (IPOL). Florianópolis, 2018. Disponível em: http://ipol.org.br/. Acesso em: 22 set. 2020.

KAUFMANN, Angélica. Manutenção do Deitsch e Deutsch em contato com o Português em Mondaí/SC e Saudades/SC. 2019. 117 fl. Dissertação (Mestrado em Estudos Linguísticos) – Programa de Pós-Graduação em Estudos Linguísticos, Universidade Federal da Fronteira Sul, Chapecó-SC, 2019. Disponível em: https://rd.uffs.edu.br/handle/prefix/3316. Acesso em: 23 set. 2020.

KAUFMANN, Angélica; HORST, Cristiane; KRUG, Marcelo. Manutenção do Deitsch e Deutsch na mesorregião do Oeste Catarinense. In: FRANZEN (Org.). Porto Feliz – Mondaí: o centenário da colonização (1922 – 2022). Itapiranga: Editora Schreiben, 2022, p. 61-82.

KREUZ, Lúcio. Escolas Comunitárias de imigrantes no Brasil: instâncias de coordenação e estruturas de apoio. Revista Brasileira de Educação, São Paulo, n. 15, p. 159-176, 2000. Disponível em: https://www.scielo.br/pdf/rbedu/n15/n15a10. Acesso em: 22 set. 2020.

KRUG, Marcelo; HORST, Cristiane; WEPIK, Fernanda. Code-switching na fala de polono-brasileiros de Áurea/RS. Revista Domínios de Lingu@gem, Uberlândia, v. 10, p. 1404-1443, 2016. Disponível em: http://www.seer.ufu.br/index.php/dominiosdelinguagem/article/view/34972/19275. Acesso em: 22 set. 2020.

KRUG, Marcelo; RUSCHEINSKY, Elena; HORST, Cristiane. "Uma Vez": empréstimo do alemão no português falado em Itapiranga e São João do Oeste. Pandaemonium Germanicum, São Paulo, v. 22, n. 37, p. 231-250, 2019. Disponível em: https://www.scielo.br/scielo.php?pid=S198288372019000200231&script=sci_abstract&tlng=pt. Acesso em: 22 set. 2020.

KUSY, Adriane. O contato linguístico Português e Espanhol na fronteira Brasil-Argentina: crenças e atitudes linguísticas. 2019. 133 fl. Dissertação (Mestrado em Estudos Linguísticos) – Programa de Pós-Graduação em Estudos Linguísticos, Universidade Federal da Fronteira Sul, Chapecó-SC, 2019. Disponível em: https://rd.uffs.edu.br/handle/prefix/3252. Acesso em: 23 set. 2020.

KUCHENBECKER, Ingrid. Diversidade linguística nos domínios da escola. In: IX ENCUENTRO INTERNACIONAL DE INVESTIGADORES DE POLÍTICAS LINGÜÍSTICAS: Diversidad linguística. Diversidad cultural, 9., 2019, Montevideo. Anais [...]. Montevideo: Universidad de la República y Asociación de Universidades Grupo Montevideo, 2019, p. 71-82.

PINHO, Ana; ANDRADE, Ana. A biografia linguística na sensibilização à diversidade linguística e cultural: uma estratégia na formação inicial de professores. In: ANAIS DO XI ENDIPE: Igualdade e diversidade na educação, 11., 2001, Goiânia. Anais [...]. Goiânia: Universidade Federal de Goiás, 2002. Disponível em: https://jaling.ecml.at/pdfdocs/articles/article_portugal.pdf. Acesso em: 22 set. 2020.

QUADRO EUROPEU COMUM DE REFERÊNCIA PARA AS LÍNGUAS – Aprendizagem, ensino e avaliação (QECRL). Portugal, 2001. Disponível em: https://area.dge.mec.pt/gramatica/Quadro_Europeu_total.pdf. Acesso em: 22 set. 2020.

RAMBO, Arthur Blásio. Cem anos de germanidade no Rio Grande do Sul – 1824-1924. São Leopoldo: UNISINOS, 1999.

RASO, Tommaso; MELLO, Heliana; ALTENHOFEN, Cléo V. Os contatos linguísticos e o Brasil: Dinâmicas pré-históricas, históricas e sociopolíticas. In: MELLO, Heliana; ALTENHOFEN, Cléo; RASO, Tommaso (Orgs.). Os contatos linguísticos no Brasil. Belo Horizonte: Editora UFMG, 2011, p. 13-57.

SANTA CATARINA. Secretaria de Estado da Educação e do Desporto. Proposta Curricular de Santa Catarina. Florianópolis, 2014. Disponível em: http://www.sed.sc.gov.br/professores-e-gestores/16977-nova-proposta-curricular-de-sc-2014. Acesso em: 22 set. 2020.

SOARES, Laura F.; TIRLONI, Larissa. Rakonte Mwen: um projeto de ensino do português brasileiro a imigrantes haitianos a partir da literatura popular. Revista X, Curitiba, v. 12, n. 2, p. 192-216, 2017. Disponível em: https://revistas.ufpr.br/revistax/article/view/50159/34207. Acesso em: 22 set. 2020.

SPINASSÉ, Karen P. Dialekt im Deutschunterricht? Für eine Didaktik der Mehrsprachigkeit in Brasilien. Fremdsprache Deutsch, n. 50, p. 25-29, 2014.

SPINASSÉ, Karen Pupp. O Ensino de Línguas em Contextos Multilíngues. In: MELLO, Heliana; ALTENHOFEN, Cléo; RASO, Tommaso (Orgs.). Os Contatos Linguísticos no Brasil. Belo Horizonte: Editora UFMG, 2011, p. 423-443.

SPINASSÉ, Karen P.; KÄFER, Maria L. A conscientização linguística e a didática do multilinguismo em contextos de contato português-Hunsrückisch. Gragoatá, Niterói, v. 22, n. 42, p. 393-415, jan./abr. 2017. Disponível em: https://periodicos.uff.br/gragoata/article/view/33478/19465. Acesso em: 22 set. 2020.

STEFFEN, Joachim. A vantagem de falar dialeto: aproveitar as variedades não-padrão para a construção de comunidades multilíngues. Contingentia, v. 3, n. 2, 2008. Disponível em: https://seer.ufrgs.br/contingentia/article/view/6969/4295. Acesso em: 22 set. 2020.

WEPIK, Fernanda. Crenças e atitudes linguísticas de polono-brasileiros de Áurea/RS e Nova Erechim/SC: o uso de termos de parentesco. 2017. 144 fl. Dissertação (Mestrado em Estudos Linguísticos) – Programa de Pós-Graduação em Estudos Linguísticos, Universidade Federal da Fronteira Sul, Chapecó-SC, 2017. Disponível em: https://rd.uffs.edu.br/handle/prefix/723. Acesso em: 22 set. 2020.

WIATER, Werner. Didaktik der Mehrsprachigkeit. Theoriegrundlagen und Praxismodelle. München: Vögel, 2006.

Panorama dos estudos de contato entre o português e as línguas italianas de imigração no Espírito Santo

Edenize Ponzo Peres, Marco Antônio de Oliveira

Universidade Federal do Espírito Santo – UFES, Pontifícia Universidade Católica de Minas Gerais - PUC-MG

Considerações iniciais

O Espírito Santo é um estado marcado pelos contatos étnicos e linguísticos. Primeiramente, a partir de 23 de maio de 1535, entre os portugueses e os indígenas: tupiniquins, goitacazes, tupinambás e temiminós (SALETTO, 2011). Posteriormente, nos primeiros anos do século XVII, iniciou-se o tráfico negreiro (MOREIRA; PERRONE, 2007). Entretanto, de acordo com Conde (2009), o Espírito Santo não estava ligado ao tráfico negreiro internacional, o que implica que não chegaram novos escravizados nos séculos seguintes. Os descendentes de africanos formavam famílias extensas, sendo que todos tinham algum parentesco com os senhores das fazendas onde habitavam.

O convívio estreito entre os escravizados e os seus senhores fez com que as línguas africanas no Espírito Santo se mesclassem com o português ao longo da escravidão. Dessa forma, quando chegaram as primeiras levas de imigrantes germânicos, em 1847, estes não mais encontraram línguas indígenas ou africanas, mas sim o português resultante desses contatos. Quanto aos imigrantes italianos, o primeiro grupo chegou em 1874. Tratava-se de genoveses recrutados para trabalhar nas terras do conterrâneo Pietro Tabacchi, instalando-se na Colônia Nova Trento, onde é hoje o município de Ibiraçu (DERENZI, 1974).

Muitos outros italianos imigraram, instalando-se inicialmente nas serras da província, isoladas pela mata virgem e pela falta de estradas, o que favoreceu a manutenção de suas línguas maternas. Posteriormente, em diferentes períodos, os próprios imigrantes e/ou seus descendentes partiram para outras localidades no interior do estado, igualmente isoladas, tentando conseguir novas terras onde pudessem se estabelecer e criar suas famílias. Essa dispersão fez com que atualmente haja focos de descendentes de imigrantes italianos em quase todos os municípios estado (INSTITUTO JONES DOS SANTOS NEVES, 2012).

A grande diversidade étnica e cultural que existe no Espírito Santo foi tema de muitos estudos, sobretudo nos campos da História, da Geografia, da Educação e da Sociologia. Com relação à diversidade linguística, algumas pesquisas foram realizadas, como as orientadas pela Profa. Dra. Catarina Vaz Rodrigues, da Ufes, bem como as de Iniciação Científica, os Trabalhos de Conclusão de Curso, as dissertações de Mestrado e uma tese de Doutorado que fazem parte de um Projeto intitulado Línguas em contato: o português e o italiano no Espírito Santo, que teve início em 2010, sob a coordenação da primeira autora deste trabalho[1]. Os principais objetivos desse Projeto eram: formar um acervo com entrevistas sociolinguísticas com falantes bilíngues – especialmente idosos – para a preservação de sua memória; registrar a influência das línguas de imigração no português falado atualmente pelos descendentes de imigrantes italianos; e conhecer o estágio vitalício das línguas de imigração ainda faladas no estado.

Neste trabalho, não será possível tratar de todos os estudos feitos sobre os contatos entre o português e as línguas italianas de imigração, mas serão apresentados os resultados das dissertações e da tese defendidas junto ao Programa de Pós-Graduação em Linguística da Ufes. Esses são os temas das próximas seções.

1. As pesquisas de contato no nível linguístico

As pesquisas que envolvem os contatos entre o português e as línguas italianas de imigração no Espírito Santo visavam responder a perguntas sobre as consequências desses contatos nos níveis linguístico e social. No nível linguístico, o interesse residia na influência das línguas italianas sobre o português quando os fonemas em questão eram diferentes nas duas línguas. Os resultados das entrevistas sociolinguísticas evidenciaram, especialmente em relação aos moradores de zonas rurais adultos, que: o /r/ em coda silábica e intervocálico é realizado como tepe; as oclusivas dentais diante de /i/ são pronunciadas [ti, di]; o ditongo nasal é realizado como [õ]; o /l/ em coda é produzido como [l]; e a prosódia reproduz aquela da fala de descendentes de imigrantes.

A realização do fonema /r/ e do /l/ em coda silábica, bem como outros fenômenos advindos dos contatos linguísticos que ocorreram no Espírito Santo, ainda não contaram

---

[1] O Projeto "O português e o italiano no Espírito Santo", que foi executado no período de 2010 a 2015, foi aprovado pelo Comitê de Ética da Universidade Federal do Espírito Santo em 23/06/2010.

com pesquisas, assim como muitíssimas comunidades ainda não tiveram o seu português de contato descrito. Entretanto, a realização das oclusivas dentais diante de /i/, o ditongo nasal e a prosódia de duas localidades já receberam a atenção de pesquisadores. A seguir, então, os resultados são apresentados.

1.1 As oclusivas /t, d/ diante de /i/: Avelar (2015)

A realização variável das oclusivas dentais diante de /i/ foi o tema da dissertação de Avelar (2015), intitulada "A realização variável das consoantes oclusivas dentais por descendentes de imigrantes italianos de Santa Teresa, ES". Os dados foram retirados de uma amostra composta por 24 entrevistas sociolinguísticas com moradores da zona urbana de Santa Teresa, todos descendentes de imigrantes italianos, classificados por sexo (feminino e masculino), faixa etária (de 12 a 25, de 26 a 50 e acima de 50 anos) e escolaridade (até 08 anos e acima de 08 anos de escolarização). Além dessas variáveis extralinguísticas, foram testadas três variáveis linguísticas: classe gramatical da palavra, tonicidade da sílaba e nasalidade da vogal que segue a oclusiva.

As entrevistas foram transcritas e os dados de interesse foram codificados para serem tratados estatisticamente por meio do Programa Goldvarb X (SANKOFF; TAGLIAMONTE; SMITH, 2005). A pesquisadora obteve 2174 dados de /t/ e 2383 dados de /d/ diante de /i/, sendo 252 (11,6%) de pronúncia [ti] e 409 (17,2%) de pronúncia [di], ou seja, com influência das línguas italianas de imigração. Os resultados obtidos por Avelar (2015) apontam que a influência da língua de imigração se faz mais presente entre os informantes da faixa etária acima de 50 anos (PR = .99), de menor nível de escolaridade (PR = .94) e do sexo masculino (PR = .63) (AVELAR, 2015, p. 70).

Com relação às variáveis linguísticas, apenas a tonicidade da sílaba foi selecionada, e somente para o fonema /t/: a pronúncia de /t/ com influência da língua ancestral é favorecida quando o fonema está em posição pretônica (PR = .67); é relativamente neutra quando /t/ se encontra em sílaba tônica e em sílaba átona final; e fortemente desfavorecida (PR = .15) quando se acha em sílaba postônica medial. Vê-se, portanto, que a variação das oclusivas dentais está mais fortemente ligada a fatores extralinguísticos do que a linguísticos (AVELAR, 2015, p. 70).

1.2 O ditongo nasal tônico -ão: Meneghel (2015) e Peterle (2017)

A pronúncia do ditongo nasal -ão foi o tema da investigação de Meneghel (2015), no distrito de Santa Maria do Engano, e de Peterle (2017), no distrito de São Bento de Urânia, ambos pertencentes a Alfredo Chaves – o qual, ao lado de Santa Teresa, é um município com forte presença de descendentes de imigrantes italianos. Em ambos os estudos, as variáveis linguísticas testadas foram: classe de palavras (nomes, verbos, outros), extensão do vocábulo (uma sílaba ou mais de uma sílaba), contexto fonológico precedente (ataque vazio[2], consoante nasal, consoante anterior ou consoante posterior) e contexto fonológico seguinte (pausa, vogal, consoante nasal, consoante anterior ou consoante posterior).

Meneghel (2015), em sua pesquisa intitulada "O ditongo nasal tônico –ão falado por ítalo-descendentes de Santa Maria do Engano/ES: uma análise sociolinguística", entrevistou 40 pessoas, classificadas por faixa etária (08 a 14, 15 a 30, 31 a 50 e mais de 50 anos), sexo (feminino e masculino) e escolaridade (até 5 anos e acima de 5 anos de estudos). Peterle (2017), por sua vez, analisou os dados obtidos por entrevistas com 04 bilíngues em vêneto e português, com diferentes níveis de proficiência na língua estrangeira, de ambos os sexos, todos acima de 58 anos e com até quatro anos de escolarização. Os dados de ambas as pesquisas foram codificados e, em seguida, analisados quantitativamente pelo Programa Goldvab X (SANKOFF; TAGLIAMONTE; SMITH, 2005). Após as rodadas do Programa, seguiu-se a análise qualitativa.

A partir dos 1956 dados de Meneghel (2015), o Programa Goldvarb X indicou que a pronúncia do ditongo nasal com influência da língua vêneta[3] era favorecida pelos participantes acima de 50 anos (PR = .65), com menos de cinco anos de estudos (PR = .63) e do sexo masculino (PR = .58). Quanto às variáveis linguísticas, as mais favorecedoras da pronúncia com influência da língua de imigração foram a extensão do vocábulo (PR = .68 para palavras com mais de três sílabas), contexto seguinte ao ditongo (PR = .60 para a pausa) e contexto precedente ao ditongo (PR = .59 para consoante posterior e PR = .56 para consoante anterior) (MENEGHEL, 2015, p. 92).

Por sua vez, as entrevistas de Peterle (2017) geraram 438 dados. Quanto a eles, o Programa Goldvarb X não selecionou nenhuma variável como favorecedora da pronúncia do ditongo nasal com a influência da língua de imigração, o que evidencia que a coesão

---

[2] Exemplos do corpus de Meneghel (2015) e de Peterle (2017) são *região* e *João*.

[3] Neste ponto, cabe pontuar que concebemos o vêneto como um sistema linguístico totalmente válido para a comunicação de seus falantes, não obstante o seu status inferiorizado diante do italiano standard. Por isso, neste trabalho, concebemos o vêneto como uma língua.

linguística da comunidade era forte há algumas décadas (PETERLE, 2017). O estudo de Peterle também procurou desvelar os sentimentos dos participantes com respeito ao português falado com sotaque e aos falantes desse português. Para isso, formulou e aplicou testes de reação subjetiva nos sujeitos da pesquisa, composto por seis áudios, sendo três mulheres e três homens, falando com diferentes sotaques: "quatro [áudios] sem marcas de uma língua de imigração – dois representando a zona urbana e dois, a zona rural –, além de dois áudios com muitos traços vênetos em sua fala, o que caracteriza o sotaque dos moradores de São Bento de Urânia" (PETERLE, 2017, p. 127).

Especificamente em relação aos áudios gravados em português com a presença de marcas vênetas, os quatro participantes do teste classificaram os donos das duas vozes com as seguintes características: pertencem à classe média, são moradores da zona rural e, quanto à possível profissão, disseram que provavelmente são agricultores; são religiosos, trabalhadores, sinceros, simples, de confiança e responsáveis. Com respeito ao sotaque da língua portuguesa com traços vênetos, os uranienses o classificaram em primeiro lugar como bonito e, em segundo lugar, como muito bonito. Vê-se, portanto, que os quatro bilíngues entrevistados têm tanto o português com sotaque quanto quem o fala em alta consideração.

1.3 A prosódia da fala de descendentes de imigrantes italianos: Majoni (2015)

A pesquisa de Majoni (2015), intitulada "Variação prosódica de sentenças declarativas e interrogativas na fala de descendentes de imigrantes italianos de Santa Teresa – ES", teve por objetivo verificar a influência da prosódia da(s) língua(s) italiana(s) de imigração que entraram em contato com o português na Sede de Santa Teresa. Seu objetivo foi descrever e analisar a entonação de sentenças declarativas e interrogativas em estruturas frasais e, para isso, analisou a produção de oito participantes da pesquisa.

Os procedimentos para a geração dos dados e os instrumentos de análise seguiram o Projeto AMPER – Atlas Multimédia Prosódico do Espaço Românico. Majoni (2015) selecionou todas as 66 estruturas frasais com expansão no complemento do sintagma verbal onde se encontram os três tipos de acentuação do português (oxítona, paroxítona e proparoxítona). Para a seleção dos sujeitos, a pesquisadora adotou os pressupostos da Teoria da Variação e Mudança Linguística (WEINREICH, LABOV e HERZOG, 1968; LABOV, 1972): todos os participantes eram descendentes de imigrantes italianos, sendo eles divididos e classificados pelos dois sexos, duas faixas etárias (8-14 anos e + de 50 anos) e com até 04 anos de escolaridade.

Cada participante gravou uma série de seis repetições de frases, sendo que as três mais audíveis foram selecionadas para a análise prosódica, por meio do valor da frequência fundamental (F0) – o parâmetro acústico responsável pela percepção das variações na linha melódica da fala em uma pessoa. A análise de Majoni (2015) pautou-se na comparação entre sentenças declarativas e interrogativas pronunciadas pelos sujeitos da pesquisa, complementada pela análise das variáveis extralinguísticas.

A partir dos gráficos de entoação das frases pronunciadas pelos participantes, Majoni (2015, p. 161-162) constatou que:

i. "A entonação utilizada pelos falantes de 8 a 14 anos e aquela utilizada pelos falantes com mais de 50 anos, divididos em homens e mulheres, são similares na primeira análise dos gráficos, variando nas diferentes posições do acento nas frases declarativas e interrogativas".

ii. "O movimento inicial de F0 configura-se da seguinte forma nas frases declarativas e interrogativas: na palavra oxítona "bisavô" acontece um pico de F0 na pretônica "sa"; porém, na paroxítona "Renato" e na proparoxítona "pássaro", o pico entoacional incide sobre as postônicas "to" e "ssa", respectivamente";

iii. "[...] na variável *sexo/gênero* (mulheres e homens), a linha melódica manteve o mesmo padrão de F0, mostrando que, no nível prosódico, o contraste na fala de homens e mulheres não acontece".

iv. "[...] na variável *faixa-etária* (8-14 anos e mais de 50 anos), observou-se visualmente que os informantes mais velhos apresentam uma linha melódica com maior variação entoacional nas sentenças declarativas e interrogativas. Nos falantes mais novos, essa linha melódica se aproxima nas duas modalidades de frase, não apresentando essa variação que acontece nos idosos. Isso aponta para uma possível mudança em progresso [...]".

Em suas considerações finais, Majoni (2015) afirma que seu estudo não esgota as possibilidades de interpretação dos gráficos apresentados e ainda aponta para a necessidade de mais pesquisas que descrevam a prosódia dos descendentes de imigrantes italianos – e de outras etnias – no estado.

2. As pesquisas de contatos no nível social

Nesta seção, serão apresentadas, por ordem cronológica, as pesquisas que se debruçaram sobre os contatos entre as línguas italianas de imigração e o português no nível social.

Diversos autores, como Weinreich (1970 [1953]); Appel; Muysken (1996 [1987]), Fasold, (1996 [1984]); Baker; Jones (1998); Matras, 2003; Winford, 2003; Coulmas, 2005; Spolsky, 2009; Montrul, 2013 etc., dissertam sobre os contatos linguísticos e suas consequências. Tendo por base os aportes desses e de outros autores, as pesquisas sobre os contatos linguísticos no Espírito Santo abordaram temas como os aspectos do bilinguismo presentes no município de Santa Teresa (RODRIGUES, 2015) e os fatores que levaram o vêneto a ser totalmente substituído pelo português em Alfredo Chaves (COMINOTTI, 2015; 2021; FIORIN, 2019).

2.1 Rodrigues (2015)

Em sua pesquisa, intitulada "Mi parlo taliàn: uma análise sociolinguística do bilinguismo português-dialeto italiano no município de Santa Teresa, Espírito Santo", Rodrigues (2015) utilizou-se da observação participante, de um questionário sociolinguístico e de entrevistas semiestruturadas com 146 participantes, classificados por local de residência (zona rural e zona urbana) e faixa etária (de 08 a 30, de 31 a 60 e acima de 60 anos). A investigação teve dois objetivos gerais: 1) dar um panorama dos usos das variedades setentrionais italianas no município, apontando em quais localidades elas são usadas e as atitudes linguísticas dos participantes em relação às línguas que falam; e 2) documentar algumas tradições orais italianas presentes no município. Seus objetivos específicos foram (RODRIGUES, 2015, p. 22):

a) Analisar a influência dos fatores sociais *idade* e *local de residência* (zona urbana ou rural) para o uso das línguas.

b) Verificar o grau de bilinguismo dos falantes (falar, ler, escrever e entender) em relação ao dialeto italiano e ao português.

c) Discutir as atitudes linguísticas dos falantes em relação ao italiano *standard* e ao dialeto italiano.

d) Analisar diacronicamente o processo de uso do dialeto italiano no período da infância dos informantes e na atualidade.

e) Identificar os domínios e as funções desempenhadas pelo português e pela língua de imigração.

f) Documentar canções e tradições orais dialetais italianas ainda presentes em Santa Teresa.

Resumidamente, seus principais resultados foram (RODRIGUES, 2015):

a) o uso da língua de imigração, quando ocorre, se dá principalmente com os familiares, no lar; em segundo lugar, com os amigos; em terceiro, com os vizinhos;

b) as habilidades de entender e falar a língua de imigração são maiores entre os informantes acima de 60 anos e os moradores da zona rural de Santa Teresa;

c) os mais idosos relatam fatos negativos em relação ao uso da língua de imigração durante a sua infância, mas os participantes da pesquisa que têm entre 08 e 30 anos a veem de forma positiva e desejam que ela seja mantida. Rodrigues (2015) observou, na faixa etária mais jovem, uma grande valorização de suas origens – sua cultura e sua língua;

d) As causas citadas pelos participantes da pesquisa para a substituição da língua de imigração pelo português foram:
   i. a atuação da escola, quer seja pelo ensino exclusivamente na língua majoritária, quer seja pelas atitudes negativas dos docentes em relação a quem falasse em outra língua;
   ii. o pouco interesse de outras instituições públicas do município, haja vista que o português é a única língua aí falada;
   iii. a ausência da veiculação da língua de imigração pelos meios de comunicação de Santa Teresa. Foram eles que levaram a língua portuguesa para os lares, contribuindo para a sua expansão. Em Santa Teresa, o elevado uso das novas tecnologias de comunicação fez e ainda faz crescer a propagação do português e do italiano standard entre os mais jovens, sobretudo os residentes na zona urbana;
   iv. a religião, pelo fato de ela ser a mesma dos imigrantes e da sociedade de acolhimento, o que estreitou o convívio entre os dois grupos étnicos;
   v. a estigmatização da língua de imigração, que passou a ser vista por parte dos residentes na zona urbana e de alguns descendentes que ascenderam econômica e socialmente, como língua de pessoas *da roça*, de baixo nível social e de pouca escolaridade;
   vi. a falta de incentivo ou até mesmo a proibição do uso da língua ancestral pelos pais, para que os filhos assimilassem o mais rápido possível a cultura brasileira e, assim, pudessem prosperar economicamente;
   vii. a proibição do uso de línguas estrangeiras durante o Estado Novo do presidente Getúlio Vargas (1937-1945).

Rodrigues (2015) conclui seu estudo afirmando que, não obstante a atual valorização da língua dos ancestrais pelos mais jovens,

> [...] o dialeto italiano está em avançado estágio de substituição linguística e, por isso, faz-se necessário implantar em Santa Teresa políticas linguísticas que visem à sua preservação [...] O que se deseja agora é a tomada de medidas, por parte das autoridades e da sociedade civil, que promovam a preservação do dialeto italiano em Santa Teresa, enquanto ele ainda existe (RODRIGUES, 2015, p. 182).

Três outras pesquisas se voltaram para a análise das causas da substituição da língua de imigração pelo português, mas, desta vez, foram realizadas em Alfredo Chaves, Espírito Santo: Cominotti (2015; 2021), em São Bento de Urânia, um distrito colonizado por famílias procedentes do Vêneto, Itália, e, portanto, falantes de variedades dessa língua; e Fiorin (2019), que centrou sua investigação no distrito de Santa Maria de Ibitiruí e na Sede de Alfredo Chaves.

2.2 Cominotti (2015)

Em sua pesquisa de Mestrado, intitulada **"O contato linguístico entre o vêneto e o português em São Bento de Urânia, Alfredo Chaves, ES: uma análise sócio-histórica"**, Cominotti (2015) buscou investigar a substituição do vêneto em São Bento de Urânia a partir dos fatores que desencadeiam esse processo, conforme apontam diferentes pesquisadores dos contatos linguísticos. Para alcançar seus objetivos, a autora realizou 62 entrevistas sociolinguísticas com uranienses descendentes de imigrantes italianos divididos em quatro faixas etárias (de 08 a 14, de 15 a 30, de 31 a 50 e acima de 50 anos) e dos dois sexos, que falaram sobre temas como as tradições históricas da comunidade, a história da família na Itália e no Brasil, a religião, a escola etc.

A partir das entrevistas e da observação da comunidade, Cominotti (2015, 77-118) analisou alguns dos principais fatores que atuam para a manutenção ou a substituição de línguas faladas por grupos minoritários e os aplicou ao caso de São Bento de Urânia. São eles:

A religião: sabe-se que a manutenção das línguas minoritárias é favorecida quando estas são usadas em missas, cultos e outras atividades religiosas. Em São Bento, porém, a língua da religião é o português há muito tempo, embora, nos primeiros anos de colonização do distrito, as rezas fossem feitas em vêneto. Assim, a religião contribuiu para a substituição linguística.

O apoio institucional à língua: quando a língua de imigração é valorizada e protegida pelo Estado, sendo utilizada em órgãos públicos, maiores as chances de sua manutenção. E uma das principais instituições é a escola. Entretanto, segundo os uranienses entrevistados, a escola foi determinante para a substituição do vêneto pelo português, pois divulgou a proibição de se falar uma língua estrangeira, durante o Estado Novo de Vargas, na comunidade.

A transmissão intergeracional, no convívio do lar: sabe-se que a sobrevivência de uma língua – qualquer que seja ela – depende de sua transmissão dos pais a seus filhos. Em São Bento de Urânia, os mais jovens, das faixas etárias de 8 a 14 e de 15 a 30 anos, têm pouco ou nenhum conhecimento do vêneto. Já os uranienses de 31 a 50 e principalmente os acima de 50 anos têm um maior domínio da língua, embora a falem menos, atualmente. Assim, a transmissão do vêneto foi interrompido, o que está gerando o seu desaparecimento na comunidade.

O número de falantes da língua minoritária: quanto maior for o número de falantes e quanto mais próximos viverem, mais a sua língua poderá ser mantida. Os relatos nas entrevistas de Cominotti (2015) evidenciam que os participantes da pesquisa têm consciência da redução do número de falantes de vêneto. Por isso, a maioria dos participantes disse que gostaria que ele fosse revitalizado.

A localização da comunidade: os grupos linguísticos que se encontram afastados dos centros urbanos recebem menos pressão para usarem a língua majoritária e, dessa forma, têm maiores chances de manter sua língua. São Bento de Urânia é um distrito pequeno, rural e com dificuldades de acesso às zonas urbanas dos municípios vizinhos. Portanto, a língua vêneta poderia ser mantida, na comunidade, mas não foi isso o que ocorreu.

O caráter permanente ou temporário da imigração: se a imigração é temporária, com grandes perspectivas de retorno ao país natal; se os membros da comunidade viajam constantemente à pátria dos antepassados; ou se a comunidade recebe constantemente falantes nativos de sua língua, maiores chances de esta continuar a ser falada. Em São Bento de Urânia, nenhum desses fatos sucedeu, o que contribuiu para a substituição linguística, haja vista os participantes mais idosos de Cominotti (2015) alegarem a falta de falantes de vêneto para que parassem de se comunicar nessa língua.

O status da língua minoritária e do grupo de falantes: segundo os autores dos contatos linguísticos, se o status da língua minoritária e de seus falantes for baixo, haverá uma maior a propensão à substituição linguística, pois, ao buscar ascender socialmente, os falantes procurariam adotar a língua majoritária e abandonar a ancestral. Em São Bento de

84

Urânia, entretanto, a substituição ocorreu por outras razões, pois os entrevistados são trabalhadores rurais e se mostram satisfeitos com sua condição socioeconômica, não almejando deixar suas terras e sua vida no campo.

Enfim, a análise dos dados de Cominotti (2015) evidencia que haveria a possibilidade de a comunidade de São Bento de Urânia ter-se tornado bilíngue, pois diversos fatores de manutenção se encontram ali, como o parcial isolamento da comunidade, a sua formação basicamente vêneta, os matrimônios intraétnicos, a coesão das relações entre seus moradores, a preservação da cultura italiana etc., mas isso não ocorreu. Portanto, caberia investigar mais a fundo por que o bilinguismo não foi levado adiante nesse distrito, analisando-se outros fatores de manutenção/substituição linguística, além do aprofundamento do que já havia sido exposto em sua dissertação de Mestrado. Essa tarefa foi realizada em sua tese de Doutorado, como descrito a seguir.

2.3 Cominotti (2021)

Como se disse, os resultados de Cominotti (2015) deixaram algumas perguntas que requeriam um maior aprofundamento para serem respondidas. Dessa forma, a pesquisadora se propôs a investigar o papel do sentimento de identidade dos moradores de São Bento de Urânia como fator de manutenção ou de substituição do vêneto no distrito. Assim, as atitudes dos moradores para com sua gente, sua cultura e sua língua, os seus sentimentos de lealdade linguística e a etnicidade ganharam destaque.

Seus dados de análise foram obtidos por meio: da observação participante realizada durante a pesquisa de Mestrado da autora e a de Doutorado; das 62 entrevistas realizadas anteriormente, durante os anos de 2013-2014; e da aplicação de três questionários sociolinguísticos – o primeiro, para 81 crianças e adolescentes, de 08 a 17 anos; o segundo, para 34 adultos acima de 21 anos; e o terceiro, para três líderes da Associação de Moradores do distrito. Os questionários traziam perguntas sobre os sentimentos dos respondentes em relação às suas origens, aos seus antepassados, à sua cultura e à sua língua de herança, dando uma ideia bastante precisa da situação sociolinguística do vêneto e do processo de sua substituição pelo português, no distrito. De forma resumida, apresentam-se os dados obtidos por Cominotti (2021, p. 109-167):

1. a língua vêneta ainda é falada pelos moradores do distrito, sobretudo os mais idosos, mas também por adultos jovens e, em uma proporção bastante menor, as crianças e os adolescentes;

2. A língua é falada no lar, principalmente, mas também nas casas vizinhas, na lavoura, na igreja e no comércio, quando um falante encontra outro falante. Os interlocutores mais citados nos questionários foram, em ordem decrescente de citações: os pais e os filhos (empatados com nove indicações cada), os avós, os irmãos, os vizinhos/amigos e, por último, os netos (com apenas uma indicação). Essa situação de uso da língua é apontada pelos entrevistados como um importante fator do declínio da língua vêneta na comunidade, pois os falantes são majoritariamente os idosos, e eles estão falecendo;

3. Os respondentes dos questionários assim se declararam, quanto à própria proficiência na língua dos antepassados:

    i. **entre as crianças e adolescentes**, 16,22% disseram que **entendem** bem o vêneto; 54,05% entendem razoavelmente; 10,81% entendem pouco; e 18,92% não entendem nada. Quanto à habilidade de **falar o vêneto**, 24,25% das crianças e adolescentes que responderam a essa pergunta afirmam que falam bem; 21,21% julgam que falam razoavelmente; 15,15% falam pouco; e 39,39% responderam que não falam nada;

    ii. entre os respondentes **acima de 21 anos**, 19,35% afirmam que **entendem** bem a língua; 38,71% entendem razoavelmente; 41,94% entendem pouco e nenhum deles afirma que não entende nada. Para a habilidade de **falar**, 3,23% afirmam que falam bem; 35,48% falam razoavelmente e 61,29% afirmam que falam "pouco", sendo que ninguém afirmou que não falava nada.

Cominotti (2021, p. 113-114) interpreta os resultados para as crianças e adolescentes e para os adultos da seguinte forma:

> Podemos observar [...] que em todas as habilidades a sua [das crianças e adolescentes] capacidade declarada – "bem" e "razoavelmente" suplanta a dos adultos. Pensamos que essa capacidade se refere aos termos, expressões e frases mais usuais, que utilizam os mais velhos nos jogos, nas brincadeiras e nas conversas após os cultos de domingo. Há que se notar que esses 20 jovens foram os que também afirmaram que o vêneto é usado em casa, fazendo com que tenham a capacidade de falar e entender. [...] Cremos que esses resultados [dos adultos] podem ser justificados por uma maior criticidade dos adultos: devido ao uso menor da língua atualmente na comunidade, já não têm a mesma

facilidade para utilizá-la; outra possibilidade é a sua comparação com os mais antigos, que falavam apenas ou majoritariamente o vêneto na comunidade.

4. A transmissão do vêneto às gerações mais novas não ocorreu em São Bento de Urânia: dos 32 adultos que responderam à pergunta do questionário sobre a transmissão da língua, somente 10 (31,25%) afirmaram que a ensinaram aos filhos. As principais causas da não transmissão, segundo os participantes da pesquisa, foram a falta de interesse em ensinar e aprender, a falta de/pouco conhecimento da língua, a falta de necessidade de se falar o vêneto etc.;

5. As 81 crianças e adolescentes indicaram as línguas que gostariam de aprender mais, resultando um total de 85 respostas. Destas 85, 31 respostas (36,47%) indicaram o vêneto, ao passo que 53 respostas (62,35%) indicaram outras línguas, como o inglês, o espanhol e o alemão;

6. A cultura vêneta está fortemente presente na comunidade, por meio da culinária, dos jogos, das festas, das missas e celebrações e também da língua;

7. O vêneto é bem considerado na comunidade:
   i. Entre **as crianças e adolescentes** que responderam à questão a respeito dos sentimentos sobre a língua, ela é considerada bonita para 35,14% dos respondentes, feia para 4,05%, antiquada para 12,16%, moderna para 8,11%, difícil para 35,14% e fácil para 8,11% deles;
   ii. Entre **os adultos acima de 21 anos** que responderam à questão sobre a avaliação do vêneto, ele é bonito para 90,63% dos respondentes, feia para 3,13%, antiquada para 3,13%, fácil para 9,38% e difícil para 6,25%, sendo que ninguém falou que a língua é moderna.

8. É constante a alusão ao preconceito sofrido pelos moradores de São Bento de Urânia. As suas causas estão relacionadas à proibição de se falar outra língua que não fosse o português, durante o período Vargas, perpetuada pela atuação da escola e da sociedade, que ajudaram a incutir o medo e a vergonha de falar a sua língua ancestral, vergonha essa sentida ainda hoje pelos mais jovens, por falarem o português com marcas vênetas.

Cominotti (2021) conclui, assim, que os uranienses se sentem muito identificados como descendentes de italianos e sentem orgulho de seus antepassados, o que explica, em parte, por que a cultura e a língua vêneta ainda estão presentes no distrito, apesar de o português ter substituído amplamente a língua de imigração em praticamente todos os domínios de uso. Portanto, apesar de o forte sentimento de identidade com os antepassados não ter sido capaz de manter a língua dos ancestrais, ele é o principal fator para se pensar em uma possível revitalização linguística.

2.4 Fiorin (2019)

É fato que a escola foi um importante órgão fiscalizador e disseminador da política de repressão às línguas estrangeiras no Brasil, por parte do governo Vargas, impondo o ensino e a veiculação apenas da língua portuguesa no país. Esta é uma causa constantemente citada em pesquisas que envolvem os contatos linguísticos no Espírito Santo e em outros estados, para justificar o declínio do uso de línguas minoritárias. Dessa forma, Fiorin (2019) procura analisar os fatores que levaram à substituição do vêneto pelo português e, especificamente, a atuação da escola nesse processo. A pesquisa foi realizada em duas comunidades de Alfredo Chaves-ES: a Sede, com aproximadamente 7.000 habitantes, conforme estimativas do IBGE de 2018; e Santa Maria de Ibitiruí, uma pequena comunidade rural com cerca de 300 habitantes, de acordo com os registros da igreja católica local.

Os procedimentos metodológicos adotados por Fiorin (2019) foram a pesquisa documental e bibliográfica, além de entrevistas semiestruturadas com descendentes de imigrantes italianos. As perguntas versaram sobre a história de ambas as comunidades, a vida dos ancestrais na Itália e da família atual, os sentimentos dos informantes sobre a cultura e a língua dos antepassados, o porquê de a língua vêneta ter deixado de ser falada nas comunidades e, especialmente, sobre a vida escolar dos participantes do estudo. No total, foram entrevistados 10 residentes na zona urbana e 20 na zona rural. Para os propósitos do estudo, o pesquisador entrevistou também 10 agentes escolares de ambas as localidades, que falaram sobre como eram e como são tratadas as línguas de imigração e o português falado com traços de outra língua.

Os fatores de manutenção/substituição da língua vêneta analisados por Fiorin (2019) foram os mesmos citados nas investigações anteriores, pois eles aparecem listados nas obras dos autores dos Contatos Linguísticos: a localização geográfica da comunidade, a (dis)similaridade cultural entre os grupos minoritário e majoritário, os casamentos intra/interétnicos, a escolarização e o status econômico e social do grupo minoritário e da língua falada por eles, as atitudes linguísticas dos falantes e as políticas linguísticas de preservação/substituição das línguas minoritárias.

Os resultados obtidos por Fiorin (2019) não diferem substancialmente dos encontrados pelas pesquisadoras que analisaram outras zonas urbanas e rurais capixabas. Com respeito a Santa Maria de Ibitiruí, a localização geográfica do distrito –no início de sua formação – era de isolamento, pois estava cercado por mata virgem e não havia estradas que o ligassem a outras regiões, nem havia meios de transporte acessíveis aos moradores. Assim, a língua dos primeiros imigrantes pôde ser falada por muitos anos. Entretanto, outros fatores atuaram para a sua substituição, como a construção de estradas – inclusive a de ferro, que corta o distrito.

Com relação às diferenças e semelhanças entre as culturas italiana e brasileira, a culinária, as festas, os jogos etc. dos imigrantes são mantidos ainda hoje. Quanto à religião, os descendentes dos imigrantes compartilhavam a mesma fé católica dos brasileiros, o que os aproximou, favorecendo o contato étnico e, por conseguinte, o linguístico. Os casamentos dos imigrantes e de seus descendentes se deram sobretudo entre eles próprios, "até mesmo por falta de opção", segundo Fiorin (2019, p. 69), o que contribuiu para a transmissão intergeracional da língua por décadas.

Quanto ao status econômico e social dos imigrantes italianos que se estabeleceram em Santa Maria de Ibitiruí, havia uma grande semelhança entre as famílias, o que, de certa forma, os igualava econômica e socialmente. Tratava-se de pequenos proprietários de terra, pessoas que continuaram trabalhando duro durante muitos anos, até prosperarem.

Sobre as atitudes linguísticas dos moradores de Santa Maria do Ibitiruí, alguns entrevistados afirmam que gostam da língua de seus antepassados e que gostariam de vê-la sendo falada na comunidade, mas outros afirmam que preferem o português. O pesquisador aponta três razões para isso, com base nos relatos dos participantes da pesquisa: o fato de eles serem brasileiros e viverem no Brasil, sendo necessário, portanto, falar a língua do país.; o fato de o português ser a língua de que necessitam para trabalhar e sobreviver, a língua que lhes garante progresso econômico e social; e o fato de a língua ou seus traços no português gerarem vergonha, devido ao preconceito que sofrem.

Por fim, quanto às políticas para valorização e revitalização do vêneto, o pesquisador constatou que não existe qualquer iniciativa por parte de órgãos públicos ou de entidades civis do distrito ou do município, apesar de ter ouvido, nas entrevistas, expressões de desejo de que isso aconteça.

Tudo o que se falou para Santa Maria de Ibitiruí também se aplica à Sede de Alfredo Chaves, sendo que, na Sede, pelos contatos mais estreitos com os brasileiros, o vêneto foi substituído pelo português há muito mais tempo.

No sentido de testar sua hipótese de que a escola contribuiu significativamente para o desaparecimento do vêneto nas comunidades pesquisadas, Fiorin (2019) entrevistou cinco agentes escolares – duas da Sede e três da zona rural, como se disse. Em seu roteiro de entrevista, o pesquisador formulou perguntas para identificar como os profissionais da educação viam e veem a língua vêneta e como tratavam e tratam, em sala de aula, a diversidade linguística. As entrevistas não deixaram dúvidas: as professoras eram obrigadas a ensinar o que os documentos oficiais exigiam, isto é, as regras normativas do português. Não havia espaço para a variação linguística, e a língua de imigração não entrava na sala de aula.

A maioria das professoras entrevistadas relata que o português com marcas vênetas era terminantemente corrigido, deixando a sensação de ser esta uma língua "errada" e, portanto, que deveria ser abandonada. As entrevistas também revelaram que a escola, ao obedecer ao que diziam as leis educacionais e às demais leis do país, serviu desde sempre como grande propulsora do monolinguismo em português; portanto, favorecedora da substituição do vêneto no município. Diante de seus resultados, Fiorin (2019) conclui que é preciso haver um trabalho contínuo junto aos agentes escolares, para sensibilizá-los para a riqueza linguística de Alfredo Chaves, a fim de que a diversidade cultural e linguística do município seja valorizada.

Considerações finais

Pelo que foi exposto neste trabalho, observa-se que os resultados encontrados nas pesquisas de contatos entre línguas – tanto no nível linguístico quanto no nível social – do Espírito Santo são bastante semelhantes entre si, além de não diferirem significativamente dos encontrados em outros estados. Os traços do sistema sonoro da língua ancestral se fazem presentes no português falado pelos descendentes de imigrantes, sobretudo os mais velhos e de zonas rurais, conforme evidenciam os estudos de Meneghel (2015), Rodrigues (2015) e Peterle (2017). Por outro lado, as perseguições, o preconceito sofrido, o medo de ser deportado ou de ir para a cadeia e o receio de os filhos passarem por situações humilhantes e até perigosas foram compartilhados por capixabas, rio-grandenses, catarinenses, paranaenses etc. Entretanto, um aspecto em que se diferenciam outros estados e o Espírito Santo é o número de estudos realizados.

Diante da riqueza linguística e cultural do Espírito Santo, é fato que ainda contamos com pouquíssimas investigações de contatos linguísticos no estado. As comunidades estudadas até agora são as mais próximas da Grande Vitória, a depender do interesse de alunos; sobretudo do curso de Letras e/ou do Programa de Pós-Graduação em Linguística da Universidade Federal do Espírito Santo que sejam membros das comunidades pesquisadas.

Dessa forma, faz-se necessário formular um programa de estudos futuros sobre os contatos linguísticos no estado, os quais devem abarcar investigações em outras localidades, colonizadas pelos imigrantes que aqui chegaram e também por indígenas e afrodescendentes. Essas pesquisas precisam abarcar aspectos linguísticos (fonético-fonológicos, morfossintáticos, pragmático-discursivos) e também sociais, como a história dos contatos que ocorreram nas comunidades e a linguagem aí utilizada, as crenças e atitudes dos membros dessas localidades, as perspectivas de manutenção ou de revitalização das línguas minoritárias etc. Esses resultados serão valiosos para se conhecer mais profundamente a realidade linguística do Espírito Santo.

Entretanto, há que se levar em conta que os desafios para a pesquisa de comunidades no interior do estado não são poucos: em primeiro lugar está a chegada até essas localidades, pois muitas estão em regiões em que não há sinal de celular, de internet e de GPS, além da falta de pavimentação e de infraestrutura de várias estradas – apesar dos esforços dos órgãos públicos para oferecer esses benefícios à população do interior. Assim, é sempre necessário contar com o tempo, dinheiro, dispêndio de energia etc. dos pesquisadores e de seu grupo.

Outro grande desafio é o cuidado necessário com as entrevistas e com o anonimato dos entrevistados. No Espírito Santo, não é raro encontrar comunidades muito pequenas – até de 300 habitantes, como Santa Maria de Ibitiruí –, onde os moradores são todos conhecidos uns dos outros. Mais uma questão a ser considerada são as confidências feitas nas entrevistas e que não podem ser divulgadas. Assim, para se garantir o anonimato dos participantes da pesquisa, não basta retirar seus nomes ou outras informações mais visíveis, pois eles podem ser identificados por sua voz.

Não obstante as dificuldades apontadas, há que se ressaltar a importância dos resultados das pesquisas que se voltam para os contatos linguísticos que ocorreram e ocorrem tanto no Espírito Santo quanto nos demais estados do país. Sua aplicação ao ensino traz benefícios incomensuráveis à educação, pois o(a) educador(a) pode basear-se em sua realidade local para preparar melhores aulas de Língua Portuguesa e de outras disciplinas escolares. Além do auxílio à educação, os resultados dessas pesquisas expõem a diversidade linguística das comunidades, facilitando a elaboração de políticas que visem à manutenção ou à revitalização de línguas dos grupos minoritários. Esse é o grande desafio de entidades públicas e civis do Espírito Santo.

Referências

APPEL, René; MUYSKEN, Pieter. Bilingüismo y contacto de lenguas. Barcelona: Ariel, 1996.

AVELAR, Daillane dos Santos. A realização variável das consoantes oclusivas dentais por descendentes de imigrantes italianos de Santa Teresa, ES. 2015. Dissertação (Mestrado em Linguística) – Programa de Pós-Graduação em Estudos Linguísticos, Universidade Federal do Espírito Santo, Vitória, 2015.

BAKER, Colin; JONES, Prys Sylvia. Encyclopedia of bilingualism and bilingual education. Clevedon, Avon, UK: Multilingual Matters, 1998.

BREMENKAMP, Elizana Schaffel. Análise sociolinguística da manutenção da língua pomerana em Santa Maria de Jetibá, Espírito Santo. 2014. Dissertação (Mestrado em Linguística) – Programa de Pós-Graduação em Estudos Linguísticos, Universidade Federal do Espírito Santo, Vitória, 2014.

COMINOTTI, Katiuscia Sartori Silva. O contato linguístico entre o vêneto e o português em São Bento de Urânia, Alfredo Chaves, ES: uma análise sócio-histórica. 2015. Dissertação (Mestrado em Linguística) – Programa de Pós-Graduação em Estudos Linguísticos, Universidade Federal do Espírito Santo, Vitória, 2015.

COMINOTTI, Katiuscia Sartori Silva. O sentimento de identidade e o processo de manutenção/substituição linguística: o caso de São Bento de Urânia, Espírito Santo. 2021. Tese (Doutorado em Linguística) – Programa de Pós-Graduação em Estudos Linguísticos, Universidade Federal do Espírito Santo, Vitória, 2021.

CONDE, Bruno Santos. Senhores de fé e de escravos: a escravidão nas fazendas jesuíticas do Espírito Santo. In: Anais do 4º Encontro Escravidão e Liberdade no Brasil Meridional. Universidade Federal do Paraná, 01-10, 2009. Disponível em: https://bit.ly/2JpAkcr. Acesso em: 03 mar. 2014.

COULMAS, Florian. Sociolinguistics; the study of speakers' choices. Cambridge: Cambridge Press, 2005.

DERENZI, Luiz Serafim. Os italianos no Espírito Santo. Rio de Janeiro: Artenova, 1974.

FASOLD, R. La sociolingüística de la sociedad: Introducción a la sociolingüística. Tradução: Margarita España Villasante e Joaquín Mejía Alberdi. Madrid: Visor libros, 1996.

FIORIN, Marcio Favero. Aspectos sócio-históricos da substituição do vêneto pelo português. 2019. Dissertação (Mestrado em Linguística) – Programa de Pós-Graduação em Estudos Linguísticos, Universidade Federal do Espírito Santo, Vitória, 2019.

FISHMAN, J. Language Loyalty, Language Planning and Language Revitalization: Recent Writings and Reflections from Joshua A. Fishman. Edited by Nancy H. Hornberger and Martin Pütz. Clevedon, England: Multilingual Matters LTD, 2006.

FISHMAN, J. Sociología del lenguaje. Tradução: Ramón Sarmiento y Juan Carlos Moreno. Madrid: Catedra, 1995 [1979].

INSTITUTO JONES DOS SANTOS NEVES. ES em mapas. Disponível em: http://www.ijsn.es.gov.br/mapas/. Acesso em: 08 fev. 2019.

LABOV, William. Sociolinguistic patterns. Pennsylvania: University of Pennsylvania Press, 1972.

MAJONI, Priscila Gevigi de Andrade. Variação prosódica de sentenças declarativas e interrogativas na fala de descendentes de imigrantes italianos de Santa Teresa, ES. 2015. Dissertação (Mestrado em Linguística) – Programa de Pós-Graduação em Estudos Linguísticos, Universidade Federal do Espírito Santo, Vitória, 2015.

MATRAS, Y. Language contact. Cambridge: Cambridge University Press, 2009.

MENEGHEL, Silvia Angela Picoli. O ditongo nasal tônico -ão falado por ítalo-descendentes de Santa Maria do Engano/ES: uma análise sociolinguística. 2015. Dissertação (Mestrado em Linguística) – Programa de Pós-Graduação em Estudos Linguísticos, Universidade Federal do Espírito Santo, Vitória, 2015.

MONTRUL, S. El bilingüismo en el mundo hispanohablante. West Sussex, UK: Wiley-Blackwell, 2013.

MOREIRA, Thaís Helena; PERRONE, Adriano. História e geografia do Espírito Santo. 8. ed. Vitória: [s.n.], 2007.

PETERLE, B. D. Análise sociolinguística da realização do ditongo nasal tônico em São Bento de Urânia, Alfredo Chaves/ES: o papel da variável sexo/gênero. 2017. Dissertação (Mestrado em Linguística) – Programa de Pós-Graduação em Estudos Linguísticos, Universidade Federal do Espírito Santo, Vitória, 2017.

RODRIGUES, Sarah Loriato. Mi parlo Taliàn: análise sociolinguística do bilinguismo português-dialeto italiano no município de Santa Teresa, ES. 2015. Dissertação (Mestrado em Linguística) – Programa de Pós-Graduação em Estudos Linguísticos, Universidade Federal do Espírito Santo, Vitória, 2015.

SALETTO, Nara. Donatários, colonos, índios e jesuítas: o início da colonização do Espírito Santo. Vitória: Arquivo Público do Estado do Espírito Santo, 2011. Coleção Canaã, volume 13. Disponível em: www.ape.es.gov.br. Acesso em: 04 mar. 2014.

SANKOFF, David; TAGLIAMONTE, Sali A.; SMITH, Eric. Goldvarb X - A multivariate analysis application. Toronto: Department of Linguistics; Ottawa: Department of Mathematics, 2005. Disponível em: http://individual.utoronto.ca/tagliamonte/Goldvarb/GV_index.htm#ref.

SPOLSKY, Bernard. Language Management. Cambridge: Cambridge University Press, 2009.

WEINREICH, Uriel. Language in contact; findings and problems. Paris: The Hague Mouton, 1970 [1953].

WEINREICH, Uriel; LABOV, William; HERZOG, Marvin. Empirical foundations for a theory of language change. In: LEHMANN, Paul; MALKIEL, Yakov (Eds.). Directions for historical linguistics. Austin: University of Texas Press, 1968, p. 95-188.

WINFORD, Donald. An introduction to contact linguistics. Oxford: Blackwell, 2003.

Diversidade linguística no oeste paraense: o perfil dos alunos indígenas da Universidade Federal do Oeste do Pará

Ediene Pena Ferreira, Thaiza Oliveira da Silva

Universidade Federal do Oeste do Pará – UFOPA

Notas sobre a origem do texto[1]

Desde 2009, com a criação da Universidade Federal do Oeste do Pará – Ufopa, e em especial desde 2012, com o primeiro processo seletivo especial indígena, o Grupo de Estudos Linguísticos do Oeste do Pará – Gelopa vem discutindo temas relacionados à diversidade linguística no oeste paraense e tentando mapear os alunos indígenas que ingressam na universidade. Em 2014, o grupo apresentou o trabalho *O perfil dos alunos indígenas da Universidade Federal do Oeste do Pará – Ufopa, Amazônia, Brasil*, no Congresso Territórios, Comunidades Educadoras e Desenvolvimento Sustentável, na Universidade de Coimbra, 2014, (https://www.uc.pt/fluc/territorializacaodaeducacao/resumosCongresso).

Mais recentemente, em 2018, com a chegada de indígenas venezuelanos da etnia warao em Santarém, o grupo oficializou o Projeto *Diagnóstico Sociolinguístico de Escolas Públicas no Oeste do Pará em Contexto Plurilíngue*, com o propósito de mapear o multi e plurilinguismo nas escolas da região. O trabalho que ora se apresenta faz parte desse projeto, pois muitos alunos que ingressam no ensino superior trazem, das aldeias, irmãos e/ou filhos que serão matriculados nas escolas públicas da cidade. Traçar o perfil desses alunos é o primeiro passo para entender o contexto plurilíngue que caracteriza a região oeste paraense.

---

[1] Este texto, originalmente escrito em 2021, contém dados sistematizados e, gentilmente, disponibilizados pela profa. Denize Carneiro (Ufopa), quando entrevistada em 2019, por uma das autoras do presente texto. Não havendo atualização deles no site da Pró-reitoria de Gestão Estudantil da Universidade Federal do Oeste do Pará (Proges/Ufopa) – https://www.ufopa.edu.br/proges/documentos-2/producoes-da-diretorias/# –, mantivemos os dados originais desta pesquisa.

Introdução

A realidade linguística do Brasil é plural. Reflexo de uma formação diversa, composta por uma reunião de diferentes povos, com diferentes culturas, diferentes religiões e diferentes línguas, a sociedade brasileira se constitui, portanto, uma sociedade diversa.

A região do Oeste do Pará, no interior da Amazônia, banhada por lindos rios, com diferentes etnias indígenas, receptora de povos imigrantes tanto de outras regiões do Brasil quanto de povos estrangeiros também reflete essa diversidade brasileira. O que a caracteriza, portanto, como uma região plurilíngue. Esse plurilinguismo se constitui, principalmente, a partir diversas línguas indígenas faladas nesta região.

Recentemente, com a criação da Universidade Federal do Oeste do Pará – Ufopa –, diferentes povos indígenas tiveram acesso ao ambiente acadêmico e consigo trouxeram suas diferentes línguas. De acordo com Colares e Carneiro (2021, p. 92), "a presença indígena é ainda uma novidade nas universidades brasileiras, instituições tradicionalmente constituídas em um "confinamento racial" branco". Ainda consoante às autoras, essa novidade é trazida à tona por meio de políticas de ações afirmativas dessas universidades.

Mesmo com políticas de acesso ao ingresso de estudantes indígenas na Ufopa, estes alunos enfrentam dificuldades de permanência na Universidade e conclusão do curso e até mesmo de integração em ambiente acadêmico.

Diante deste panorama, o presente trabalho objetiva identificar o perfil dos alunos indígenas da Universidade Federal do Oeste do Pará e como a questão linguística (bilinguismo ou mesmo plurilinguismo) influencia na permanência desses indígenas na Universidade. Esta pesquisa desenvolve-se metodologicamente por meio de pesquisa bibliográfica e de campo. Em campo, fizemos observação com os alunos indígenas durante seis meses no ano de 2013, ano de entrada dos primeiros alunos indígenas na Ufopa.

Posteriormente, acompanhamos a ação pedagógica da Ufopa destinada aos alunos indígenas. Essa ação recebe o nome de Formação Básica Indígena (FBI). Trata-se de um processo de formação básica inicial para os alunos indígenas que ingressam na universidade por meio do Processo Seletivo Especial Indígena. Esses alunos, ao ingressarem na Ufopa, cursam dois semestres dessa formação, com conteúdos que contemplam as áreas de Ciências Exatas, Ciências Humanas, Tecnologia e Letras – Língua Portuguesa. Realizamos uma entrevista com a professora Denise Carneiro, que é umas das professoras responsáveis pela FBI, para conhecermos um pouco mais da realidade dos indígenas enquanto universitários.

Assim, este artigo se divide em três seções, além das considerações finais. A primeira seção debate sobre ideia falaciosa de que estamos circunscritos ao monolinguismo, concepção construída por nossos colonizadores para inculcar-nos que uma nação só pode ter uma língua, "uma língua, uma nação". Esclarecemos, portanto, que vivemos um contexto plurilíngue com uma realidade linguística diversa, fruto de uma sociedade que se constituiu de diferentes povos, portanto, diferentes línguas. Além disso, esta seção também caracteriza a região Oeste do Pará e a Ufopa.

A seção dois apresenta como são as formas de ingresso de candidatos indígenas na Ufopa, além de evidenciar a quais etnias pertencem os alunos indígenas que já se encontram na Ufopa. A seção três apresenta e discute as principais dificuldades de integração e de permanência na Universidade dos estudantes indígenas matriculados na Ufopa.

1. Desconstruindo o mito do monolinguismo

Muito embora o plurilinguismo já exista em território brasileiro mesmo antes da chegada dos portugueses, parece que só agora passou a ganhar espaço nas discussões acadêmicas. Ainda assim, há uma força resistente que demonstra uma concepção (instalada no Brasil por nossos colonizadores) que nega a sua existência, dado que há práticas e discursos insistentes à permanência de uma falaciosa "língua nacional".

De acordo com Lagares (2018, p. 53-54), "a invenção da língua nacional significa também a invenção do monolinguismo. Em situações intocadas pela engenharia social da nação, o comum é que existam práticas heteroglóssicas".

O mito do monolinguismo foi criado e persiste até os dias de hoje para se conceber a noção de unidade e coesão linguística de um "Estado nacional que aspira à homogeneização cultural e ideológico-religiosa" (LAGARES, 2018, p. 53) e também linguística. Nesse sentido, para garantir que essa língua nacional seja falada por todos os falantes dessa comunidade linguística, o Estado promove práticas/políticas de coerção, discriminação, exclusão social e até mesmo violação de direitos (SHOHAMY, 2006).

A diversidade linguística, sobretudo em um país como o Brasil, é fruto da composição de um mosaico de etnias, culturas, religiões, povos diferentes. Entretanto, a inclinação de promover uma política mítica de monolinguismo para se adequar a um Estado homogêneo faz com que a diversidade linguística seja vista como um problema, como uma ameaça à nação, como uma anomalia. O diferente passa a ser problemático, por isso deve ser expurgado (LAGARES, 2018).

A diversidade linguística é um problema para a hegemonia da nação, uma vez que enfraquece a ideia de unidade – "uma língua, uma nação". Assim, "migrações e mobilidades nacionais e transnacionais e interações em áreas fronteiriças fragilizam a noção de "território nacional" tão cara à ideologia nacionalista e monolíngue" (PINTO, 2014).

No Brasil, mesmo este sendo uma nação plurilíngue, ainda tem "prevalecido o senso comum de que o país apresenta uma impressionante homogeneidade idiomática – construída em torno da língua portuguesa" (PAIVA, 2008, p. 187).

Ainda consoante Paiva (2008), o Brasil é um país plurilíngue, como a maioria dos países, 94% de acordo com ela. Conforme a autora, mais de 180 línguas indígenas, 30 línguas de imigração "emprestam à identidade brasileira um colorido multicultural, apesar das históricas e repetidas investidas contra essas minorias sob a justificativa de busca e manutenção de um Estado homogêneo e coeso" (PAIVA, 2008, P. 187).

Além disso, cabe destacar ainda que as línguas afro-brasileiras, os falares fronteiriços, as línguas de sinais das comunidades surdas, as variantes dialetais da língua portuguesa – que não é homogênea como floreiam muitas gramáticas tradicionais – integram esse mosaico multicultural e plurilíngue da nossa realidade brasileira (PAIVA, 2008).

Diante deste panorama, o Pará, Estado ao norte do Brasil, reverbera esse plurilinguismo nacional, como já era de se esperar. Mas, nosso foco será tratar aqui da região Oeste desse Estado.

A região Oeste do Pará, também conhecida como região do Baixo Amazonas, abriga 13 municípios, a saber, Alenquer, Almeirim, Belterra, Curuá, Faro, Juruti, Mojuí dos Campos, Monte Alegre, Óbidos, Oriximiná, Prainha, Santarém, Terra Santa, conforme se observa no mapa a seguir.

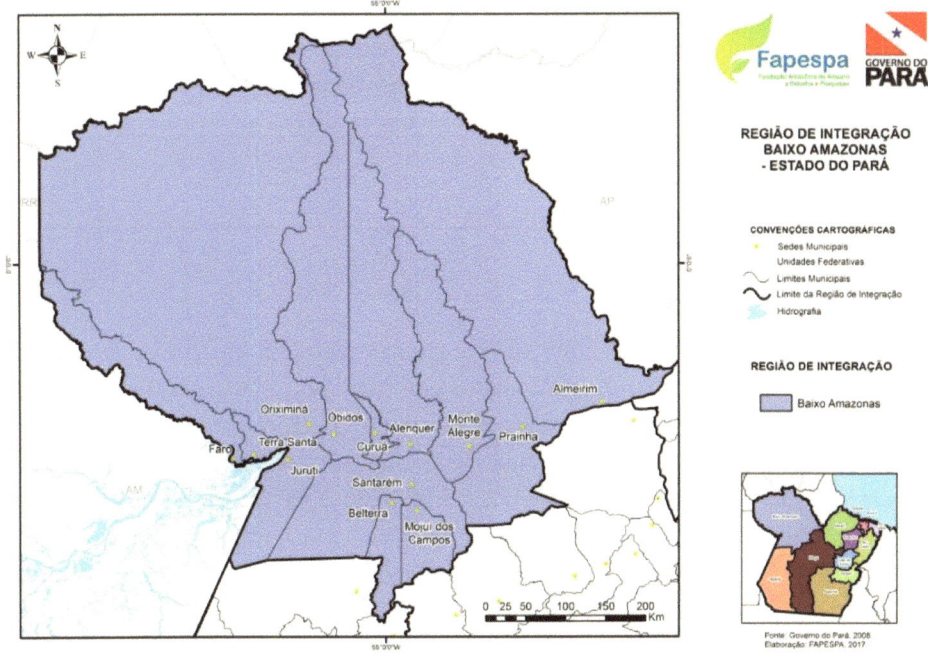

Fonte: Sedap (Secretaria de Estado de Desenvolvimento Agropecuário e da Pesca). Disponível em: http://www.sedap.pa.gov.br/regi%C3%A3o-de-integra%C3%A7%C3%A3o-do-baixo- amazonas-0

É uma região de grandes belezas naturais, com expressivo folclore. Possui, aproximadamente, 315 mil km² e, aproximadamente, 705 mil habitantes, de acordo com a Fapespa (2015).

Diante do plano de interiorização das universidades, o Congresso Nacional Brasileiro aprovou a Lei de Criação da Ufopa (Universidade Federal do Oeste do Pará), a Lei nº 12.085, de 5 de novembro de 2009. Uma universidade criada no interior da Amazônia, diante de pluralidades culturais, étnicas, religiosas e linguísticas.

Hoje, após 15 anos de sua criação, a Ufopa, centralizada em Santarém, tem campi em outros municípios, quais sejam, Alenquer, Itaituba, Monte Alegre, Juruti, Óbidos e Oriximiná. Para ingressar na Universidade, a Ufopa oferta três possibilidades de ingresso: o PSR (Processo Seletivo Regular), ao qual todos os candidatos podem concorrer; o PSQ

(Processo Seletivo Quilombola), destinado especificamente a candidatos quilombolas; e o PSI (Processo Seletivo Indígena), destinado especificamente a candidatos indígenas.

Isto posto, vamos nos deter a comentar brevemente o ingresso de candidatos indígenas na Ufopa e como se dá ou não sua permanência na Universidade, levando em consideração um aspecto bastante relevante: a língua.

2. Alunos indígenas da Ufopa

A Ufopa, apesar de criada em 2009, só teve seu primeiro PSR em 2011 e só em 2012, seu primeiro PSI.O PSI da Ufopa consiste em uma prova de redação em Língua Portuguesa entre 15 e 30 linhas. Na proposta de redação, são apresentados textos-base que servem de apoio aos candidatos para que eles relacionem o tema desses textos com a realidade indígena. De acordo com o item 8.2 do Edital do PSI 2024 – último lançado –, são/foram avaliados: 8.2 Os critérios de avaliação da Redação em Língua Portuguesa serão os seguintes, com as respectivas pontuações mínima e máxima serão:

a) Capacidade/competência de comunicação escrita, observando a realidade multilíngue dos candidatos;

b) Clareza na exposição das ideias no texto;

c) Relação com o tema proposto;

d) Adequação do texto ao tamanho mínimo e máximo de linhas, conforme item 8.1;

e) Originalidade na argumentação (p. 11)."

Criada uma forma mais acessível de ingresso aos candidatos indígenas, hoje a Ufopa conta uma diversidade de povos que constituem os estudantes indígenas desta Universidade, como se vê na imagem abaixo:

POVOS INDÍGENAS ESTUDANTES DA UFOPA

REGIÃO	POVOS
Baixo Tapajós	1. Arapiun 2. Borari 3. Jaraqui 4. Kumaruara 5. Munduruku 6. Munduruku Cara Preta 7. Maytapu 8. Tupinambá 9. Tapuia 10. Tapajó 11. Tupaiú 12. Arara Vermelha 13. Apiaká
Médio e Alto Tapajós	1. Munduruku
Trombetas	1. Wai Wai 2. Hixkaryana 3. Tiriyó-Kaxuyana
Médio Amazonas	1. Sateré-Mawé
Médio Xingu	1. Xipaya

Fonte: FBI/Ufopa

De acordo com Carneiro (2019), apesar de a grande maioria dos estudantes indígenas da Ufopa falarem português, eles apresentam grandes dificuldades linguísticas com o português acadêmico. Fruto dessa problemática, Silva (2021) propõe um trabalho de conclusão de curso no qual discorre sobre as dificuldades e as superações de estudantes indígenas da Ufopa, focalizando duas etnias, a saber, os munduruku e os wai wai. A autora apresenta a FBI (Formação Básica Indígena), um projeto pensado como uma alternativa para dirimir as dificuldades apresentadas pelos indígenas quando do acesso à Universidade. Segundo ela,

> a FBI foi implantada, oficialmente, em 2017, desde então vem sendo trabalhada como alternativa para discutir a construção de novos paradigmas de ensino, em diálogo com os povos indígenas e em defesa dos seus direitos. Apesar de indicativos positivos resultantes desse trabalho – fortalecimento étnico; autonomia na busca de soluções aos problemas enfrentados na academia; inclusão digital –, docentes da FBI dizem que esse projeto ainda não recebeu a atenção devida da instituição. Além disso, há certa resistência de membros da

comunidade acadêmica em apoiar o seu desenvolvimento e até certo descrédito quanto à proposta (SILVA, 2021, p. 11).

Em entrevista, Carneiro (2019), quando questionada se o currículo da Ufopa contempla a diversidade linguística dos estudantes indígenas da Ufopa, responde da seguinte maneira: *"Não contempla, porque não tem nada voltado para as línguas indígenas, não tem simplesmente nada. Tudo o que se faz é em português, tem cursos que trabalham com textos em outras línguas e o indígena ainda está com dificuldade no português"*.

Através dessas falas, tanto de Carneiro (2019) quanto de Silva (2021), é possível notar que o acesso de indígenas à Universidade foi concedido, mas esses estudantes enfrentam grandes dificuldades de permanência na academia, pois há a crença de que se eles sabem se comunicar em português, eles conseguem ler textos formais, acadêmicos, certamente porque paira aí o mito de que o português "é uma língua só".

Além disso, Carneiro (2019) faz ainda uma observação importante quanto à produção de atividades em língua indígena nesta Universidade:

> Então, tem assim outras línguas, mas língua indígena não tem nada. Eu não tenho notícia de ter havido algum curso de língua indígena, por exemplo. O que nós vimos que aconteceu, que há relato é que houve um curso de extensão de nheengatu, porque os indígenas da região do Baixo Tapajós, eles são monolíngues em português, mas devido a um alto reconhecimento indígena de afirmação étnica, eles estão, vários estão tentando aprender o nheengatu. O curso de extensão veio justamente pra isso, para essa formação em nheengatu (CARNEIRO, 2019).

Vemos, através deste relato, a mudança de atitude linguística de estudantes indígenas da Ufopa reflexo da mudança de crença, já que isto perpassa pela identidade dos sujeitos, que negaram sua identidade ou não a reconheceram em certo momento, certamente por causa de uma perspectiva hegemônica de que se deve preservar a homogeneidade – inexistente num país como o Brasil – e, por sua vez a ideologia monoglóssica, naturalizada no país. Afinal, "a ideia de um país monolíngue incide fortemente sobre a preservação e sobrevivência das línguas minoritárias em determinadas comunidades" (FUNKLER; HORST; KRUG, 2017, p. 216). Por isso, é importante ressaltar que quando tratamos sobre a língua, estamos tratando sobre a identidade de um sujeito... quando falamos sobre línguas em contato, falamos sobre sujeitos em contato, com etnias, princípios, valores e culturas diferentes. Desse modo, contatos linguísticos não envolvem somente línguas, mas também questões sociais, culturais e políticas (FUNKLER; HORST; KRUG, 2017, p. 216).

Apesar disso, Carneiro (2019) explica que ainda está fazendo pesquisas quanto à língua nheengatu e faz uma observação importante:

A nossa hipótese é que o nheengatu não tem função social. A nossa hipótese é que está se tentando fazer essa – os antropólogos vão criticar – mas fazer essa revitalização dessa língua. Eles não gostam nem do termo 'revitalizar' nem do 'resgatar'. Mas, a Linguística usa. Mas, estão tentando revitalizar o nheengatu pra essas comunidades. O que a gente observa no contato com eles, tem função, se usa sim pra grito de guerra, grito de luta (surara!), diante de uma luta e aí é surara que é essa força, essa resistência, mas dizer que eles se comunicam na língua, não se comunicam [...] o nheengatu não é nem considerado pelos linguistas uma língua indígena. O Aryon Rodrigues vai dizer que o nheengatu é uma língua mestiça. Ela surge da relação dos portugueses que tiveram filhos com mulheres tupinambá e esses filhos das mulheres tupinambá é que vão falar aí uma outra língua, resultante dessa relação.

Assim, considerando o fato de que muitos alunos indígenas falam português, parece que a comunidade acadêmica ignora o fato de muitos deles serem falantes de português como segunda língua, ou seja, temos nesta Universidade uma realidade plurilíngue, considerando as diversas etnias de estudantes da Ufopa.

Realidade essa que é negada, devido à concepção do monolinguismo que parece constituir nossa sociedade, assim como à concepção de adequação do outro, do diferente a um padrão (im)posto pela sociedade, além de outros fatores diversos. O fato é que

ser bilíngue *(ou plurilíngue)* deixou, há muito tempo, de ser algo que atrapalha, mas a falta de acesso à informação e, por que não dizer, a formação insuficiente dos professores em nosso país e, assim como a carga excessiva de trabalho dos docentes, faz com que não tenham tempo para se aprimorarem e, assim, o mito do monolinguismo se mantém vivo (HORST; KRUG, 2020, p. 1290).

A forte presença do mito do monolinguismo implica diretamente a dificuldade de inserção social de comunidades linguísticas que não falam português ou, como no caso de muitos estudantes indígenas da Ufopa, de comunidades linguísticas que aprendem português como segunda língua ou ainda que são falantes de português, mas têm dificuldades com o português acadêmico.

Diante disso, importante se faz que discorramos sobre essas dificuldades de inserção e interação de estudantes indígenas na/com a comunidade acadêmica e até de permanência na Universidade.

3. Dificuldades da integração e permanência na Universidade

De acordo com Carneiro (2019), dos povos indígenas que constituem os estudantes indígenas da Ufopa, há dois povos que apresentam maiores dificuldades com o português, principalmente com o português acadêmico, por serem falantes de português como segunda língua: os munduruku e os wai wai.

Quando perguntada sobre até que medida a Ufopa está preparada para receber estudantes indígenas bilíngues ou, até mesmo, plurilíngues, Carneiro (2019) responde que

> Ela não está preparada. A gente não está preparado, porque para estar preparado precisava saber munduruku, precisava saber, questão linguística. O processo seletivo especial indígena que é um processo de ingresso, ele não tem condições de cobrar nada na língua indígena, porque precisaria ter especialista que sabe falar aquelas línguas. [...] Ele avalia o domínio que o indígena tem de português, porque ele não pode fazer um curso da Ufopa se ele não sabe português, só que tem vestibulares Brasil afora que ele tem a opção também de fazer na língua dele. É o caso, geralmente, de cursos específicos que a gente chama, então tem cursos específico interculturais. Específico porque vai estudar só indígena, vai ser o curso pensado para indígena. Aí sim dá pra você pensar em algo realmente mais específico na língua indígena.

Em trabalho recente sobre a dificuldade e as superações de estudantes indígenas da Ufopa das etnias munduruku (M) e wai wai (W), Silva (2021) entrevista alunos indígenas e pergunta a eles sobre as dificuldades de falar português. Percebemos, ao observar o quadro abaixo, que, considerando os oito alunos entrevistados, a maioria deles faz a observação de que possuem dificuldade de lidar e se comunicar expressando-se através do português acadêmico.

Participante	Em Santarém, você teve/tem dificuldade de falar em português? Se sim, onde foi/é mais difícil?
1M (8º período)	"Não. Fui alfabetizado em português."
2M (6º período)	"Eu tenho um pouco dificuldade de falar português na cidade. Só que que eu tenho mais dificuldade na universidade porque a gente precisa falar palavras científicas, palavras técnicas. A gente tem essa dificuldade pra explicar os assuntos, tipo, quando for apresentar seminário.
3M (2º período)	"Eu me sinto mais à vontade [para falar] fora da UFOPA porque fico pensando no que as pessoas vão me dizer, caso eu fale alguma palavra errada."
4M (Formada)	"Não, porque já falo bem português."
1W (Formado)	"Eu não tinha dificuldade para conversar em português, por exemplo, na padaria, nas compras no comércio, mas na universidade eu tinha muito, principalmente, para explicar o que os textos diziam."
2W (Formado)	"Eu tinha dificuldade para falar na universidade. Para apresentar seminário e explicar texto."
3W (3º período)	"Sim, às vezes, nas lojas e dentro da universidade, quando estou na reunião. Eu já não tenho mais muita dificuldade de falar português hoje, como antes. Eu sou muito tímido. Por isso, às vezes, tenho dificuldade de falar português por medo de errar as palavras. Tenho medo que meus colegas de classe riam de mim, porque no ensino médio já presenciei isso."
4W (7º período)	"Eu tenho mais dificuldade de falar português na universidade."

Silva (2021, p. 25).

Devido à falta de condições adequadas de suporte linguístico e acompanhamento, muitos indígenas desistem e acabam cancelando suas matrículas, como se vê no quadro abaixo. Esse valor de 231 cancelamentos equivale a, aproximadamente, um terço do total, isto é, de cada 3 alunos indígenas que se matriculam na Ufopa, 1 desiste ou é desligado do curso.

Status dos Indígenas na Ufopa

STATUS	PSEI	PSR Cotas	MOBEX	PROGRESSÃO ACADÊMICA (BI – BP)	REINGRESSO (LICENC. INTEGRADAS)	TRANSFERENCIA EX OFFICIO	TOTAL
Ativos	395	70	4	10	3	0	484
Trancados	2	1	0	0	0	0	3
Cancelados	49	180	1	0	0	1	231
Formandos	10	0	0	0	0	0	10
Concluídos	68	30	2	3	0	0	103

Fonte: DRA/PROEN/UFOPA (2020).

Dados retirados do VISUM/UFOPA, com base no banco de dados do Sigaa, em 17/04/2020.

Em relação a essa dificuldade de integração do indígena, sobretudo do indígena bilíngue, quando questionada sobre as atitudes e posicionamentos de professores dos mais diversos cursos da Ufopa ao perceberem que estão diante de uma turma da qual faz parte um indígena, Carneiro (2019) afirma que

> É muito delicado, é muito complicado, porque a gente tenta entender o lado do professor e o lado do aluno que quer entrar na universidade, que quer estudar. Mas, é assim: no geral, os professores, eles têm uma postura um pouco inacessível, até pros não indígenas, dependendo do professor, tem aluno que não chega pra perguntar, porque depende também muito da postura do professor. E, pros indígenas bilíngues, isso é uma barreira muito grande; se você mostrar uma atenção a ele, uma receptividade, pode ser que ele chegue em você ou não, ou você mesmo que tem que chegar: "e aí, você entendeu? Vem aqui" Só que os professores não dão essa atenção, em geral não dão. Então, os indígenas, quando eles começam a não entender nada, eles somem, eles não vão mais. E aí eles reprovam muito por falta, em geral. Tanto que uma das reclamações da gestão é isso: o reprovar por falta. Muitos assim, não estão entendendo nada, mas estão lá, não entendendo nada, mas eles continuam lá. E aí tem professor que, às vezes, manifesta uma preocupação e diz "eu não sei como fazer". Às vezes, é só uma questão de confiança mesmo, daquele indígena confiar nele e dizer: "oh, estou interessado que você aprenda". Mas, falta essa abertura e os professores dizem que não sabem como lidar com a situação.

Essa dificuldade de permanência e de integração também tem relações para além das relações linguísticas, há questões culturais envolvidas. Carneiro (2019) relata que já houve situações com alunos indígenas da Ufopa em que as dificuldades apresentadas não diziam respeito necessariamente a questões linguísticas, mas culturais, ocorridas, inclusive com os docentes do curso de Antropologia da Ufopa, do qual, em certa medida, espera-se que se saiba lidar com essas diferenças culturais, conforme se observa:

> Em muitos casos, a gente já sentou mesmo com antropólogos, trocou uma ideia com o pessoal da Antropologia que tem mais relação com povos indígenas, eles não sabiam como lidar com vários indígenas, que o indígena se perdia todo, não conseguia acompanhar as aulas, não conseguia acompanhar o cronograma das aulas. Aí eu sentei com eles e perguntei: "vocês já sentaram com ele e fizeram o cronograma de estudo com ele?". "Não!". Eu falei "pois é, talvez seja bom você sentarem com ele, fazerem um cronograma de aula, de estudo, de atividade junto com ele, pra ele entender o que ele vai ter segunda, o que ele vai ter terça"... Aí eles resolveram fazer isso com esses indígenas que estavam tendo muita dificuldade. Eles disseram que mudou da água pro vinho. Então, às vezes, é uma questão de código de conduta mesmo. "Como funciona a Universidade?"; "Como as coisas funcionam?"; "Por que que eu tenho que estar nisso?"; "Por que eu isso vai ser importante?" (...) Às vezes nem é uma questão técnica de conteúdo, às vezes é uma questão de organização, de ele entender o que ele tem que fazer. Por isso que eu falo que não é só uma questão linguística, é todo um sistema de regras de conduta de uma sociedade. A cultura é diferente.

Percebemos que toda a dificuldade enfrentada pelos estudantes indígenas da Ufopa para a permanência no curso e para a sua integralização, bem como para integração desses estudantes ao ambiente acadêmico perpassa pelas diferenças culturais e até mesmo linguísticas (enfrentadas especialmente pelos indígenas bilíngues, não falantes de português como primeira língua). Diferenças essas que não recebem a atenção devida, pois ainda inexistem políticas adequadas de acompanhamento para esses estudantes.

Considerações

Frente às mudanças da sociedade, percebeu-se a importância de incluir comunidades minorizadas nas Universidades. Entretanto, apesar das políticas de ações afirmativas que viabilizam o acesso ao ingresso ao ambiente acadêmico, não estão intrínsecas a elas ações que viabilizem a permanência desses estudantes para que eles integralizem o curso.

Especificamente, tratando de comunidades indígenas, assegurar o ingresso na Universidade não está sendo suficiente, nem para indígenas que falam português, menos ainda para indígenas bilíngues, isto é, falantes de português como segunda língua. Isto se deve ao fato de que a variedade do português usada na academia se difere bastante das variedades usadas para atividades corriqueiras e cotidianas da sociedade brasileira.

De modo geral, na sociedade brasileira ainda impera uma tradição colonial e escravocrata e o reflexo disso se expressa nos diversos preconceitos. Nesse sentido, considera-se que o diferente é sempre um problema. Colares e Carneiro (2021, p. 115) afirmam que "a presença indígena é, habitualmente, no contexto institucional, tratada como "problema". Aqui, a palavra tem o sentido de pedra que se encontra no caminho, empecilho, obstáculo".

Muito disso se constitui como reflexo do mito do monolinguismo: quem fala diferente, quem fala outra língua é um problema, deveria se adequar ao padrão, deveria falar a "língua nacional", porque senão fere a construção, a identidade de uma nação homogênea. O fato é que a nação brasileira (e, por sua vez, a região do Oeste do Pará) se constitui de um pluriculturalismo e, portanto, tem em si refletida o plurilinguismo que deve ser respeitado e não tratado como problema. No caso mais específico da Ufopa, são necessárias políticas de ações afirmativas mais consistentes para que assegurem ao estudante indígena não só o ingresso na Universidade, mas também a sua permanência no curso até a sua integralização.

Por isso, essa temática não se esgota aqui, ao contrário, buscamos com essa pesquisa fomentar que mais pesquisas se desdobrem sobre o tema para que em um futuro breve consigamos ter uma Universidade, de fato, plural; um lugar onde as diferenças sejam respeitadas e onde ser diferente não seja sinônimo de ser problema. Afinal, é desse espaço que se espera abertura, diálogo e pensamento crítico, diante do qual podem-se formular soluções por meio de pesquisas.

Referências

CARNEIRO, Denize de Souzani. Estudantes indígenas da Ufopa. [Entrevista cedida a] Thaíza Oliveira da Silva. Gravada em 24 abril 2019.

COLARES, Paula de Mattos; CARNEIRO, Denise de Souza. Pensar uma universidade com povos indígenas: reflexões sobre a experiência da formação básica indígena/UFOPA. In: COLARES, Paula de Mattos; CARNEIRO, Denise de Souza; CALIXTO, Hector Renan da Silveira (Orgs.). Políticas, concepções e práticas de ação afirmativa: reflexões a partir de uma universidade Amazônica.

[recurso eletrônico]. Brasília: Rosivan Diagrama & Artes Gráficas, 2021, p. 92-119.

FAPESPA, Fundação Amazônia de Amparo a Estudos e Pesquisas do Pará. Diagnóstico Socioeconômico da Região de Integração do Baixo Amazonas. Disponível em: http://www.fapespa.pa.gov.br/upload/Arquivo/anexo/431.pdf?id=1625962300. Acesso em: 14 out. 2021.

FUNKLER, Débora Isabel; HORST, Cristiane; KRUG, Marcelo Jacó. Crenças e Atitudes Linguísticas de Falantes Ítalo-Brasileiros em Chapecó-SC. Web-Revista SOCIODIALETO – NUPESDD / LALIMU, v. 7, n. 20, nov. 2017 - fev. 2018.

HORST, Cristiane; KRUG, Marcelo Jacó. Desafios de uma educação plurilinguística em um país que se diz monolíngue: um estudo de caso. Linguagem & Ensino, Pelotas, v. 23, n. 4, p. 1274-1296, out.-dez. 2020.

LAGARES, Xoán Carlos. Qual política linguística?: desafios glotopolíticos contemporâneos. São Paulo: Parábola, 2018.

PAIVA, Claudia Gomes. Brasil: nação monolíngue? In: CÂMARA DOS DEPUTADOS. Ensaios sobre impactos da Constituição Federal de 1988 na sociedade brasileira. Brasília: Câmara dos Deputados, Edições Câmara, v. 1, p. 187-201, 2008.

PINTO, Joana Plaza. Hegemonias, contradições e desafios em discursos sobre a língua no Brasil. In: CORREA, Djane Antonucci (Org.). Política linguística e ensino de língua. Campinas, SP: Pontes Editores, 2014.

SHOHAMY, Elana. Language Policy: Hidden Agendas and New Approaches. London/New York: Routledge, 2006.

SILVA, Cássia Beatriz Feleol. Os Munduruku, os Wai Wai e o Português-acadêmico: uma conversa sobre dificuldades, superações e ações afirmativas linguísticas. Monografia (Graduação em Letras – Língua Portuguesa), Universidade Federal do Oeste do Pará, Santarém, Pará, 2021.

Gramaticalização induzida por contato linguístico: o caso de algumas partículas modais nas variedades de bilíngues no Sul do Brasil

Joachim Steffen, Marcelo Jacó Krug

Universität Augsburg – UNiA (Alemanha), Universidade Federal da Fronteira Sul – UFFS

1. Introdução: Partículas modais no alemão e nas línguas românicas

O termo "modalidade" refere-se à forma como os falantes expressam sua atitude em relação ao conteúdo de suas afirmações. Essa atitude pode se relacionar com a realidade dos fatos, a necessidade, a possibilidade, ou mesmo o desejo envolvido naquilo que está sendo dito. Modalidade, portanto, é um conceito central na comunicação, pois permite ao falante transmitir suas intenções, opiniões e avaliações subjetivas sobre o que é falado, além de dar pistas sobre as expectativas em relação ao ouvinte. A modalidade se manifesta por meio de recursos linguísticos como os verbos modais e partículas modais[1], cada um contribuindo para expressar possibilidades, necessidades ou intenções. Verbos como *poder*, *dever*, *querer* e *precisar* são frequentemente usados para expressar essas nuances. O uso desses verbos permite que o falante modifique o sentido da frase, incluindo sua própria perspectiva sobre o evento descrito, expressando diferentes graus de certeza, obrigatoriedade ou desejo em relação a uma ação.

No presente estudo, pretendemos nos concentrar especialmente na classe de palavras das partículas modais, que são consideradas particularmente características do alemão, enquanto sua existência nas línguas românicas foi por muito tempo vista como controversa. Waltereit (2006: IX), por exemplo, nega categoricamente a ocorrência de partículas modais nas línguas românicas e, no decorrer de seu estudo, explora a questão de como o conteúdo pragmático e semântico das partículas modais é regularmente expresso

---

[1] Abraham (2009) distingue várias outras categorias que servem para expressar a modalidade, além dos verbos modais e partículas modais. Essas categorias incluem os advérbios modais, certos co- e subordinadores e o modo (*Modus*) como uma modalidade gramatical.

em outras línguas por meio de diferentes recursos linguísticos, como diminutivos no português, entonação no francês (e húngaro) e deslocamento à direita no italiano.

No entanto, como mostra Meisnitzer (2012), um número significativo de elementos nas diversas línguas românicas pode se qualificar como partículas modais, considerando seu comportamento sintático e sua função semântico-pragmática. Nesse sentido, partículas modais são elementos linguísticos usados para negociar a apreciação da verdade em uma interação, levando em consideração o conhecimento compartilhado entre o falante e o ouvinte. Elas ocorrem em um conjunto restrito de ilocuções, sob condições sintáticas específicas. Além disso, todas elas possuem um lexema homônimo, geralmente um advérbio. Comparadas ao lexema de origem, as partículas modais apresentam um grau baixo de variabilidade sintagmática e, ao longo do processo de gramaticalização, perdem parte de seu escopo e predicatividade. Ainda segundo Meisnitzer (2012: 344), no português, as principais partículas modais são *afinal* e *sempre*, que são usadas em orações declarativas e interrogativas, mantendo a ordem da palavra da cláusula correspondente; *lá*, que aparece precedendo um advérbio negativo ou o verbo finito; e *bem*, que é frequentemente usada para enfatizar uma afirmação. Como partículas modais, *sempre*, *afinal*, *bem* e *lá* indicam uma divergência entre a avaliação ou expectativa do falante e a do interlocutor, e o valor de verdade da proposição é compartilhado por ambos. O falante demonstra incerteza sobre o que afirma e permite que o interlocutor participe na negociação do valor de verdade da proposição (id.). No italiano, temos *ben* e *pur* para orações enfáticas declarativas; *mai*, que ocorre principalmente em orações interrogativas; e *poi*, usada com mais frequência em orações interrogativas, mas com algumas ocorrências em orações declarativas. No francês, encontramos *bien* em orações declarativas e interrogativas enfáticas, *quand même* em orações declarativas enfáticas, e *donc*, que aparece no final de orações imperativas. No espanhol, as partículas modais incluem *bien*, usado para expressar ênfase em orações declarativas, e *pues*, que é frequentemente encontrado no final de orações imperativas. No catalão, a partícula modal principal é *bé*, usada em orações declarativas enfáticas, precedendo o verbo. Por fim, no romeno, temos *mǎi*, que aparece em orações imperativas, interrogativas e declarativas enfáticas; *pǎi*, encontrado em orações declarativas e interrogativas enfáticas; e *doar*, que é usado no início das orações ou após verbos de conhecimento em orações declarativas enfáticas. A partícula modal é usada para expressar a convicção do falante de que o interlocutor sabe do que ele está falando. Além disso, pode ser usada para indicar uma discrepância entre o que o falante está dizendo e a opinião esperada ou previamente expressa pelo ouvinte (Meisnitzer 2012: 350).

No entanto, essa visão geral também não pode ser considerada completa (algo que o autor não afirma). Por exemplo, Brenner (2014) investiga as partículas modais *sí* e *sí que* no espanhol. Em seu estudo empírico, que se baseia em pesquisas germanísticas, a autora identifica os seguintes critérios essenciais: as partículas modais espanholas não são flexionáveis, não formam constituintes da oração nem de frases, não podem aparecer no início de uma conversa ou de uma seção de conversa, são sinsemânticas, possuem no mínimo o escopo da oração, têm uma função orientadora relacionada e baseada no falante e expressam a atitude do falante em relação à proposição de sua própria fala. Com as partículas modais, o falante sempre faz referência a vários aspectos simultaneamente, como à situação da conversa, à relação entre os falantes, a enunciados passados e, em parte, também a situações futuras relevantes para a situação comunicativa atual (Brenner 2014: 251, 252). Já em um estudo contrastivo anterior, Franco (1992) analisa a seguinte lista de partículas modais no português: *acaso, afinal, bem, cá, e, então, é que, já, lá, mas* (*não*), *não, sempre, também, se calhar*. O autor conclui que o português também utiliza partículas modais que, em sua função comunicativa, correspondem em parte às partículas modais alemãs. No entanto, também enfatiza que o alemão possui uma gama mais ampla de partículas modais, cujas funções pragmáticas geralmente são expressas por outros recursos linguísticos no português (Franco 1992: 369-385).

No presente estudo, vamos abordar uma série de partículas modais que ocorrem apenas em certas variedades do português, especificamente em variedades de contato em comunidades (mais ou menos) bilíngues no sul do Brasil. Trata-se, portanto, da gramaticalização de partículas modais que resulta do contato linguístico entre o português brasileiro e o alemão. O foco recai sobre comunidades bilíngues no sul do Brasil, onde a convivência prolongada dessas duas línguas gerou fenômenos linguísticos únicos. A análise concentra-se em entender como essas partículas são incorporadas ao português e como elas se adaptam às regras sintáticas e semânticas dessa língua. Entendemos a gramaticalização como o processo linguístico pelo qual as palavras adquirem novas funções gramaticais ao longo do tempo; neste caso, trata-se da transição de um significado mais lexemático dos advérbios para um significado mais pragmático das partículas modais. Nesse sentido, também poderíamos falar de pragmatização em vez de gramaticalização. Em ambos os casos, porém, ocorre o que pode ser denominado de *semantic bleaching*, ou seja, um esmaecimento da semântica lexical em direção à outra função comunicativa do elemento em questão. A função comunicativa das partículas modais pode ser identificada como "Fremdbewusstseinsabgleich", conforme Abraham (2010) (cf. também Leiss 2012: 41). Esse termo é uma tradução do conceito em inglês "Theory of Mind" (Teoria da Mente), que se refere à capacidade de uma pessoa de compreender que os outros têm crenças, desejos, intenções e perspectivas diferentes das suas próprias. Nesse sentido, as partículas modais são usadas para alinhar o entendimento entre os interlocutores em uma interação comunicativa e servem no processo da "calibragem da percepção alheia". Nos encunciados concretos, essa função calibradora e o esmaecimento semântico das partículas nem sempre são claros em todos os contextos linguísticos; há contextos de transição (*bridging contexts*) em que o significado lexical ainda transparece, mas não é totalmente predominante, como demonstraremos nos exemplos apresentados. Ao explorar a gramaticalização de partículas modais em variedades do português brasileiro influenciadas pelo alemão, este estudo visa contribuir para a compreensão dos processos linguísticos subjacentes que levam à integração de elementos gramaticais em contextos de contato linguístico.

2. A comunidade bilíngue no sul do Brasil na história e atualidade

A partir de 1824, por iniciativa do imperador Dom Pedro I e, especialmente, de sua esposa Dona Maria Leopoldina, uma arquiduquesa austríaca da casa de Habsburgo, imigrantes alemães foram incentivados a colonizar a província de São Pedro do Rio Grande do Sul. O objetivo era ocupar vastas áreas (supostamente) inabitadas do território brasileiro, que precisava de "braços fortes e trabalhadores", conforme relatado em documentos oficiais da época. Além disso, a colonização alemã visava consolidar a reivindicação do Brasil sobre a região, historicamente disputada entre Espanha, Portugal, Uruguai e Brasil. Esses imigrantes alemães vieram de várias regiões de língua alemã, que na época ainda não formavam um Estado nacional unificado. Ao chegarem ao Brasil, esses colonos trouxeram diferentes dialetos, inicialmente com predominância de imigrantes do norte da Alemanha, mas, com o tempo, o maior contingente passou a ser de falantes do alemão centro-oeste, principalmente da região do Reno. Devido à predominância numérica, foram os dialetos centro-ocidentais do continuum dialetal renano-frâncico e moselfrâncico que mais contribuíram para a formação da koiné que surgiu no Rio Grande do Sul, onde as antigas fronteiras dialetais desapareceram (cf. Altenhofen 1996: 16–27; 56, 57). Essa nova koiné incorporou gradualmente elementos do português, tornando-se uma variedade independente, caracterizada pela variação interna. Altenhofen define "Hrs." [Hunsrückisch no Rio Grande do Sul] como uma variedade regional do alemão no sul do Brasil, baseada nos dialetos renano-/moselfrâncicos e incluindo elementos de contato linguístico, especialmente do português. Essa variedade do alemão se manteve forte principalmente no uso oral, mas o alemão padrão (*Hochdeutsch*) também foi trazido e ensinado nas escolas, principalmente para fins de comunicação escrita. A existência de inúmeras publicações em alemão — incluindo 144 jornais e revistas publicados entre 1852 e 1941, conforme listado por René Gertz (2004: 118–122) — demonstra a demanda por leitura em alemão entre os colonos e teve um papel essencial para o desenvolvimento e a preservação da leitura e escrita em alemão entre os imigrantes e seus descendentes. Apesar da precariedade de muitas escolas na época, a educação em alemão desempenhou um papel importante na preservação da língua e cultura entre os imigrantes e seus descendentes. No entanto, na presente análise, não nos interessa apenas o alemão, mas, especialmente, o português dos imigrantes e de seus descendentes, pois nosso foco é a gramaticalização das partículas modais nas variedades de português dos bilíngues. Particularmente as gerações nascidas no Brasil crescem com as duas línguas e as utilizam também na escrita privada, preservada em cartas privadas. Parte desse corpus de cartas foi publicada por Altenhofen, Steffen e Thun (2019), trabalho relevante também para a história do português brasileiro, que em muitos aspectos foi moldado pela imigração e pelo contato linguístico (cf. Steffen & Gutiérrez Maté 2022). Concentramos nossa análise, no presente artigo, em duas partículas: uma, (*ainda*) amplamente representada em fontes históricas (mas não só, como vamos ver), e outra (*uma vez*), que surge em variedades contemporâneas. Esta escolha reflete a dinâmica do contato linguístico, que ao longo de várias gerações levou a fenômenos de bilinguismo e possibilita perspectivas únicas sobre a transição gradual de uma língua para outra (cf. Steffen 2016). Isso nos permite examinar o uso de partículas modais nas variedades de alemão e português dos imigrantes e, a partir disso, traçar o caminho da gramaticalização.

3. O uso das partículas *ainda* e *uma vez* em variedades sulistas do português brasileiro

A primeira partícula que examinaremos é *ainda* (< al. *noch*). Iwasaki (1977) explica a diferença entre o uso de *noch* como advérbio e como partícula da seguinte maneira: Na sua função de advérbio temporal, *noch* é usado para descrever uma ação ou estado que ainda está em andamento. Exemplos disso são frases como "Mein Vater lebt noch" [Meu pai ainda está vivo] ou "Ist sie noch da?" [Ela ainda está aí?]. Nesses casos, *noch* sinaliza uma continuidade temporal, indicando que o estado ou a ação ainda perdura. Por outro lado, *noch* também pode funcionar como uma partícula modal. Nessa função, a palavra carrega um significado adicional emocional ou intencional e ajuda a esclarecer o tom do falante. Por exemplo, na frase "Wie hieß er noch?" [Como era mesmo o nome dele?], *noch* não é mais entendido como um elemento meramente temporal, mas como uma partícula modal que expressa incerteza ou a tentativa de lembrar. Segundo Métrich & Faucher (2009: 633,

634), *noch*, como partícula modal, aparece em frases exclamativas com o verbo na segunda posição, e destaca que uma pessoa ou objeto se sobressai em relação ao predicado atribuído a ele. A ideia temporal de *noch* ainda pode ser percebida em alguns casos, mas a mudança modal é evidente. Exemplos incluem: "Auf ihn kann man sich noch verlassen!" [Ainda dá para confiar nele!] ou "Das waren noch Männer!" [Isso sim eram homens!], "Das waren noch Zeiten!" [Isso sim eram tempos!]. Nesses últimos exemplos, portanto, o significado de *noch* se desloca do nível representacional para o nível intencional (Weydt 1969), onde adquire um componente modal-emocional que influencia o próprio ato de fala. Como partícula modal, *noch* opera em um nível linguístico diferente, pois não só modifica o conteúdo, mas também expressa a atitude do falante acerca da proposição.

O uso de *noch* é bastante frequente nas cartas dos imigrantes, o que se explica pelo fato de que a palavra não é utilizada apenas como advérbio, mas também muito frequentemente como partícula modal, como gostaríamos de demonstrar com alguns exemplos característicos. Primeiro mostraremos exemplos nos quais o uso temporal, ou seja, adverbial, ainda faz parte do significado, pelo menos em alguma medida. No entanto, os exemplos são importantes, pois é a partir do uso adverbial convencional que se desenvolve o uso modal.

(1)
Libe Eultern und Geschwistern
Ich winsche das Euch Main Schraiben baim
besten Wolsain an dreffen Mege, Was mich an
Belangt Soh bin ich **Noch** gesund und Munder

[Queridos pais e irmãos,
Espero que minha carta os encontre da melhor forma possível.
Quanto a mim, ainda estou saudável e animado.]

[Carlos J Schnell, St Maria Boco de Monte, de 26 de Janeiro de 1866] [2]

(2)

---

[2] Apresentamos os fragmentos das cartas bem como os nomes dos autores e dos lugares da redação na sua grafia original, sem correções. As partículas modais em questão são destacadas em negrito.

Saudações!
Mit freude habe
ich dein l. Briefche erhalten. -
Wir sind **noch** alle gesund u Munder.

[Saudações!
Com alegria recebi a sua querida cartinha.
Ainda estamos todos saudáveis e animados]

[M. Sh., Estrella, 13 Agosto de 1919]

(3)

Da ich gerade schöne gelegenheit habe, so schicke
ich Dir durch Néné Schneider ein par zeilen, um
Dir mitzutheilen das wir **noch** alle gesund sind

[Como estou com uma boa oportunidade agora, envio-lhe algumas linhas através
de Néné Schneider para informar que ainda estamos todos saudáveis.]

[Mama, Estrella, 30 de Junho de 1919]

Vemos a partir desses três exemplos, que podem ser considerados típicos, que a
comunicação sobre o estado de saúde quase sempre inclui o advérbio *noch* [ainda]. Essa
restrição por meio do advérbio *noch* pode ser considerada factualmente correta, já que esse
estado pode, por natureza, ser considerado temporário. No entanto, como esse fato já é de
conhecimento do destinatário, a interpretação pode ir na direção de considerar *noch* como
uma partícula modal, através da qual a certeza da afirmação é suavizada. A alta frequência
de *noch* como partícula modal pode ser observada na seguinte carta:

(4)
Lieber Bruder Adam u. Schwager Walt J B Barra Do Ribeiro 9=1=1894
Ich ergreife die Feder um mit Gottes Hilfe **noch** einmal Nachricht von Euch zu
erhalten. Es sind bereits 6 Jahre daß ich Euch den Tod von meinem lieben
Christoff gemeldet habe, aber leider keine Antwort erhalten. Wir sind von dem
Lieben gott durch 11 Lebende Kinder gesegnet worden, sind auch 10 **noch** alle

beim Leben und verheiratet alle in guten Verhältnissen. Ich bin **noch** gesund und rüstig lebe von meinen Zinsen u Reise von einem Kind zum anderen. Lieber Bruder, von unserem Bruder Jakob wissen wir schon eine Reihe von Jahren nichts mehr. Wir Wollen ihn jetzt Brieflich aufsuchen und Euch von ihm melten. Brasilien ist **noch** ein gutes Land für Leute die Fleißig sind. Besser wäre es hätten wir unseren guten alten Kaiser **noch** wir leben stets in Unruhen. Lieber Bruder habt Ihr **noch** nichts von Unserer Erbschaft und von der Abschrift des Testamend gefunden vieleicht liße sich da **noch** etwas machen. herbei hierbei schike ich euch mein Bild alt 65 Jahr. Viele Herzliche Grüße an alle anverwanden mit Sehnsucht auf baldige antwort Verbleibent
Eure schwester Schwägerin und Tante Elisabetha Krämer

[Querido irmão Adam e cunhado Walt, Barra do Ribeiro, 9/1/1894
Pego a pena para, com a ajuda de Deus, mais uma vez receber notícias de vocês. Já se passaram 6 anos desde que informei a vocês sobre a morte do meu querido Christoff, mas infelizmente não recebi resposta. Fomos abençoados por Deus com 11 filhos vivos, e 10 ainda estão todos vivos e casados, todos em boas condições. Eu ainda estou saudável e forte, vivo dos meus rendimentos e viajo de um filho para o outro. Querido irmão, não sabemos de nosso irmão Jakob há muitos anos. Queremos agora procurá-lo por carta e avisar vocês sobre ele. O Brasil ainda é um bom país para pessoas trabalhadoras. Teria sido melhor se ainda tivéssemos nosso bom velho imperador, pois vivemos sempre em inquietações. Querido irmão, vocês não encontraram nada sobre nossa herança e a cópia do testamento? Talvez ainda seja possível fazer algo a respeito. Junto a esta carta envio a vocês minha foto, com 65 anos de idade. Muitos cumprimentos de coração a todos os parentes. Com ansiedade pela resposta em breve, Permaneço, Sua irmã, cunhada e tia, Elisabetha Krämer]

[Elisabetha Krämer, São José da Gloria 8-3-1925]

Podemos, portanto, perceber que a partícula é usada como uma forma quase clichê de suavização das próprias afirmações. Se isso pode ser interpretado como uma expressão de uma fase socio-histórica de insegurança em relação ao futuro, sentida pela comunidade de imigrantes que vivia em circunstâncias precárias, ou simplesmente como um elemento de cortesia linguística, com o qual a veemência das declarações é regularmente suavizada, deixaremos em aberto neste momento. Em vez disso, vamos agora nos concentrar na transposição desse uso para o português, para o qual também podemos encontrar vários exemplos.

(5)
Prezada Futura Cunhada Elvira
Saudações
Com grande alegria eu recebi a tua amável cartinha, asim quero te dizer que eu vou bem **ainda**, cada vez melhor, gozando o melhoramto da minha saude. como eu vi pella tua carta vaes bem **ainda**.

[Affonso Müller, São José da Gloria 8-3-1925]

Como no exemplo (4) acima, também não é raro encontrar uma série de frases nos textos escritos em português, nas quais "ainda" aparece repetidamente, como no seguinte exemplo:

(6)
queridos pais e irmãos! Hoje quero vos escrever umas linhas como eu vou **ainda**; eu vou bem **ainda** com per feita saude e o mesmo espero de voces todos tambem.

[Werner Petry, Linha Lajú Mondai 28 de Setembro de 1947]

(7)
eu faso tencãos de hir a Santa Maria em Outubro pasiar ver aquellas mosas de lá como vão, se **ainda** estão com a cabesa entre as horelhas e se **ainda** estão muinto pilantras ou não, eu de namora aqui vou indo bem tem umas quantas mosas que me querem muinto mais eu não faso caso dellas

[Fernando Martins Napp, Cruz Alta 27 de Julho de 1897]

O que une o uso de *noch* no alemão e *ainda* no português nas cartas escritas pelos bilíngues é o fato de que ambos não servem apenas para situar um fato no tempo. Mais do que isso, trata-se da expressão de uma atitude pessoal em relação ao que é dito. Esses elementos negociam a apreciação da verdade (seja no presente ou no momento da recepção da carta) do conhecimento compartilhado com as avaliações tanto do falante quanto do ouvinte. Dessa forma, *noch* e *ainda* não são meramente advérbios temporais, mas elementos modais que podem suavizar, reforçar ou ajustar a força das afirmações, dependendo do contexto e da intenção de quem fala.

Assim como encontramos *ainda* como partícula em cartas, a maioria delas escritas a mais de cem anos, hoje podemos encontrar partículas em expressões e frases quando descendentes de imigrantes alemães falam português. Além da variante que pudemos identificar na linguagem escrita, observamos outro uso de *ainda* que se manifesta sincronicamente na oralidade. Este uso pode ser ilustrado no seguinte exemplo de um diálogo entre informantes do Atlas das Línguas em Contato na Fronteira (ALCF) em Saudades, S.C.:

> (8)
> Inf 1. –Vindo de Chapecó tinha um acidente ali no trevo eu disse: Passa ligeiro que eu não posso ver isso. [CbGII F SAU][3]
> Inf 2. –É e eu falei pra ela: E tu **olha ainda!** (riso) [CbGII M SAU]
> Inf 1--Sim e ele **para ainda**, só pra judiar da gente! (Risos) [CbGII F SAU]

No exemplo (8), os falantes utilizam *ainda* para expressar insatisfação e surpresa com ações percebidas como exageradas ou desnecessárias. Em "E tu olha ainda!", *ainda* reforça o tom de crítica, sugerindo que a pessoa fez algo inesperado e fora do razoável. Já em "ele para ainda", o *ainda* intensifica a frustração, indicando que a ação de parar foi deliberada e destinada a incomodar. Ao mesmo tempo, essa carga emocional e enfática é empregada de forma lúdica, funcionando como um reproche brincalhão, o que se evidencia pelas risadas, que tornam o discurso uma fonte de humor e cumplicidade entre os interlocutores.

Também em outras expressões extraídas do corpus do ALCF, como "e tu pensa ainda!", "e tu come ainda!", "e tu fala ainda!", "e tu ri ainda!", observa-se que *ainda* não desempenha sua função temporal típica, mas age como uma partícula modal, reforçando o enunciado e conferindo-lhe um tom enfático[4]. Para compreender mais precisamente a

---

[3] As abreviações identificam os informantes em relação à sua pertença a grupos sociais e à localidade. **Ca** refere-se à camada social com maior nível de escolaridade, enquanto **Cb** indica a camada com menor nível educacional. As gerações são identificadas como **GI** para a geração jovem e **GII** para a geração mais velha. O gênero dos informantes é indicado por **F** para feminino e **M** para masculino. Por fim, SAU refere-se à localidade de Saudades, S.C.

[4] Aliás, pode-se argumentar que a semântica da frase aqui descrita não é transmitida apenas pela partícula modal, mas sim por uma construção composta pela conjunção *e*, seguida de um pronome pessoal, um verbo

função pragmática de *ainda* nesses contextos, é útil recorrer mais uma vez à análise de Métrich & Faucher (2009) sobre *noch* e, particularmente, *auch noch* como partícula de foco. Uma partícula de foco (*Fokuspartikel*) é uma partícula que não se refere à frase inteira, mas apenas a um constituinte específico, destacando-o e conferindo-lhe ênfase entonacional. Mais precisamente, Métrich e Faucher referem-se a *x noch*, onde *x* pode ser *auch* [também], *dazu* [além disso] ou *überdies* [além do mais], ou seja, elementos que expressam a ideia de acréscimo. Nesse caso, *x noch* enfatiza a adição e frequentemente sugere que a situação descrita ultrapassa os limites aceitáveis para o falante (Métrich & Faucher 2009: 628). No mesmo sentido, em outra parte do livro (Métrich & Faucher 2009: 637), os autores atribuem à combinação *auch* + *noch* a função de expressar uma intensificação cumulativa, indicando que a adição de um novo elemento a uma série já existente torna a situação intolerável. Nesse contexto, a combinação *auch* + *noch* sublinha a percepção de que elementos semelhantes já estão presentes em abundância, e a inclusão do novo elemento atua como o "ponto final", exacerbando a carga emocional da situação.

O segundo elemento (*auch*, etc.) não está presente em nossos exemplos, mas a mesma ideia é expressa apenas com *ainda*. No entanto, também é possível omitir o segundo elemento em alemão, embora Métrich e Faucher não registrem essa variante (pelo menos com esse sentido como partícula de foco) em seu dicionário. O falante, portanto, expressa que considera a ação ou o comportamento mencionado como algo que excede os limites do aceitável. No entanto, nos nossos exemplos, como já mencionamos, essa ideia é acompanhada de um tom claramente irônico, funcionando como uma espécie de crítica não séria, mas altamente expressiva, dirigida ao interlocutor.

Outra partícula interessante é *uma vez*, que também foi incorporada ao português falado nas regiões de colonização alemã por influência do contato com a variedade alemã falada no sul do Brasil. *Uma vez* é um calco do *(ein)mal* do alemão, que pode desempenhar diversas funções dependendo do contexto. Como já foi mostrado por Ruscheinsky (2014) e Krug, Ruscheinsky e Horst (2019), entre essas funções, destaca-se o uso mitigador, característico do *(ein)mal*, que foi adotado pelos falantes de português dessas regiões. Antes de explicarmos isso por meio de exemplos, é necessário determinar a semântica de *(ein)mal* e *uma vez* como advérbios, para então analisarmos a ampliação semântica da partícula homônima a partir do processo de polissemia.

---

e a partícula *ainda* (*e* + *Pron.Pers.* + *V* + *ainda*), que juntos formam uma unidade que, como um todo, expressa um comentário avaliativo ou reflexivo.

Tanto no alemão quanto no português, *einmal* e *uma vez* compartilham o sentido de expressar unicidade enquanto advérbios quantificadores. No alemão, *einmal* denota singularidade, enquanto no português a expressão equivalente *uma vez*, embora composta formalmente por artigo e substantivo, desempenha frequentemente uma função adverbial com o mesmo propósito, ou seja, expressar unicidade em diversos contextos. Um exemplo disso pode ser observado na frase: *Ich habe einmal mit ihr geredet, aber danach nie wieder* [*Eu falei com ela uma vez, mas depois nunca mais*]. No alemão, é possível usar tanto a grafia unificada *einmal* quanto a separada *ein Mal* para quantificar, dependendo do contexto ou da ênfase desejada. Já em português, *uma vez* não aparece diretamente como entrada nos dicionários, sendo registrada apenas a palavra *vez*. Segundo o dicionário Aurélio, *vez* é definida como um "termo que indica um fato na sua unidade ou na sua repetição" (Ferreira 2009: 2056), o que reflete sua flexibilidade semântica para indicar tanto singularidade quanto eventos cíclicos ou repetitivos.

Também na função de advérbio temporal, a expressão funciona de forma semelhante em ambas as línguas. Segundo Métrich e Faucher (2009: 306), *einmal*, nessa função, remete a um momento indefinido no passado ou no futuro. É interessante notar que o Aurélio registra *uma vez* como uma expressão fixa nesse sentido, mas sob o verbete *vez*, com o significado equivalente ao do alemão: *"Em certa ocasião; outrora"*. Esse uso é especialmente conhecido como parte da fórmula utilizada para iniciar contos de fadas em ambas as línguas: *Es war einmal* e *Era uma vez*.

Finalmente, abordamos a semântica da partícula modal homônima *einmal*, cujo uso parece ter sido transferido por alguns falantes nas comunidades bilíngues do sul do Brasil. Até o momento, essa transferência foi registrada principalmente no contexto de frases imperativas e exortativas nas entrevistas para o ALCF. Vamos, portanto, examinar primeiro a descrição dessa partícula em frases desse tipo no alemão. Segundo Métrich & Faucher (2009: 311-318) a função de *einmal*, frequentemente reduzida a *mal*, é sinalizar que a realização do fato (frequentemente uma ação solicitada ao interlocutor para que ele a execute) não representa praticamente nenhum problema. Trata-se, em geral, de situações que o falante deseja apresentar como banais, naturais e pouco importantes. Os autores explicam essa mudança semântica modal com a ideia de que a ação solicitada corresponde a um único ato, caracterizado por ser algo leve e simples, que não exige grande esforço por parte da pessoa a quem é direcionada.

Os exemplos a seguir ilustram a transferência da partícula *einmal* para o português falado em comunidades bilíngues no sul do Brasil. Baseados nos dados do ALCF, já documentados em Krug, Ruscheinsky e Horst (2019), eles demonstram o uso de *uma vez*, especialmente em enunciados imperativos e exortativos:

(9) Experimenta uma vez. [CaGI F]

(10) Então entra uma vez e vê como está fria. [CbGII F]

(11) Chama ela uma vez. [CaGI F]

(12) Filho, para uma vez. [CbGI F]

(13) Faz uma vez cinco vezes vinte e cinco para ver quanto dá. [CaGII F]

(14) Então faz uma vez uma listinha de tudo que precisa para fazer isso. [CbGI F]

(15) Pede uma vez para ele. [CbGI F]

(16) Deixa eu uma vez ver. [CbGII F]

(17) Dá uma olhada nisso uma vez. [CbGII F]

(18) Vai uma vez em Tunápolis. [CaGI F]

(19) Espera uma vez que vai vir coisa melhor. [CaGI F]

(20) Então vamos lá olhar uma vez. [CbGII F]

Nos exemplos apresentados, a expressão *uma vez* desempenha, em contextos exortativos e imperativos, a função de suavizar e mitigar solicitações ou comandos, reduzindo a força impositiva do enunciado. Esse uso torna os pedidos ou sugestões mais leves e casuais, promovendo uma interação menos formal e mais educada. Semanticamente, *uma vez* sugere unicidade e simplicidade da ação solicitada, transmitindo a ideia de que se trata de algo rápido e descomplicado. Dessa forma, a expressão cumpre um papel importante na modulação do tom comunicativo, equilibrando cortesia e assertividade. Os exemplos registrados são exclusivamente provenientes de falantes mulheres, o que pode ser um acaso, mas também pode sugerir uma diferença sociolinguística no uso dessa partícula modal. Seria interessante investigar essa questão mais a fundo no futuro.[5]

---

[5] Nos exemplos analisados, observa-se o uso espontâneo de *uma vez*, como nas frases extraídas das interações naturais dos falantes bilíngues. Além desses enunciados espontâneos, Krug, Ruscheinsky & Horst (2019: 240-242) também coletaram dados por meio de entrevistas estruturadas com informantes bilíngues. Nas entrevistas, foi solicitado que os informantes traduzissem frases elaboradas intencionalmente para explorar os variados usos da partícula *mal/mo*. Essas frases foram lidas em Hunsrückisch pela entrevistadora, e os informantes as traduziram para o português. Essa abordagem combinada — dados espontâneos e traduções dirigidas — permitiu identificar padrões de transferência e o uso de *uma vez* como equivalente ao *einmal* alemão em contextos pragmáticos específicos.

4. Considerações finais

No presente artigo, tratamos de dois fenômenos notáveis, porém sutis, do contato linguístico no sul do Brasil: a gramaticalização das partículas modais no português, *ainda* e *uma vez*, sob a influência das partículas modais alemãs *noch* e *(ein)mal*. No caso de *ainda*, identificamos duas leituras modais distintas, cada uma associada a diferentes tradições discursivas. Nas cartas históricas dos imigrantes, *ainda* funciona como uma partícula modal que suaviza declarações (e perguntas) ao reduzir a obrigação do falante de garantir a validade da sua afirmação em relação ao futuro. Esse uso é típico do gênero textual da carta privada e reflete uma tradição escrita que combina traços formais e dialetais. Essa partícula não pertence à variedade padrão do alemão, mas à koiné do Hunsrückisch, como evidenciado pelo fato de que estudos e manuais sobre o alemão padrão (cf. Iwasaki 1977 e Métrich & Faucher 2009) descrevem a partícula *noch* com semântica e funções pragmáticas diferentes. Já na oralidade contemporânea, *ainda* assume uma função enfática, frequentemente usada para reforçar críticas ou expressar surpresa de maneira irônica ou humorística. Em exemplos como *"tu olha ainda"* ou *"ele para ainda"*, a partícula também transcende sua função temporal, contribuindo para uma interação mais emocional e lúdica. Como vimos, esse uso pragmático deriva da ideia de adição inerente ao advérbio, que, por sua vez, determina a função modal da expressão, a saber, destacar um excesso inaceitável.

No caso de *uma vez*, no entanto, também estamos lidando com variedades orais contemporâneas, nas quais o uso e a semântica coincidem com a descrição em manuais germanísticos. A partícula, adaptada do alemão *(ein)mal*, tornou-se um recurso pragmático de atenuação em comandos e pedidos, promovendo interações mais leves e cordiais em contextos bilíngues.

Apesar de pertencerem a tradições distintas, os diferentes casos têm em comum o fato de serem fenômenos nos quais os falantes transferem hábitos expressivos da sua língua de origem ou de herança (alemão) para a segunda língua (português). Eles fazem isso com o intuito de explorar o potencial pragmático dessas construções em português, semelhante à forma como as utilizam em alemão. Em situações de bilinguismo intenso e prolongado, os falantes são motivados a sincronizar as operações mentais de planejamento ao falar em cada uma das línguas presentes em seu repertório (cf. Haase 1992: 155-178, esp. 173). Ao mesmo tempo, eles buscam utilizar as formas de expressão de ambas as línguas, o que os leva a querer dispor das mesmas construções em cada idioma. Nesse sentido, no contato intergeracional entre variedades do alemão e o português no sul do Brasil, os falantes utilizam as partículas modais para expressar aquilo que estão acostumados a expressar pragmaticamente, resultando em uma gramaticalização induzida por contato (Heine & Kuteva 2005: 79-120). Com Matras (2009: 26, 27; 240-243) podemos também descrever o processo de transferência como *pivot matching*. A chave para esse processo é a polissemia das formas, que é aproveitada pelos falantes. Assim, o advérbio *noch* em alemão é idêntico à partícula modal *noch*; o mesmo ocorre com o advérbio *(ein)mal* e a partícula modal *(ein)mal*. Os falantes identificam então os advérbios *ainda* e *uma vez* como os candidatos ideais em português para transferir essa polissemia do alemão à outra língua. Eles assumem, portanto, o papel de *elementos pivô* no processo de gramaticalização para transferir as funções expressivas abstratas de uma língua para a outra. Em ambos os casos, as partículas modais exercem uma função central nas estratégias expressivas, particularmente no que tange às nuances de atenuação, consequentemente, à expressão de cortesia no plano pragmático. Essas partículas parecem ser de tal relevância que os falantes demonstram uma resistência em prescindir de seu uso, mesmo quando a segunda língua, embora bem dominada (ou inclusive já a língua dominante para a maioria dos falantes), não oferece recursos equivalentes. Desse modo, observa-se que os falantes, ainda que de forma muitas vezes inconsciente, tendem a gramaticalizar essas partículas, que não integram o repertório padrão da segunda língua, com o objetivo de preservar as mesmas capacidades expressivas que possuem em sua língua de origem.

Quanto ao status dessas partículas, é possível identificar alguns aspectos cruciais. Em primeiro lugar, essas formas oscilam entre o uso como advérbios e como partículas modais. Elas expressam a atitude do falante em relação à proposição, funcionando como um marcador da postura que o falante adota perante o enunciado, contribuindo para a atenuação ou ênfase da proposição e para a expressão de nuances pragmáticas específicas que, como vimos em alguns casos, podem envolver a manifestação de um tom de reprovação irônica. Outro ponto relevante é o papel dessas partículas na negociação da verdade da proposição, especialmente em contextos em que o falante busca ajustar a interpretação do interlocutor ou leitor em relação a eventos futuros, como o momento da recepção de uma carta. Observa-se também, como é prototípico nas partículas modais, um processo de desemantização, no qual essas partículas deixam de carregar um conteúdo semântico novo, focando-se exclusivamente em sua função pragmática. É importante ressaltar que, embora contribuam de forma significativa para a organização discursiva e pragmática, essas partículas não têm a capacidade de atuar como resposta a perguntas de decisão, pois não equivalem a uma sentença completa (por exemplo: *-Eles estão com a cabeça entre as orelhas? -*ainda*). Assim, o valor comunicativo dessas partículas reside em sua habilidade de modificar o tom e a força ilocutória das proposições, sem introduzir novos elementos semânticos, mas, sobretudo, ao moldar a interação entre falante e ouvinte.

Referências

ABRAHAM, Werner. Die Urmasse von Modalität und ihre Ausgliederung. Modalität anhand von Modaladverbien, Modalpartikeln und Modus. In: ABRAHAM, Werner; LEISS, Elisabeth (eds.). Epistemik und Evidenzialität bei Modalverb, Adverb, Modalpartikel und Modus. Tübingen: Stauffenburg Verlag, 2009, p. 251-302.

ABRAHAM, Werner. Diskurspartikel zwischen Modalität, Modus und Fremdbewusstseinsabgleich. In: HARDEN, Theo; HENTSCHEL, Elke (eds.). 40 Jahre Partikelforschung. 2010, p. 33-77.

ALTENHOFEN, Cléo V. Hunsrückisch in Rio Grande do Sul. Ein Beitrag zur Beschreibung einer deutschbrasilianischen Dialektvarietät im Kontakt mit dem Portugiesischen. (Mainzer Studien zur Sprach- und Volksforschung, 21). Stuttgart: Steiner, 1996.

ALTENHOFEN, Cléo V.; STEFFEN, Joachim; THUN, Harald (eds.). Cartas de imigrantes de fala alemã: pontes de papel dos hunsriqueanos no Brasil. 2. ed. E-book. São Leopoldo: Oikos, 2019.

BRENNER, Katja. Spanische Modalpartikeln. Funktionsweise und Übersetzungsproblematik dargestellt am Beispiel von sí und sí que. Frankfurt am Main: Peter Lang, 2014.

FERREIRA, Aurélio Buarque de Holanda. Novo Dicionário da Língua Portuguesa. 4. ed. Coordenação e edição por Marina BAIRD FERREIRA e Margarida DOS ANJOS. Curitiba: Editora Positivo, 2009.

FRANCO, António. Descrição linguística das partículas modais no português e no alemão. Coimbra: Coimbra Editora, 1992.

GERTZ, René E. Imprensa e imigração alemã. In: DREHER, Martin N.; RAMBO, Arthur B.; TRAMONTINI, Marcos J. (eds.). Imigração e imprensa. In: Atas do XV Simpósio de história da imigração e colonização. Porto Alegre: EST, 2004, p. 100-122.

HAASE, Martin. Sprachkontakt und Sprachwandel im Baskenland. Die Einflüsse des Gaskognischen und Französischen auf das Baskische. Hamburg: Buske, 1992.

HEINE, Bernd; KUTEVA, Tania. Language Contact and Grammatical Change. Cambridge: Cambridge University Press, 2005.

IWASAKI, Eijiro. Wie hieß er noch? Zur Bedeutung von noch als Abtönungspartikel. In: WEYDT, Harald (ed.). Aspekte der Modalpartikeln. Studien zur deutschen Abtönung. Tübingen: Niemeyer, 1977, p. 63-72.

KRUG, Marcelo Jacó.; RUSCHEINSKY, Elena Wendling.; HORST, Cristiane. 'Uma vez': empréstimo do alemão no português falado em Itapiranga e São João do Oeste. Pandaemonium Germanicum, São Paulo, v. 22, 2019, p. 231-250. Disponível em: https://doi.org/10.11606/1982-88372237231.

LEISS, Elisabeth. Epistemicity, Evidentiality, and Theory of Mind (ToM). In: ABRAHAM, Werner; LEISS, Elisabeth (eds.). Modality and Theory of Mind Elements across Languages. Berlin: De Gruyter, 2012, p. 39-65.

MATRAS, Yaron. Language Contact. Cambridge: Cambridge University Press, 2009.

MEISNITZER, Benjamin.; WOCKER, Benjamin. Die dreifache Deixis von Modalpartikeln und Überlegungen zu deren Existenz in den romanischen Sprachen anhand von ausgewählten Beispielen aus dem Französichen und Spanischen. In: ZEMAN, Sonja; WERNER, Martina; MEISNITZER, Benjamin (eds.). Im Spiegel der Grammatik. Beiträge zur Theorie sprachlicher Kategorisierung. Tübingen: Stauffenburg, 2017, p. 241-262.

MEISNITZER, Benjamin. Modality in the Romance languages. In: ABRAHAM, Werner; LEISS, Elisabeth (eds.). Modality and Theory of Mind Elements across Languages. Berlin: De Gruyter, 2012, p. 335-359.

MÉTRICH, René; FAUCHER, Eugène. Wörterbuch deutscher Partikeln. Unter Berücksichtigung ihrer französischen Äquivalente. In Zusammenarbeit mit Jörn Albrecht. Berlin: De Gruyter, 2009.

RUSCHEINSKY, Elena Wendling. Uma vez falando em alemão: o uso da variante uma vez no português falado em Itapiranga e São João do Oeste – SC. Dissertação (Mestrado em Estudos Linguísticos) – Universidade Federal da Fronteira Sul, Programa de Pós-Graduação em Letras, Chapecó, 2014.

STEFFEN, Joachim; GUTIÉRREZ MATÉ, Miguel. The significance of language contact in the restructuring of Brazilian Portuguese: historical evidence from Southern Brazilian bilingual communities of German origin. In: HENNEMANN, Anja; MEISNITZER, Benjamin (eds.). Linguistic hybridity: contact-induced and cognitively motivated grammaticalization and lexicalization processes in Romance languages. Heidelberg: Winter, 2022, p. 183-200.

STEFFEN, Joachim. Einblicke in einen Sprachwechsel in Zeitlupe: Phasen des deutsch-portugiesischen Sprachkontakts in Südbrasilien in Briefen aus zwei Jahrhunderten. In: LENZ, Alexandra N. (ed.). German abroad. Perspektiven der Variationslinguistik, Sprachkontakt- und Mehrsprachigkeitsforschung. 2016, p. 131-157.

WALTEREIT, Richard. Abtönung. Zur Pragmatik und historischen Semantik von Modalpartikeln und ihren funktionalen Äquivalenten in den romanischen Sprachen. Tübingen: Niemeyer, 2006.

WEYDT, Harald. Abtönungspartikel. Bad Homburg: Gehlen, 1969.

Considerações sobre atlas linguísticos: a constituição linguística dos falares do/no Brasil

Simone de Sousa Naedzold, Antonio Carlos Santana de Souza

Universidade do Estado do Mato Grosso – UNEMAT, Universidade Estadual do Mato Grosso do Sul – UEMS

1. Introdução

Este texto foi elaborado, analisado por pareceristas e aprovado em 2021 para a Qualificação Fora de Área que os doutorandos, do Programa de Pós-Graduação em Linguística, da Universidade do Estado de Mato Grosso, campus Cáceres, que entraram até 2020, deveriam apresentar como requisito para a permanência no Programa e nele tecemos considerações sobre a importância das pesquisas linguísticas, principalmente, após 1916, com a publicação do **Curso de Linguística Geral**, de Ferdinand de Saussure (2012), organizado por Charles Bally e Albert Sechehaye com a colaboração de Albert Riedlinger.

Na seção 2, 'A linguística também merece que se lute por ela'[1], socializamos uma busca histórica, por meio de estudos bibliográficos, de como Saussure (2012), Meillet (1948), Bréal (1992), Benveniste (1976, 2006) e Labov (2008) influenciaram as pesquisas no âmbito da Linguística e a contribuição dos estudos destes pesquisadores para o fortalecimento da Sociolinguística e da Sociolinguística Variacionista.

Na seção 3, 'Contribuições da Sociolinguística' apresentamos um estudo mais voltado às pesquisas brasileiras sobre o tema. Neste sentido, os pesquisadores Bagno (2007), Alkmim (2003), Antunes (2002) trazem contribuições importantes aos desdobramentos dos estudos, no Brasil, das pesquisas apresentadas na seção 2.

Na seção 4, 'Atlas linguísticos: a constituição dos falares do/no Brasil', buscamos apresentar os dados sobre o Atlas Linguístico de pesquisadores brasileiros e faz-se uma

---

[1] Parafraseamos aqui de Allan Kundera (apud GADET, PÊCHEUX, 2004, p. 33) o tema "[...] a metáfora merece que se lute por ela"; de Orlandi (2009, p. 193), [...] o nome da língua (ele diz metáfora) merece que se lute por ela" e de [Medeiros] (2012) "[...] a língua merece que se lute por ela" para nomear esta sessão e discorrer acerca das pesquisas em Linguística.

ponte aos estudos de Dias (1996) e Guimarães (1995) para explicitar alguns dados históricos sobre a história da língua no Brasil. Nesta seção, mostra-se o Decreto n. 30.643/1952 e sua contribuição para os estudos que subsidiaram o início da criação do Atlas Linguístico do Brasil. Importante notar que os percursores da Linguística e da Sociolinguística, no Brasil e fora dele, fomentaram e fomentam a continuidade dos estudos e a criação dos Atlas Linguísticos aparecem juntamente com a divulgação desses estudos.

Na subseção 4.1, 'O Projeto ALiB', evidenciamos mais precisamente que os pesquisadores brasileiros, a partir de 2004, começam a publicar os resultados das pesquisas realizadas nas diferentes regiões do país para a criação do Atlas Linguístico Nacional. Deste modo, os livros intitulados **Documento 1** (2004), **Documento 2** (2006), **Documento 3** (2012), **Documento 4** (2013) e **Documento 5** (2015) do Projeto ALiB, que são organizados por Aguilera, Milani, Mota, Cardoso, Paim, Ribeiro apresentam dados muito importantes sobre o assunto. Nas Figuras 01 e 02 mostramos a evolução dos Atlas por estado brasileiro e como de 2008 a 2013 muito se adiantou neste campo de pesquisa. Nas Figuras 03 e 04 fazemos uma relação das principiais famílias e troncos das línguas indígenas com o processo de cooficialização de Línguas Autóctones e Alóctones no Brasil iniciado em 2002.

Na seção 5, 'Considerações', retomamos alguns pontos importantes desenvolvidos no corpo do texto e elaboramos alguns apontamentos para as pesquisas em Linguística e Sociolinguística no Brasil. E por fim, elencamos as Referências de autores e obras consultados e citados no texto.

Este texto apresenta estudos iniciais, de cunho bibliográfico, de muitas pesquisas que estão em andamento no Brasil, neste momento, e os dados que nos trazem Aragão (2008, 2020) e Mota e Cardoso (2006) sobre o próprio Projeto ALiB; Isquerdo (2006), sobre os procedimentos metodológicos nas entrevistas; Altenhofen (2006) sobre as interfaces entre dialetologia e história e, ainda, dados referentes aos Atlas Linguísticos das diferentes regiões do país e os relatórios de pesquisas em andamento merecem uma atenção especial e são leituras imprescindíveis para o aprofundamento do tema. Observa-se, no entanto, que estes aprofundamentos serão objetos de análises futuras.

2. A linguística também merece que se lute por ela

A Linguística entrou para o rol de Ciência da Linguagem a partir de 1916 com a publicação do livro Curso de linguística geral de Ferdinand de Saussure. A Linguística tem por objeto a língua. Saussure, um estudioso da linguagem e das línguas indo-europeias, para transformar a Linguística em Ciência, realizou recortes em seus estudos para delimitar o que seria o objeto desta disciplina. Deste modo, de forma sincrônica, delimitou a língua como objeto de estudos da Linguística e a estudou num espaço específico. Assim definida, a língua transforma-se em objeto da Linguística e a Linguística em Ciência, encaixando-se nos preceitos do estruturalismo vigente na época em que uma das formulações mais fortes era de que os objetos das ciências não poderiam ser mutáveis ou múltiplos. Neste sentido, Saussure exclui, ao recortar seu objeto de estudos, a fala, o sujeito e a história e, por isso, tem sido criticado ao longo dos anos.

A história de Saussure vincula-se a de outros pesquisadores como Meillet e Bréal. Os estudos e publicações destes estudiosos fundamentaram, ainda no século XIX, os preceitos teóricos metodológicos para que a Linguística pudesse realmente ser referida como Ciência.

Michel Jules Alfred Bréal nasceu em 1832 em Landau, na Alemanha. Em 1877 publica Mèlanges de mythologie et de linguistique (Misturas de mitologia e linguística); 1883, Les lois intellectuelles du langages (As leis intelectuais das línguas) e em 1897 Essai de sémantique (Ensaio de semântica) e neste mesmo ano apresenta Des lois phoniques (Das leis fônicas). Em 1904, publica a terceira edição de Essai de sémantique acrescida com os textos La linguistique est-elle une science naturelle? (A linguística é uma ciência natural?) e Les commencements du verbe (O começo do verbo).; morre em 1915, em Paris.

Ferdinand de Saussure nasce em 1857 na Suíça. Em 1879, publica Mémoires sur le système primitif des voyelles dans les langues indo-européens (Memórias sobre o sistema vocálico primitivo em línguas indo-europeias). Em 1881, inicia seu trabalho na École Pratique des Hautes Études, na França. Em 1907, ministra o primeiro curso de linguística geral, em Genebra, Suíça; 1908-1909, segundo curso de linguística geral, em Genebra, Suíça e em 1910-1911, o terceiro curso de linguística geral, em Genebra, Suíça; em 1912, publica Adjectifs indo-européens du type caecus 'aveugle' (Adjetivo indo-europeu do tipo caecus 'cego'); morre em 1913, em Morges, Suíça. Em 1916, publicação póstuma de Cours de linguistique générale organizado por Charles Bally e Albert Sechehaye e com a colaboração de Albert Riedlinger.

Paul Jules Antoine Meillet nasce em 1866 na França e em 1889 substitui Saussure na École Pratique des Hautes Études; em 1905, publica Comment les mots changent de sens

(Como as palavras mudam de significado) e neste mesmo ano substitui Michel Bréal no Collège de France e em 1936 falece também na França.

Saussure (2012) e Bréal (1992) influenciaram e foram influenciados pelos estudos de Meillet, principalmente, no que concerne aos estudos das línguas indo-europeias e suas características. Para Meillet, os fatores internos, ou seja, relacionados a estrutura da língua como a formação dos radicais, prefixos e sufixos, o léxico são características que acompanham os falantes e, dependendo do caso, das comunidades de fala e das invasões territoriais, estes podem ser alterados, assim como os fatores externos como a mudança lexical ao longo dos anos e a própria constituição deste léxico, pois quando uma criança nasce, vai adquirir a língua de sua comunidade de fala e não a língua de seus antepassados.

Estes estudos linguísticos tiveram seguimentos com outros pesquisadores. Destacamos Émile Benveniste e mais tarde William Labov já em outro nível de estudos, como veremos mais abaixo.

Émile Benveniste nasce em 1902, em Alepo, na Síria. Em 1927, substitui Meillet na École Pratique des Hautes Études; e em 1937, substitui Meillet no Collège de France. Em 1946, publica Estrutura das relações de pessoa no verbo; em 1966, Problemas de linguística geral em que reproduz vários textos escritos anteriormente entre os anos de 1939 a 1963. Ao todo, são 27 textos publicados no livro I; em 1974, publicou Problemas de linguística geral II com seleção de textos entre os anos de 1965 e 1972. Ao todo, 47 textos publicados. Morre em 1976, em Paris.

William Labov nasceu em 1927 em Rutherford, Nova Jersey, Estados Unidos. Publicou em 1968, com Uriel Weinreich e Marvin Herzog, Fundamentos empíricos para uma teoria da mudança de linguagem e em 1972, Padrões sociolinguísticos; em 2007, Transmissão e difusão. Algumas de suas obras não estão traduzidas ao Português Brasileiro. Este escritor é um dos representantes e iniciador da Sociolinguística Variacionista.

Alkmin (2003, p. 28) nos informa que, em um Congresso organizado por William Bright, na Universidade da Califórnia, em Los Angeles (UCLA), em 1964, do qual participaram vários estudiosos, inclusive Willian Labov, aparece a palavra "[...] Sociolinguística, relativo a uma área da Linguística [...]" cujo objeto é a diversidade linguística, conforme Bright (1974), e, com o próprio Labov, a Sociolinguística Variacionista. Outro estadunidense, John Joseph Gumperz, vai trabalhar com a Sociolinguística Interacional que estuda como os usuários da língua criam significado por meio das interações sociais.

A língua, para os sociolinguistas, diz Bagno (2007, p. 36, grifos do autor), "[...] é intrinsecamente heterogênea, múltipla, instável e está sempre em desconstrução e em reconstrução [...] a língua é um processo, um fazer-se permanente e nunca concluído".

Essas mudanças denominam-se variação linguística, ou seja, confirma Bagno (2007, p. 38) "[...] a língua em seu estado permanente de transformação, de fluidez, de instabilidade [...]" e abrangem tanto as variações fonético-fonológicas, morfológicas, sintáticas, semânticas, lexical e estilístico-pragmática como as provocadas pelos fatores extralinguísticos: origem geográfica, status socioeconômico, grau de escolaridade, idade, sexo, mercado de trabalho e redes sociais (BAGNO, 2007, p. 39-44).

As variações fonético-fonológicas são referentes aos diferentes modos de se pronunciar uma letra, de se produzir o som da mesma; as variações morfológicas ocorrem quando as palavras podem sofrer variações na raiz, (abatina – batina), acréscimos de afixos (prefixos e sufixos) e outros; as variações sintáticas ocorrem quando se faz uso de paráfrases para escrever a mesma frase; as variações semânticas ocorrem quando as palavras podem significar diferentemente em outros contextos de uso; as variações lexicais ocorrem quando existem duas ou mais palavras que significam a mesma coisa e as variações estilístico-pragmáticas estão ligadas aos diferentes modos de falar dependendo do monitoramento do falante e seus grupos de fala.

As comunidades ou grupos de fala, neste contexto, são comunidades linguísticas que se constituem, afirma Alkmim (2003, p. 31) por "[...] um conjunto de pessoas que interagem verbalmente e que compartilham um conjunto de normas com respeito aos usos linguísticos". Alkmim (2003) observa que essas comunidades são compostas não por pessoas que falam do mesmo modo, mas que se orientam pelo mesmo conjunto de regras linguísticas.

Na Sociolinguística, de acordo com Bagno (2007, p. 46-47), temos vários tipos de variação: diatópica, diastrática, diamésica, diafásica e diacrônica. A variação diastrática, por exemplo, "[...] é a que se verifica na comparação entre os modos de falar das diferentes classes sociais". (BAGNO, 2007, p. 46, grifo do autor), e pode ser analisada segundo a classe social; idade; gênero; situação ou contexto social.

A Sociolinguística, de modo geral, procura reestabelecer o que fora excluído por Saussure: a história, o falante e o objeto (GUIMARÃES, 1995, p. 11) e foi para recobrir os estudos e as pesquisas neste espaço que a Sociolinguística nasceu, porque as questões históricas, culturais, sociais e ideológicas que fazem parte do contexto dos falantes são significativas e completam a análise de um indivíduo completo. Para a Sociolinguística, "Todas as línguas do mundo são sempre continuações históricas", nos diz Alkmim (2003, p. 33). Por mais que estes contextos sejam polissêmicos e múltiplos, ainda assim, a língua, a linguagem não podem se furtar a eles. "Isso fica bastante visível nos estudos pioneiros de Labov (1966; 1972), que tomam como objeto de reflexão e análise a própria estrutura e a evolução da linguagem no contexto social". (SILVA, 2015, p. 20).

Numa situação de sala de aula, professores e estudantes falam diferentes variações linguísticas. Bortoni-Ricardo (2004, p. 25) afirma que "Na sala de aula [...] encontramos grande variação no uso da língua, mesmo na linguagem da professora que, por exercer um papel social de ascendência sobre seus alunos, está submetida a regras mais rigorosas no seu comportamento verbal e não verbal". O que se espera, neste contexto, é que os dois polos envolvidos no processo respeitem a variação um do outro e procurem, de modo geral, aprender com a diversidade linguística. É possível conviver em harmonia em sala de aula e aprender a língua mais formal sem apagar a variedade linguística dos/das aprendentes e do/a professor/a.

A estudiosa Alkmim (2003, p. 33), quando discorre acerca do objeto de estudo da Sociolinguística enquanto diversidade, depõe que "[...] a Sociolinguística encara a diversidade linguística não como um problema, mas como uma qualidade constitutiva do fenômeno linguístico". E, considerando que as línguas são continuidades históricas, que se integram, se modificam e se alteram diacronicamente, não há como afirmar que haja falares certos ou errados. Os falares são diferentes, dependendo das variáveis apontadas anteriormente. Cada indivíduo constrói sua identidade nas comunidades de fala em que está inserido e, à medida que acontece contato linguístico com pessoas de outros povos ou regiões, esses falares podem sofrer alterações e continuar o curso de mudanças linguísticas da história.

Por isso, o falante de Língua Portuguesa falada no Brasil, ou Língua Brasileira, que expõe em seu falar características linguísticas próprias que se aproximam ou distanciam do uso formal da língua, está em processo de constituição de seu falar. Segundo Bagno (2007, p. 60, grifo do autor) "O discurso científico [...] trabalha com noções de variação e mudança" linguísticas e não com "discursos do senso comum". Assim, não existe erro na língua falada por quaisquer pessoas. O que existe é uma avaliação "[...] essencialmente social, isto é, não é propriamente a língua que está sendo avaliada, mas, sim, a pessoa que está usando a língua daquele modo" (BAGNO, 2007, p. 77) e, neste sentido, "Todas as noções de "certo" e "errado" que circulam na sociedade são invenções humanas, demasiadamente humanas [...] e muitas vezes demasiadamente desumanas..." (BAGNO, 2007, p. 62).

A variação e a diversidade linguísticas são inerentes a linguagem humana, e não ocorrem de maneira aleatória, seguem regularidades de cunho estrutural ou social, pois "[...] todas as variedades, do ponto de vista estrutural linguístico, são perfeitas e completas entre si. O que as diferencia são os valores sociais que seus membros têm na sociedade" (SILVA, 2015, p. 21). Neste contexto, "Uma variedade linguística 'vale' o que 'valem' na sociedade os seus falantes, isto é, vale como reflexo do poder e da autoridade que eles têm nas relações econômicas e sociais" (GNERRE, 1998, p. 6-7).

3. Contribuições da Sociolinguística

A Sociolinguística tem por objeto o estudo da diversidade linguística e procura, de forma geral ou específica, dependendo do processo de constituição das pesquisas, descrever não só o Português Brasileiro, mas também as demais línguas considerando aspectos fonéticos-fonológicos, lexicais, linguísticos sintéticos e pontuais, gramaticais; mostrar em mapas regionais a ocorrência de variações linguísticas encontradas nas falas de pessoas em diferentes regiões do país; diferenciar o uso de variantes através de critérios como sexo, faixa etária, escolaridade. Uma outra contribuição da Sociolinguística importante é a orientação ao ensino de variações linguísticas no que se refere à fala, à escrita e à leitura e este espaço que a Sociolinguística Educacional, pensada pela brasileira Stella Maris Bortoni-Ricardo, ocupa e que possui como fundamento o trabalho com as variedades linguísticas em sala de aula.

Irandé Antunes (2002, p. 130) afirma que "Ninguém cria [...] suas próprias regras linguísticas. A língua é um fato social, um saber coletivo, que existe em função da interação do indivíduo com os seus pares". Construímos nosso falar com base nos falares das pessoas com quem convivemos e à medida que vamos crescendo, nossa língua se modifica dependendo de nossas ações e contatos. Se vamos para a escola e aprendemos novos idiomas ou mesmo nos aprofundamos nos estudos de disciplinas diferentes como Biologia, Química, Filosofia e outras, nosso léxico vai crescendo e se modificando e vamos adquirindo novas palavras e formas de falar. Se mudamos de estado ou de país, ocorre o mesmo só que o vocabulário é mais amplo, mais diversificado.

Os falares rio-grandenses são distintos dos matogrossenses, dos paraibanos e assim por diante. Esta diferença denomina-se em Sociolinguística de **Diatópica**, conforme Bagno (2007, p. 46). Neste sentido, **o grau de contato** faz modificar o modo de falar de cada um e a variação linguística pode ocorrer tanto individual quanto coletivamente, pois o grau de contato ou distanciamento de uma comunidade de fala provoca esta diferenciação no falar.

No plano individual, a atividade verbal vai se diferenciando, à medida que o indivíduo se afasta ou se aproxima de comunidades de fala diferentes e também por adequação aos espaços de comunicação se mais ou menos formais.

A variação linguística pode ser de diferentes tipos. Assim, temos as variedades sincrônicas, que se modificam ao mesmo tempo e que se subdividem em regionais, socioculturais e estilísticas. Para Bagno, (2007), estas variações podem abranger os fatores extralinguísticos como origem geográfica, *status* socioeconômico, grau de escolaridade, idade, sexo, mercado de trabalho e redes sociais; e as diacrônicas, que vão se modificando ao longo do tempo, na comparação entre diferentes etapas da História. (BAGNO, 2007, p. 47). A distinção entre uma variedade e outra não é facilmente estabelecida porque cada falante é diferente do outro e dependendo das características acima descritas, mesmo que pertençam a uma comunidade de fala, neste sentido, o monitoramento linguístico será diferente em diferentes situações de fala e de escrita.

Para Bagno (2007, p. 180), "Desde épocas muito remotas, as pessoas se acostumaram a comparar a língua falada mais espontânea, menos monitorada, com a língua escrita mais elaborada [...].". A variação diamésica, por exemplo, para Bagno (2007, p. 46), se verifica na comparação entre a língua falada e escrita. E, dependendo do grau de monitoramento, uma pessoa pode falar 'home', 'onte', 'fizero' apresentando traços descontínuos na nasalização e escrever 'homem', 'ontem' e 'fizeram'. (BAGNO, 2007, p. 144). O rotacismo, que é a troca de L por R, é outra variedade da língua que se relaciona com as modalidades de fala e escrita. Observa-se, com Bagno (2007, p. 73), que o Latim, idioma do qual muitas palavras da Língua Portuguesa descendem, tinha 'flaco', 'clavo', 'blandu', para 'fraco', 'cravo' e 'brando'. No idioma nacional, temos 'praca', 'pranta', bicicreta' por 'placa', 'planta', 'bicicleta'. O rotacismo pode ou não aparecer na fala ou na escrita dos indivíduos dependendo do grau de monitoramento, da faixa etária, da comunidade de fala, e outras características sociolinguísticas.

4. Atlas Linguísticos: a constituição linguística dos falares do/no Brasil

Luiz Francisco Dias (1996) revela em pesquisa que nos séculos XVI e XVII, na visão dos europeus, o idioma nacional, a língua geral ou o nheengatu tinha algumas características peculiares "[...] faltavam-lhes os sons correspondentes em português ao **F**, **L** e **R**. E isso, no entender dos viajantes europeus, definia o caráter do povo desta terra: Não tendo a língua esses sons, não teria esse povo nem Fé, nem Lei, nem Rei".

No século XVIII, a coroa portuguesa, de modo geral, orientada pelo 'Diálogo em louvor da nossa linguagem', de 1540, de João de Barros, instituiu a língua portuguesa como idioma a ser ensinado aos índios no Brasil, e deste modo, através "[...] de uma carta régia de 12 de setembro de 1727, em que o rei D. João V determina ao Superior dos religiosos da Companhia de Jesus que a língua portuguesa fosse ensinada aos índios, para o benefício da Coroa e dos moradores do Estado do Maranhão". (DIAS, 1996, p. 11). E ainda, segundo Dias, 30 anos após a carta régia, Sebastião José de Carvalho e Melo, o Marquês de Pombal, edita legislação expulsando os jesuítas e novamente confirmando o ensino da Língua Portuguesa no Brasil.

Em meados do século XX, no Brasil, o Decreto n. 30.643 de 20 de março de 1952, que institui o Centro de Pesquisas da Casa de Rui Barbosa e dispõe sobre o seu funcionamento, apresenta, em seu Art. 3º, que "O Centro em referência compreenderá, inicialmente, duas Secções: a de Direito e a de Filologia, dirigidas cada qual por uma Comissão de especialistas convidados pelo Ministro da Educação e Saúde, mediante parecer do Diretor da Casa de Rui Barbosa". E dispõe no § 3º deste mesmo Art. que

> A Comissão de Filologia promoverá pesquisas em todo o vasto campo de filologia portuguesa - fonológicas, morfológicas, sintáticas, léxicas, etimológicas, métricas, onomatológicas, dialetológicas, bibliográficas, históricas, literárias, problemas de texto, de fontes, de autoria, de influências, sendo sua finalidade principal a elaboração do "**Atlas Lingüístico do Brasil**" (BRASIL, 1952, grifo nosso).

De modo geral, os estudos sobre a variação linguística dos brasileiros se iniciam de modo mais institucionalizado a partir da publicação deste Decreto. Atentem-se para o fato de que Labov apresentou seus estudos em 1964, o que não significa que estavam começando ali; ao contrário, estavam sendo apresentados. 12 anos antes, o Brasil já estava se preparando para realizar estas pesquisas, que abrangiam aspectos sociais e históricos dos falares brasileiros.

Um dos destaques nestes estudos no Brasil é Antenor de Veras Nascentes (1886-1972) que publicou em 1958, de acordo com Hampejs (1961, p. 02), as 'Bases para a elaboração do Atlas Linguístico do Brasil' e neste volume (o segundo será publicado em 1961) apresenta critérios básicos e fundamentais para que se possam desenvolver pesquisas neste campo e que sirvam para a constituição do Atlas. Nascentes publica obras desde 1914 e possui uma gama de livros que versam sobre diferentes aspectos da língua falada no Brasil, incluindo dicionários etimológicos e de nomes próprios, além de tratados filológicos e lexicais.

Produções importantes e que contribuíram para que a Linguística e a Sociolinguística fossem encontrando seus espaços e que na época da publicação do Decreto n. 30.643/1952 estavam sendo publicadas ou em processo de elaboração: 'História da Língua Portuguesa'

(1952) de Serafim da Silva Neto; 'A formação histórica da Língua Portuguesa' (1955) de Silveira Bueno; 'Estrutura da Língua Portuguesa' (1960, com publicação em 1970) e 'Nomenclatura Gramatical Brasileira' – NGB – (1958) ambas de Joaquim Mattoso Câmara Junior; 'Atlas prévio dos falares baianos' (1963-1965) de Nelson Rossi e ainda 'Língua Portuguesa e realidade brasileira' (1968) e 'Gramática do Português Contemporâneo' (1970) ambas de Celso Cunha. Esta relação está descrita em Guimarães (1995).

Todos estes percursores da Linguística e da Sociolinguística, no Brasil e fora dele, fomentaram e fomentam a continuidade dos estudos, e a criação dos atlas linguísticos aparecem juntamente com divulgação desses estudos.

4.1 O Projeto ALiB

O Projeto 'Atlas Linguístico do Brasil' – ALiB vem publicando desde 2004, principalmente, vários documentos nos quais divulga as pesquisas que estão sendo realizadas no Brasil a fim de formar os Atlas Linguísticos Estaduais. O **Documentos 1**, organizado por Vanderci de Andrade Aguilera; Jacyra Andrade Mota e Gleidy Aparecida Lima Milani e publicado pela Editora da Universidade Federal da Bahia - EDUFBA - em 2004 traz importantes contribuições relacionadas as pesquisas para a construção dos Atlas Regionais.

Já no **Documentos 2**, conforme Mota e Cardoso (2006, p. 11), observa-se uma tríplice finalidade:

> [...] (i) dar informação precisa sobre o estágio atual do Projeto; (ii) mostrar que o esforço de cada Equipe Regional tem assegurado o desenvolvimento do trabalho, nada obstante não se ter conseguido, até o presente – mas mantém-se a esperança de que venha a acontecer – um financiamento global que assegure o desenvolvimento simultâneo em todo o território nacional; e, por fim, mas não em último lugar, (iii) deixar claro o compromisso que a "Família ALiB" e o Comitê Nacional que dirige o Projeto têm, e manterão, com a Dialectologia no Brasil. (MOTA & CARDOSO, 2006, p. 11)

Mota e Cardoso (2006) fazem falas importantes a respeito da situação das pesquisas dialetológicas, trazem os principais avanços e mostram, através dos textos selecionados para publicação neste Documentos, como cada estado está se movendo para construir seu Atlas Linguístico.

No **Documento 3**, Cardoso, Mota e Paim (2012, p. 11) inferem que "Os trabalhos com base nos dados do Projeto ALiB abarcam os campos fonético, inclusive prosódico, morfossintático e semântico-lexical". São informações importantes porque as pesquisas envolvem tanto Línguas Autóctones como Alóctones.

Já no **Documento 4**, Cardoso, Mota, Paim e Ribeiro (2013, p. 14) observam que existe três aspectos que merecem destaque:

> [...] primeiro, a ideia de produzir-se um atlas linguístico do Brasil; segundo, a concepção de que tal empreitada só teria viabilidade a partir da elaboração de atlas por região; e terceiro, a tentativa de criar princípios gerais, parâmetros nacionais, para, sem uniformizar, tornar a investida coordenada em nível nacional./Retoma-se neste Projeto a ideia de realização do atlas linguístico do Brasil e defende-se uma política de integração e coordenação do trabalho que se vem desenvolvendo, com a realização de atlas regionais, com vistas a se alcançar o objetivo final da produção de um atlas nacional. (CARDOSO, MOTA, PAIM & RIBEIRO, 2013, p. 13)

As autoras, deste modo, instigam pesquisadores a continuar suas pesquisas e deixam claro que as mesmas não precisam ser iguais em todos os estados, mas que é necessário que as pesquisas sejam feitas em todos os estados do Brasil.

No **Documentos 5**, Mota, Paim e Ribeiro (2015, p. 09) colocam que:

> Em palavras iniciais, Suzana Alice Marcelino Cardoso apresenta o papel social de um atlas linguístico, contribuindo para o entendimento de que a língua não é instrumento de discriminação, de estigmatização; em Análises do *corpus* do Projeto Atlas Linguístico do Brasil (ALiB): balanço do estágio atual, Jacyra Andrade Mota mostra o estágio em que se encontram as análises do *corpus* do Projeto Atlas Linguístico do Brasil com o objetivo de fornecer informações sobre o andamento dessa etapa e subsidiar a programação dos novos volumes, com dados linguísticos das 250 localidades que integram a sua rede de pontos. (MOTA, PAIM & RIBEIRO, 2015, p. 09)

São notícias que esboçam o andamento das pesquisas e, por isso mesmo, este **Documentos 5** é um dos mais importantes materiais de divulgação científica sobre a construção/constituição do Atlas Linguístico Nacional.

Abaixo, apresentam-se, nas Figuras 01 e 02, os Atlas Linguísticos estaduais pelos pesquisadores Aragão (2008) e Romano (2013). Estas Figuras retratam o desenvolvimento das pesquisas para a construção, em várias regiões do país, dos Atlas Linguísticos. A escolha deste *corpus* se deu para mostrar de forma mais clara e evidente que não há como constituir-se um Atlas Linguísticos sem pesquisas desenvolvidas por projetos como o ALiB e outros em desenvolvimento no país.

As siglas a seguir referem-se aos Estados Brasileiros: GO (Goiás), TO (Tocantins), RO (Rondônia), RR (Roraima), AP (Amapá), PE (Pernambuco), AL (Alagoas), AM (Amazonas), CE (Ceará), PB (Paraíba), BA (Bahia), SE (Sergipe), MG (Minas Gerais), MS (Mato Grosso) do Sul, PR (Paraná), SC (Santa Catarina), RS (Rio Grande do Sul), ES (Espírito Santo), MA (Maranhão), MT (Mato Grosso), SP (São Paulo), RN (Rio Grande do Norte), AC (Acre), PI (Piauí), RJ (Rio de Janeiro), PA (Pará) e DF (Distrito Federal).

Figura 01. Atlas estaduais do Brasil, 2008.   Figura 02. Atlas estaduais do Brasil, 2013.

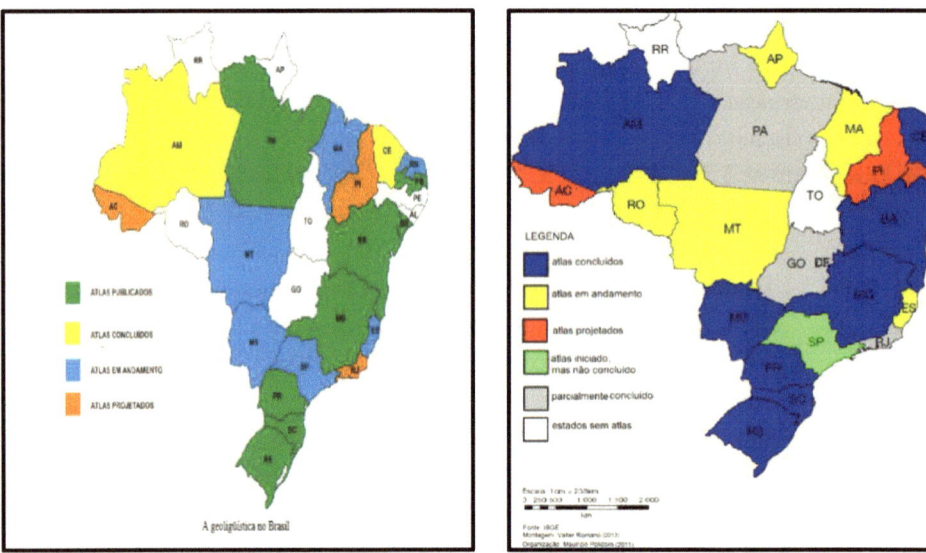

Fonte. Aragão, 2008, p, 137.   Fonte: Romano, 2013, p. 229.

Se em 2008 tínhamos sete estados – GO, TO, RO, RR, AP, PE e AL – sem pesquisas (são os estados que estão com a cor Branca no mapa da Figura 01) para a realização de Atlas Linguístico, em 2013 observamos que este número caiu para apenas três estados – TO,

RR e AL, o que denota um avanço muito grande e as pesquisas que estão se desenvolvendo em vários estados.

Os estados com Atlas Concluídos também aumentaram. Tínhamos dois – AM e CE – em 2008 (marcados em Amarelo na Figura 01) e dez – AM, CE, PB, BA, SE, MG, MS, PR, SC e RS – em 2013 (marcados em Azul na Figura 02) e observamos que estes englobam os Atlas Pulicados e Construídos de 2008.

Com relação aos Atlas em Andamento, em 2008 tínhamos seis (marcados em azul na Figura 01) – ES, MA, MS, MT, SP, RN – e em 2013 também temos seis (marcados em amarelo na Figura 02) – AP, ES, MA, MT, RO, RN – mas alguns mudaram. AP, que estava sem Atlas em 2008, aparece com o mesmo iniciado em 2013, e o mesmo acontece com RO. SP tem seu Atlas Iniciado em 2008, mas Não Concluído em 2013. E também não aparece como Atlas Concluído em 2020, conforme dados de Aragão (2008).

Em 2008 eram três os estados (marcados com a cor Laranja na Figura 01) com os Atlas Projetados – AC, PI, RJ. Em 2013 temos três: AC e PI continuam e entra PE que não tinha Atlas Iniciado em 2008. RJ vai para lista dos Atlas Parcialmente Concluídos em 2013. Em 2013 também aparecem com Atlas Parcialmente Concluídos (marcados em Cinza na Figura 02) os estados de PA, GO, DF e RJ. Este dado não aparece no Atlas de 2008.

Um caso para se observar com mais cuidado é o do PA. Na Figura 01 aparece como Atlas Publicado (em Verde) o que se subentende que o mesmo foi finalizado e em 2013 como Atlas Parcialmente Concluído (em Cinza).

Aragão (2020, p. 140) nos atualiza com relação aos Mapas Linguísticos Regionais e mostra os Atlas Linguísticos estaduais publicados ou realizados:

> Atlas Prévio dos Falares Baianos (1963), Esboço de um Atlas Linguístico de Minas Gerais (1977), Atlas Linguístico da Paraíba (1984), Atlas Linguístico de Sergipe (1987), Atlas Linguístico do Paraná (1994), Atlas Linguístico de Sergipe II (2002), Atlas Linguístico Sonoro do Estado do Pará (2004), Atlas Linguístico de Mato Grosso do Sul. (2007). Atlas Linguístico do Paraná II (ALPR – (2007); Micro Atlas-Fonético do Estado do Rio de Janeiro (Micro AFERJ – (2008). Atlas Semântico-Lexical do Estado de Goiás (ALG - 2013). Atlas Linguístico do Estado do Ceará (2010); Atlas Linguístico do Amazonas (2004); Atlas Linguístico de Goiás: Léxico-Fonético (2015). (ARAGÃO, 2020, p. 140)

Oliveira (2013, p. 01) observa que, em 2013, havia no Brasil por volta de 181 Línguas Indígenas e afirma que:

O Brasil possui dois grandes troncos linguísticos: O Tupi e o Macro-Jê. O Tupi-Guarani compreende dez famílias distribuídas pelo nosso território e se divide em oito sub-grupos. O tronco linguístico Macro-Jê abrange doze famílias e tem uma peculiaridade hipotética, devido ao seu descobrimento recente e poucas pesquisas relacionadas ao mesmo. (OLIVEIRA, 2013, p. 01)

Apresenta-se, nas Figuras 03 e 04, os mapas das Línguas Indígenas faladas no Brasil e o Mapa das Línguas Cooficiais, respectivamente. A seleção desde *corpus* ocorreu devido aos importantes dados que estas Figuras trazem e porque, se estamos falando em Linguística e Sociolinguística e nas diferentes formas de falar, é importante não silenciar os processos de descrição das Línguas Indígenas que em alguns municípios já são línguas cooficiais, e das Línguas dos Imigrantes que contribuem para a diversidade de falares em diferentes regiões do Brasil.

Figura 03: Famílias e troncos linguísticos.

Fonte: Vide nota de rodapé[2]

[2] Principais famílias e troncos linguísticos indígenas. Séc. XVI. Disponível em: <https://br.pinterest.com/pin/391813236315127042/>. Acesso em: 10 mar. 2021.

Figura 04: Línguas Cooficiais no Brasil, 2021.

Processo de cooficialização	
Línguas Indígenas	
Tukano	São Gabriel da Cachoeira/AM (novembro 2002)
Neengatu	São Gabriel da Cachoeira/AM (novembro 2002)
Baniwa	São Gabriel da Cachoeira/AM (novembro 2002)
Guarani	Tacuru/MS (maio de 2010)
Akwê Xerente	Tocantínea/TO (2012)
Macuxi	Bonfim/RR (2014) Contá/RR (2014)
Ticuna	Santo Antônio do Iça/AM (2020)
	Projeto de Lei aprovado -aguardando o executivo
Ingaricó	Uiramutã/RR
Saterê Mauê	Maués/Amazonas
Mebêngôkre (Kayapó)	São Félix do Xingu/Pará
Total: 11 línguas	**Total: 9 Municípios**

Línguas Alóctones (processos de imigração)		
Pomerano	S.M. de Jetibá/ES (julho 2009),	Canguçú/RS (junho 2010)
	Poncas (julho 2009)	São Lourenço do Sul/RS
	Domingos Martins/ES (outubro 2011)	Pomerode/SC (maio 2017)
	Laranja da Terra/ES (junho 2008)	Espigão do Oeste/Rondônia (em tramitação)
	Vila Pavão/ES (novembro 2009)	10 municípios
	Itarana/ES	
Talian	Serafina Correia/RS (novembro 2009)	Ivorá/RS (23 março 2018_
	Flores da Cunha/RS (abril 2015)	Antônio Prado/RS
	Bento Gonçalves/RS (junho 2016)	Camargo/RS
	Paraí/RS (2016)	Nova Pádua/RS
	Nova Roma do Sul/RS (outubro 2015)	Guabiju/RS
	Fagundes Varela/RS (junho 2016)	Nova Erechim/SC (agosto 2017)
	Caxias do Sul/RS (outubro 2017)	Ipumirim/SC (2020) 14 municípios
Hunsrückisch hunsriqueno	Antônio Carlos/SC (setembro 2010)	Ipumirim/SC (2020)
	Santa Rita do Herval/RS (dezembro 2010)	3 municípios
Plattdüütsch	Wesfália/RS (Lei 1302, 16/03/2016)	1 município
Alemão	Pomerode/SC (setembro 2010)	1 município
Dialeto trentino	Rodeio/SC (2020)	1 município
Total 6 línguas		Total: 29 Municípios

Fonte: MORELLO, Rosângela. IPOL, 2021.

Na Figura 03, podemos observar que a parte em verde claro no mapa, (outros grupos) corresponde em grande parte aos estados que ainda estão em processo de construção de seus Atlas Linguísticos. Mesmo sendo um mapa que retoma as Línguas Indígenas faladas

143

entre 1501 e 1600, podemos constatar esta afirmação. RO, por exemplo, que aparece com Atlas em Andamento em 2013, mas que em 2008, está em branco, ou seja, não havia iniciado ainda as pesquisas para compor o Atlas Linguístico do Estado.

As Línguas Indígenas dos Troncos Tupi (Laranja Claro) e Macro-Jê (Amarelo) estão espalhadas por praticamente todos os estados do Brasil. O Tupi aparece ao redor do mapa do Brasil e o Macro-Jê mais no centro. Temos ainda muitas famílias linguísticas distribuídas pelo país inteiro. Muitas Línguas Indígenas desde o início do século XXI (2001-2100) estão se tornando línguas cooficiais em alguns estados brasileiros. No Amazonas – AM – desde 2002, temos as línguas Tukano, Neengatu e Baniwa, do tronco Tupi, como cooficiais.

Conforme a Figura 04, podemos observar que as línguas indígenas se tornaram cooficiais nas duas primeiras décadas do século XXI, o que demonstra um processo muito recente neste sentido.

Observa-se que, na Figura 04, a maioria das cidades que possuem Línguas Cooficiais Indígenas estão nos estados do AM (2002, 2020), MS (2010), TO (2012), RR (2014). O AM aparece nos Atlas de 2008 e 2013 como Atlas Concluído; MS em Andamento em 2008 e Concluído em 2013; TO e RR aparecem sem Atlas em 2008 e 2013, mas em 2012, TO tem a Língua Indígena Akwê Xerente tornada Cooficial e em 2014, RR tem a língua Wapichana tornada Cooficial. O Brasil tem ao todo 17 línguas cooficiais em 38 municípios. Estes dados foram atualizados em 15 de fevereiro de 2021, por Morello (2021).

Existe ainda o processo de cooficialização de Línguas Alóctones que são as línguas que chegaram ao Brasil pelo processo de imigração. Os estados de Espírito Santo – ES – e Rio Grande do Sul – RS – desde 2009 iniciaram o processo de cooficialização de línguas alóctones com o Pomerano e o Talien, respectivamente.

Nos dias atuais (2021), temos um total de 11 Línguas Indígenas Cooficiais em cinco Estados – AM, PA, MS, RR e TO e em nove municípios. Com relação às Línguas Alóctones, temos seis Línguas Cooficializadas em quatro Estados – RS, SC, RO e ES e em vinte e nove municípios.

Os estados de SC, RS, TO e RR têm línguas alóctones cooficiais. SC e RS aparecem nos Atlas das Figuras 01 e 02 com o *status* de Concluído em 2008 e 2013. ES aparece com Atlas em Andamento em 2008 e 2013, TO aparece sem Atlas em 2008 e com Atlas em Andamento em 2013. São dados importantes porque denotam que as pesquisas linguísticas, de modo geral, fortalecem a identificação das Línguas Indígenas faladas no Brasil e fomentam a importância da cooficialização de línguas que se falam em determinadas regiões. Este é um processo cultural que respeita a diversidade étnico-linguística.

5. Considerações

Ao delimitar o estudo de cartas e mapas linguísticos, observa-se que há possibilidades de desenvolver estudos em diferentes perspectivas ao se considerar a situação linguística e social em que está envolvida a variação. Ao retomar um estudo mais histórico da Linguística, procura-se mostrar que à medida que as pesquisas e os pesquisadores evoluem, aparecem mudanças significativas que nos auxiliam a compreender o processo de constituição da língua no mundo.

A proposta da Sociolinguística Variacionista tem a pretensão de dar conta de aspectos variáveis que ocorrem nas falas dos falantes e, neste sentido, ela é uma teoria da mudança e, por isso, não pode ter métodos fixos imobilizados de pesquisa e não se encaixa nos moldes de uma teoria formal de pesquisa linguística.

Saussure e Meillet são contemporâneos e estudavam assuntos muito parecidos. Labov, nascido em 1927, não chega a conhecê-los em vida: Saussure falece em 1913 e Meillet em 1936, mas, com certeza, os estudos destes sobre a constituição das línguas indo-europeias, as variações e a constituição dos troncos linguísticos influenciaram Labov na construção da Sociolinguística Variacionista.

O Decreto n. 30.643/1952 trouxe uma nova realidade Linguística ao país, mas foi necessário aprofundar as pesquisas e entendimentos sobre a variação linguística, considerando os diferentes falares dos brasileiros. No Brasil o processo de organização do Atlas Linguístico aconteceu graças a Antenor Nascentes, Serafim da Silva Neto, Nelson Rossi e Celso Cunha que se envolveram em pesquisas sobre a língua e intensificam as produções teóricas sobre o assunto através de publicações sobre o léxico regional, glossários, produção de gramáticas, dicionários, e impulsionaram as pesquisas fomentando a Dialectologia brasileira e promoveram mudanças significativas na geografia linguística.

Nas Figuras 01 e 02, as legendas dos Atlas Linguísticos de 2008 e 2013, respectivamente, nos mostram que muitas pesquisas para a descrição das Línguas Alóctones e Autóctones estão sendo realizadas nos mais diferentes Estados do Brasil. Este processo demonstra a preocupação de pesquisadores das áreas de Linguística e Sociolinguística em atualizar os Atlas Linguísticos Brasileiro.

Na Figura 03, observamos que as Línguas Indígenas estão espalhadas por todos os estados do território brasileiro e muitos dos Atlas Linguísticos do Amazonas, por exemplo, são das Línguas Indígenas; por isso também o processo, neste Estado, de cooficialização de línguas como Tukano, Neengatu e Baniwa, conforme dados da Figura 04.

Nos Estado do Sul do Brasil – RS, SC – e Espírito Santo temos Línguas Indígenas dos troncos Tupi e Macro-Jê e a língua Charrua, no extremo Sul do RS, mas o processo de cooficialização segue outro caminho. Nestes Estados são as línguas alóctones – faladas pelos imigrantes – Pomerano e Talien que são cooficializadas desde 2009 em alguns municípios.

São dois processos diferentes de cooficialização, mas um não anula o outro, cada língua Autóctone ou Alóctone segue seu rumo na cultura do Brasil. O que precisamos enaltecer é o respeito às diferenças e fomentar ainda mais pesquisas para que o Brasil tenha um Altas Linguístico completo e que cada comunidade, município possa escolher a(s) língua(s) que quer(em) como Cooficial(ais).

Referências

AGUILERA, Vanderci de Andrade; MOTA, Jacyra Andrade; MILANI, Gleidy Aparecida Lima (org.). Documentos 1. Bahia: EDUFBA, 2004. Universidade Federal da Bahia. Disponível em: https://alib.ufba.br/sites/alib.ufba.br/files/documentos_1.pdf. Acesso em: 11 mar. 2021.

ALKMIM, Tânia Maria. Sociolinguística. In: MUSSALIM, Fernanda; BENTES, Anna Christina (org.). Introdução à linguística: domínios e fronteiras. v. 1, 3. ed. São Paulo: Cortez, 2003, p. 21-47.

ALTENHOFEN, Cléo Vilson. Interfaces entre dialetologia e história. In: MOTA, Jacyra Andrade; CARDOSO, Suzana Alice Marcelino da Silva (org.). Documentos 2: projeto atlas linguístico do Brasil. Salvador: Quarteto, 2006, p. 159-182.

ANTUNES, Irandé Costa. No meio do caminho tinha um equívoco: gramática tudo ou nada. In: BAGNO, Marcos (org.). Linguística da norma. São Paulo: Loyola, 2002, p. 127-154.

ARAGÃO, Maria do Socorro Silva de. Os estudos dialetais e geolinguísticos no Brasil. Revue Roumaine de Linguistique - RRL, v. 53, n. 1-2, 2008, p. 125-140. Bucuresti. Disponível em: https://alib.ufba.br/sites/alib.ufba.br/files/artigo6.pdf. Acesso em: 03 mar. 2021.

ARAGÃO, Maria do Socorro Silva de. Resgatando a história do atlas linguístico do Brasil. Acta Semiotica et Lingvistica, ano 44, v. 25, n. 1, 2020, p. 136-150. UFPB.

Disponível em: https://periodicos.ufpb.br/ojs2/index.php/actas/article/view/53677/30745. Acesso em: 10 mar. 2021.

BAGNO, Marcos. Nada na língua é por acaso: por uma pedagogia da variação linguística. São Paulo: Parábola, 2007.

BENVENISTE, Émile. Problemas de linguística geral II. 2. ed. Tradução de Eduardo Guimarães. Campinas, SP: Pontes, 2006.

BENVENISTE, Émile. Problemas de linguística geral. Tradução de Maria da Glória Novak; Luiza Neri. São Paulo: Nacional, 1976.

BORTONI-RICARDO, Stella Maris. Educação em língua materna: a sociolinguística em sala de aula. São Paulo: Parábola, 2004.

BRASIL. Decreto n. 30.643 de 20 de março de 1952. Disponível em: https://www2.camara.leg.br/legin/fed/decret/1950-1959/decreto-30643-20-marco-1952-339719-publicacaooriginal-1-pe.html. Acesso em: 27 nov. 2020.

BRÉAL, Michel. Ensaio de semântica. Tradução de Aída Ferraz; Eduardo Guimarães; Eleni Jacques Martins; Pedro de Souza. São Paulo: EDUC, 1992.

BRIGHT, Willian. As dimensões da sociolinguística. In: FONSECA, Maria Stella Vieira; NEVES, Moema Facure (org.). Sociolinguística. Tradução de Elizabeth Neffa Araújo Jorge. Rio de Janeiro: Eldorado, 1974, p. 17-22.

CARDOSO, Suzana Alice Marcelino; MOTA, Jacyra Andrade; PAIM, Marcela Moura Torres; RIBEIRO, Silvana Soares Costa (org.). Documentos 4. Salvador, BA: Vento Leste, 2013. Disponível em: https://alib.ufba.br/sites/alib.ufba.br/files/documentos_4.pdf. Acesso em: 11 mar. 2021.

CARDOSO, Suzana Alice Marcelino; MOTA, Jacyra Andrade; PAIM, Marcela Moura Torres (org.). Documentos 3. Vozes do X WorkALiB: amostras do português brasileiro. Salvador, BA: Vento Leste, 2012. Disponível em: https://alib.ufba.br/sites/alib.ufba.br/files/doc_3.pdf. Acesso em: 11 mar. 2021.

DIAS, Luiz Francisco. Os sentidos do idioma nacional: as bases enunciativas do nacionalismo linguístico no Brasil. Campinas, SP: Pontes, 1996.

GADET, Françoise; PÊCHEUX, Michel. A língua inatingível: o discurso na história da linguística. Tradução de Bethania Correia Sampaio Mariani; Maria Elizabeth Chaves de Mello. Campinas, SP: Pontes, 2004.

GNERRE, Maurizio. Linguagem, escrita e poder. 4. ed. São Paulo: Martins Fontes, 1998.

GUIMARÃES, Eduardo. Os limites do sentido: um estudo histórico e enunciativo da linguagem. Campinas, SP: Pontes, 1995.

HAMPEJS, Zdenek. Três aspectos da obra de Antenor Nascentes. Letras – Revista do curso de Letras, n. 12, 1961. Faculdade de Filosofia. Curitiba: Universidade do Paraná. Disponível em: https://revistas.ufpr.br/letras/article/view/19878/13104. Acesso em: 29 nov. 2020.

ISQUERDO, Aparecida Negri. Os atlas regionais brasileiros publicados e em curso: percursos metodológicos. In: MOTA, Jacyra Andrade; CARDOSO, Suzana Alice Marcelino da Silva (org.). Documentos 2: projeto atlas linguístico do Brasil. Salvador: Quarteto, 2006, p. 67-94.

LABOV, Willian. Padrões sociolinguísticos. Tradução de Marcos Bagno, Maria Marta Pereira Scherre; Caroline Rodrigues Cardoso. São Paulo: Parábola, 2008.

MEDEIROS, Vanise. Um glossário contemporâneo. A língua merece que se lute por ela. RUA [online], v. 2, n. 18. 2012, p. 19-33. Campinas, SP. Unicamp/Nudecri/Labeurb. Disponível em: https://periodicos.sbu.unicamp.br/ojs/index.php/rua/article/view/8638283/5905. Acesso em: 11 mar. 2021.

MEILLET, Antoine. Linguistique historique et linguistique générale. Paris: Librairie Ancienne Honoré Champion, 1948.

MORELLO, Rosângela. Lista de línguas cooficiais em municípios brasileiros. IPOL, 2021. Disponível em: http://ipol.org.br/lista-de-linguas-cooficiais-em-municipios-brasileiros/. Acesso em: 11 mar. 2021.

MOTA, Jacyra Andrade; CARDOSO, Suzana Alice Marcelino da Silva (org.). Documentos 2. Salvador, BA: Quarteto, 2006. Disponível em: https://alib.ufba.br/sites/alib.ufba.br/files/documentos.pdf. Acesso em: 11 mar. 2021.

MOTA, Jacyra Andrade; PAIM, Marcela Moura Torres; RIBEIRO, Silvana Soares Costa (org.). Documentos 5. Avaliação e perspectivas. Salvador, BA: Quarteto, 2015. Disponível em: https://alib.ufba.br/sites/alib.ufba.br/files/documentos_5.pdf. Acesso em: 11 mar. 2021.

OLIVEIRA, Mileide Terres de. Etnolinguística: semelhanças e diferenças Tupi e Macro-Jê. RCA – Revista Ciências da AJES, v. 04, n. 08, 2013, p. 01-07. Disponível em: https://www.revista.ajes.edu.br/index.php/rca/article/view/24/13. Acesso em: 11 mar. 2021.

ORLANDI, Eni de Lourdes Puccinelli. Língua brasileira e outras histórias: discurso sobre a língua e o ensino no Brasil. Campinas, SP: RG, 2009.

ROMANO, Valter Pereira. Balanço crítico da geolinguística brasileira e a proposição de uma divisão. Entretextos, v. 13, n. 02, 2013, p. 203-242. Londrina. Disponível em: https://www.semanticscholar.org/paper/Balan%C3%A7o-cr%C3%ADtico-da-Geolingu%C3%ADstica-brasileira-e-a-de-Romano/f342c660a871aca3b7ca007c8bcc02f61bf1fe99#citing-papers. Acesso em: 10 mar. 2021.

SAUSSURE, Ferdinand de. Curso de linguística geral. Tradução de Antônio Chelini; José Paulo Paes; Izidoro Blikstein. 28. ed. São Paulo: Cultrix, 2012.

SILVA, Hosana dos Santos. Fundamentos linguísticos: estudos sociolinguísticos. São Paulo: Unifesp/Governo Federal, 2015. Disponível em: http://repositorio.unifesp.br/bitstream/handle/11600/39182/COMFOR-PLEEI-Mod3-Dis2.pdf?sequence=1&isAllowed=y. Acesso em: 23 nov. 2020.

Siclano ou sicrano: variante linguística motivada por assimilação ou preconceito linguístico?

Neusa Inês Philippsen

Universidade do Estado de Mato Grosso – UNEMAT

Introdução

Neste artigo, trago à tona uma reflexão importante e necessária aos estudos de linguagem que se importam em compreender a variação linguística a partir do seu efetivo uso em diferentes contextos sociais. Como a variação linguística é constitutiva da língua, escolhi fazer um pequeno recorte de estudo de um "problema" que se tem apresentado na língua portuguesa, em especial, ao mundo jornalístico e aos amantes da norma-padrão, esse "problema" se refere, dentre outros, à variante 'siclano' da palavra sicrano, em uso no Brasil por pessoas de todas as classes, idades, gêneros e distintas escolaridades.

Para o estudo, foram necessárias costuras teóricas interdisciplinares. Por se tratar de uma palavra do léxico brasileiro, dialoguei teoricamente com a Lexicologia, por pesquisar em diferentes dicionários sobre a origem e etimologia do termo, com a Lexicografia. Por mobilizar os conceitos de variação, variante, língua, sociedade, preconceito e usos linguísticos, minha conversa teórica foi com a Sociolinguística Variacionista. Foram necessários ainda diálogos com a Fonética e a Fonologia para mobilizar os conceitos de rotacismo e assimilação.

O *corpus* de análise para este recorte de pesquisa, que se filia ao Grupo de Estudos e Pesquisas em Linguística Aplicada e Sociolinguística (GEPLIAS), vinculado à Universidade do Estado de Mato Grosso (UNEMAT), foi selecionado em três renomados suportes jornalísticos *on-line* da imprensa brasileira: do jornal "O Estadão", do jornal "Folha de São Paulo" e do portal de notícias "UOL", nos quais apreendi oito matérias que continham a variante 'siclano'.

Agora, convido o leitor a seguir comigo no texto e a procurar responder, assim como eu, se esta variante tem sido mobilizada "por gentes como a gente" desde tempos remotos por assimilação ou por preconceito linguístico. Para podermos dar conta desta resposta ou não, organizei este artigo em três partes, além desta introdução e as considerações finais, que são, respectivamente: as reflexões teóricas, as considerações metodológicas e reflexões sobre a linguagem jornalística e as tessituras analíticas.

Preparem a pipoca e "bora lá" para os encantos que as reflexões linguísticas sempre nos proporcionam.

1. Reflexões teóricas

A pesquisa para a fundamentação teórica deste artigo foi ao mesmo tempo instigante e desafiadora. Há tempos tenho observado, empiricamente, nas aulas que tenho dado e nas leituras feitas em diferentes suportes, que a quase totalidade das pessoas utiliza, eventualmente, àquele cujo nome não conhece ou a quem intencionalmente não deseja nomear, de 'siclano', muitas vezes acompanhado de outros dois termos sinônimos, 'fulano' e 'beltrano'.

Se um dos vieses teóricos desta pesquisa se assenta na Lexicologia, pela necessidade do registro do uso, da busca do significado e do contexto de utilização de uma unidade lexical em dada comunidade linguística de falantes, tampouco se pode deixar de dialogar com representantes teóricos e propagadores dos estudos sociolinguísticos, mais especificamente os que corroboram com o pilar motriz dessa área do saber, que institui como central costurar linguagem e sociedade, ou seja, pensar em linguagem é absolutamente indissociável de pensar na sociedade que a molda, emoldura, adorna e carinhosamente a conduz pelos caminhos da história, mostrando que a língua é viva e, em cada paragem, recebe um penduricalho novo, agregando mais e mais palavras, sentidos e mesmo novas nuanças morfossintáticas e/ou fonético-fonológicas, conduzidas pelo povo, na língua do povo, conforme suas necessidades, vontades de mudança e usos que se fazem a partir delas.

A Lexicologia, por sua vez, possui muitas intersecções, que dialogam entre distintas áreas de investigação, razão pela qual, nessa pesquisa, também aparecem matizes do terreno da Lexicografia, visto que, conforme Casares (1992), Lexicologia e Lexicografia são ciências conexas, que possuem em comum o estudo da origem, da forma e do significado das palavras.

Se há consenso entre os estudiosos do léxico que, de acordo com Barbosa (1990), Lexicologia e Lexicografia configuram duas atitudes, duas posturas e dois métodos em face do léxico, também há convergência sobre a complementaridade dessas ciências:

> [...] o lexicógrafo necessita de certos modelos teóricos que expliquem certas características de estruturação de um conjunto lexical, para que possa dar

> tratamento adequado às unidades lexicais sob seu exame; o lexicólogo, por outro lado, apoiado em dados fornecidos pela lexicografia, pode construir modelos de um universo lexical capazes de permitir a descrição da natureza e das funções deste universo (TURAZZA, 1996, p. 73).

Desse modo, a Lexicografia depende da descrição e da análise lexical feitas pela Lexicologia para a composição de instrumentos lexicográficos. Esta, por seu turno, leva em conta os dados disponíveis em tais produções para formular teorias de descrição, assim como mecanismos de análise do léxico. (XAVIER, 2011).

Dentre as congruências entre os estudos lexicais cabe ressaltar, ainda, sobre a competência lexical, que se desenvolve ao longo das interações comunicativas do falante em relação aos saberes idiomático e expressivo. Para Souto (2011), a competência lexical permite ao falante compreender a significação das palavras de uma língua, seus processos morfossintáticos e semânticos de criação, assim como seu intercâmbio com outros itens lexicais, o reconhecimento de novas formas e seu uso "intencional". Ademais:

> O léxico é um instrumento do pensar, ver, codificar e decodificar o mundo. É por meio dele que o homem consegue apresentar sua história, sua visão de mundo, fazer-se entender e compreender-se em seu universo existencial. Com isto, ressalta-se que o léxico não é cópia, reprodução ou tradução fiel deste universo, mas uma visão particular da realidade extralinguística de uma dada comunidade e, até certo ponto, de cada indivíduo que compõe este grupo social. (VIOLA, 2010, p. 105)

É a Lexicologia, portanto, aporte teórico importante para a compreensão de significado e registros de uso do léxico sicrano, do qual se produziu a variante 'siclano'.

As nuanças de utilização da Lexicografia neste trabalho visam, sobretudo, buscar a conceituação e etimologia da entrada sicrano/siclano em dicionários de língua portuguesa para compreender os significados trazidos por autores conceituados em estudos lexicográficos.

Para complementar os recortes teóricos que se mobilizam nesse trabalho de pesquisa, fundamentalmente por se operar com variantes lexicais tecidas socioculturalmente, como dito, recorre-se à interface com a Sociolinguística, mais especificamente ao modelo proposto pela Sociolinguística Variacionista. Em consonância com tal pressuposto teórico, compreendo que:

O que a Sociolinguística faz é correlacionar as variações existentes na expressão verbal a diferenças de natureza social, entendendo cada domínio, o linguístico e o social, como fenômenos estruturados e regulares. Se um falante enuncia o verbo "vamos" como [vãmus] e outro falante o enuncia como [vãmu], podemos afirmar, com base nos postulados da Sociolinguística, que essa variação na fala não é o resultado aleatório de um uso arbitrário e inconsequente dos falantes, mas um uso sistemático e regular de uma propriedade inerente aos sistemas linguísticos, que é a possibilidade de variação. (CAMACHO, 2008, p.50).

Por sua vez, de acordo com Lavob (1972, p. 203), "A existência de variação e de estruturas heterogêneas nas comunidades de fala investigadas é certamente um fato comprovado" (Tradução minha), e é aí que se destaca a importância da Sociolinguística, quando assume a variação como uma qualidade constitutiva do fenômeno linguístico, bem como apresenta uma unidade de análise, por definição, variável.

Isto posto, na sequência, cabe refletir também sobre dois fenômenos linguísticos específicos e que são mobilizados como centrais para as reflexões sobre a constituição da variante 'siclano'. São eles o rotacismo e a assimilação.

1.1 Rotacismo ou assimilação: façam as suas apostas

Na continuidade das reflexões feitas especificamente à variante 'siclano', derivada do termo sicrano, foco em dois fenômenos linguísticos que podem ter influenciado o surgimento desta variante. O primeiro, e o qual compreendo ser o principal influenciador, denomina-se rotacismo. Conforme Gayer e Dias (2018), trata-se da troca da consoante lateral alveolar /l/ pelo rótico /r/, como em *planta ~ pranta*, e também é tratado como alternância entre as líquidas. O rotacismo é considerado estigmatizado por muitos estudiosos, apesar de ser produtivo no português brasileiro.

Dentre esses estudiosos, podemos citar Bagno (2007), o qual afirma que o rotacismo, que provém do nome grego da letra R, *rhô*, é um traço descontínuo da língua que se restringe, em especial, à língua falada por pessoas que estão na base da pirâmide social e que não avança ao topo da pirâmide, ou seja, não é utilizado pelos falantes que dominam a norma culta, que são, em geral, falantes altamente escolarizados e residentes em ambientes urbanos. Exatamente por isso o rotacismo recebe grande carga de rejeição e preconceito linguístico da parte dos falantes que não fazem uso deste fenômeno. Todavia, ainda de acordo com este autor, existe desde sempre na língua portuguesa uma tendência a transformar em R os L dos encontros consonantais:

Nos textos escritos que nos chegaram da fase arcaica da língua, entre os séculos XII e XVI, aparecem inúmeros exemplos desta tendência: cremença, cramar, fragelo, concruir, fror, simpres etc. Se algumas dessas palavras recuperaram o L do encontro latino original, isso se deve ao fenômeno de relatinização [1]. (BAGNO, 2007, 218).

Cabe ainda destacar, com relação à discussão sobre o surgimento do rotacismo, que seria, como aborda Bortoni-Ricardo (2011, p.75), "resultado da influência do substrato de línguas aborígenes e de pidgins transplantados da África durante os primeiros séculos de colonização". Todavia, essa constatação foi contestada por autores mais recentes. Ainda conforme a autora,

> Eles alegam que dialetólogos pioneiros, precipitadamente, estabeleceram uma relação de causa e efeito entre uma característica do substrato e um traço do português dialetal. Sua análise não dispunha de informações detalhadas sobre as línguas indígenas e os crioulos de base portuguesa, por um lado, e a filologia românica por outro. [...] De toda forma, a neutralização das líquidas foi notada em dialetos do português europeu (Vasconcelos, 1901/1970) e em crioulos africanos de base portuguesa (Teixeira, 1944; Vásquez Cuesta e Mendes da Luz, 1971). (BORTONI-RICARDO, 2011, p. 75-76).

Com relação à assimilação, trata-se de um processo fonológico que, tradicionalmente, se caracteriza por um segmento que adquire propriedades do segmento que está próximo dele, ou seja, refere-se a uma situação em que dois fones/segmentos próximos um do outro na cadeia falada se tornam mais parecidos do que eram, normalmente pelo fato de um deles adquirir uma ou mais características do outro.

Conforme Stampe (1973), essa troca sistemática de um som por outro (ou um grupo de sons por outro) é motivada por diversos fatores, mas principalmente por causa de características físicas da fala. Para o autor, "Apesar de a substituição fonológica ser uma operação mental, ela é claramente motivada pelo caráter físico da fala – suas propriedades neurofisiológicas, morfológicas, mecânicas, temporais e acústicas". (STAMPE, 1973, p.6).

---

[1] Relacionado ao período renascentista, que se estende do final do século XIV ao início do século XVII. Nesse período foram escritas as primeiras gramáticas normativas das línguas nacionais europeias, que se inspiraram naquela que tinha sido a grande língua de cultura da Europa durante mais de mil e quinhentos anos: o latim.

Ainda com relação ao processo de assimilação, Méa e Dalpian, nos dizem que:

> O processo de assimilação em palavras da língua portuguesa, numa perspectiva diacrônica, pode ter seu início fixado na fase pré-histórica, com o latim vulgar, e, numa perspectiva sincrônica, é facilmente verificado a partir da realidade das linguagens populares, especialmente do Brasil. [...] As mudanças e variações fonéticas ou fonológicas podem ser englobadas sob o nome de metaplasmos, com o que se designam as alterações que adicionam, subtraem, trocam ou transpõem fonemas nas palavras. Tais evoluções seguem princípios linguísticos gerais como: menor esforço, economia linguística, analogia. (MÉA e DALPIAN, 2002, p.198-199).

Coaduno com as definições e reflexões teóricas propostas por Méa e Dalpian, exceto quando asseveram que a assimilação é uma realidade que acontece, em sua essência, entre as linguagens populares, visto que, se pensarmos na variante 'siclano', ela pode ter sua motivação entre os usuários das linguagens cultas, visto a não aceitação do rotacismo por parte dos falantes urbanos mais letrados.

Ademais, vale ressaltar que o uso do termo 'sicrano/siclano' geralmente se faz em uma tríade, ou seja, antes da utilização desse termo costuma-se dizer outros dois, que são, respectivamente, 'fulano' e 'beltrano'. Há, todavia, controvérsia em relação à ordem em que devem ser ditos os três nomes: "fulano, sicrano e beltrano", no entendimento do Novo "Dicionário Aurélio da Língua Portuguesa" (1986); "fulano, beltrano e sicrano", de acordo com o "Dicionário Houaiss da língua portuguesa" (2004). Note-se que os termos 'fulano' e 'beltrano' são ambos constituídos pela consoante lateral alveolar /l/, sendo que em 'fulano' ela aparece no início da segunda sílaba –la e, em 'beltrano', no final da primeira sílaba –bel. A partir do uso constante da tríade "fulano, sicrano e beltrano", portanto, é também possível pressupor que o falante, com o passar do tempo, pelo processo fonológico de assimilação, tenha trocado o /r/ que constitui a segunda sílaba de sicrano – cra por /l/ –cla, produzindo a variante 'siclano'.

Cabe aqui, uma vez mais, mencionar Méa e Dalpian (2002), por alegarem que a mudança fonética é o resultado de uma série de processos analógicos pelos quais o falante associa estruturas fonéticas e faz inovações.

E então, querido leitor, qual é a sua aposta?

2. Considerações metodológicas e reflexões sobre a linguagem jornalística

Para a coleta do *corpus* de pesquisa, selecionei dois jornais *on-line*, dois amplamente conhecidos pelos brasileiros, a "Folha de São Paulo" (https://www.folha.uol.com.br/) e o "Estadão" (https://www.estadao.com.br/), e um portal de notícias *on-line*, o "UOL" (https://noticias.uol.com.br/). A escolha dos dois renomados jornais se deve, em especial, porque ambos regem, de certa forma, todo o jornalismo brasileiro, sendo tomados como referências de jornalismo nacional e, inclusive, tendo os seus manuais de redação seguidos pela maioria das instituições jornalísticas de todas as regiões brasileiras, e do portal de notícias por ser de ampla difusão e propagação nacional.

Para Grillo (2003), os manuais de redação dos jornais "Folha de S. Paulo" e "O Estado de S. Paulo" são exemplares na medida em que expõem, ao mesmo tempo, as autorrepresentações e as instruções de regulamentação da prática jornalística. Nesse sentido, é possível afirmar que esses não são verdadeiras "ferramentas" normativas apenas para os seus funcionários, orientam ainda estudantes e profissionais do jornalismo – de áreas afins, de outros jornais e diversos veículos.

Historicamente, o jornal "O Estado de S. Paulo", também conhecido como "Estadão", mais antigo dos jornais da cidade de São Paulo ainda em circulação, é publicado na cidade de São Paulo desde 1875. O jornal "**O Estado de S. Paulo**" nasceu, em 1875, com o nome de "**A Província de São Paulo**". Conforme Guilherme:

> Em 1875, ainda no tempo do Brasil Império, um grupo de cafeicultores ligados ao Partido Republicano Paulista (PRP) funda na cidade de São Paulo o jornal *A Província de São Paulo*, o qual "resultava de uma aliança entre elites rurais e burguesia ascendente. Amparado em sólidos capitais, conjugou ideologia elitista das classes dirigentes com um veio de defesa do cidadão" (ELEUTÉRIO, 2015, p. 88). [...] A partir de 1885, o jornal assume posição em defesa da República e pela abolição da escravidão. Embora a "história oficial" do jornal tente consolidar a tese de que já nascera abolicionista, a pesquisa de Juremir Machado da Silva (2017) mostra que até 1884 havia anúncios de leilões de escravos e de escravos fugidos. Em 1890, no período republicano, muda o nome para *O Estado de São Paulo*. (GUILHERME, 2018, p. 204).

Em 13 de dezembro de 1968, a edição do "Estadão" foi apreendida em razão da recusa de Mesquita Filho, diretor do jornal, de não excluir da seção "Notas e Informações" o editorial "Instituições em Frangalhos", em que denunciava o fim de qualquer aparência de normalidade democrática no país. Em períodos diferentes, o jornal resistiu aos arbítrios de regimes ditatoriais, mas sofreu uma **feroz censura** nos anos de chumbo da **ditadura militar**, quando denunciou a violência contra a liberdade de expressão publicando **poemas do escritor português Camões no lugar das notícias proibidas**[2].

Ao completar 120 anos, em 1995, o jornal passou a ter também uma edição *on-line* e, atualmente, vive intensa transformação digital. Em 2021, após completar 146 anos de fundação, o jornal é reforçado por um ambiente de divulgação multiplataforma de informação, com foco no *site estadao.com.br* e no aplicativo, ampliando e diversificando na *internet* a já consagrada carteira de publicações do jornal em papel[3].

Já a história da "Folha"**,** um dos mais importantes jornais do Brasil, começa em fevereiro de 1921, com a criação do jornal "Folha da Noite" por um grupo de jornalistas liderado por Olival Costa e Pedro Cunha. Em julho de 1925, é criado o jornal "Folha da Manhã", edição matutina da "Folha da Noite". A "Folha da Tarde" é fundada após 24 anos. Em 1º de janeiro de 1960, os três títulos da empresa se fundem e surge o jornal "Folha de São Paulo", em circulação diária com este nome desde então. É de 1995 a primeira edição da "Folha Web", primeiro *site* de notícias em tempo real e embrião da "Folha Online", tendo sido, em 2010, unificadas as redações do jornal impresso e do *on-line*[4].

Segundo Oliveira (2020), desde 1981, a "Folha" elabora projetos editoriais para nortear o trabalho dos profissionais da empresa. O documento original passou por reestruturações ao longo do tempo, que buscaram adequá-lo conforme o contexto sociopolítico. Na primeira versão desse projeto, a "Folha" definia sua premissa como "um jornalismo crítico, apartidário e pluralista". Entretanto, recentemente, o jornal alega que suas atividades não devem se resumir a esses três ideais, posto que, como a imparcialidade total é mera utopia, a mídia deve, também, defender suas próprias convicções. Nesse sentido, a "Folha" defende, em seu mais recente projeto editorial (datado de 2017), o pluralismo e o debate de ideias como meio de proporcionar reflexões acerca de temáticas em âmbito nacional e global. Ainda de acordo com a autora:

> De fato, analisando o teor de suas publicações ao longo do tempo, percebe-se que a Folha se posicionou contrária a sucessivos governos, desde Geisel até

---

2 Informações retiradas do sítio https://acervo.estadao.com.br/noticias/acervo,conheca-a-historia-da-fundacao-do-estadao,70003569176,0.htm. Acesso em: nov. 2021.

3 Informações retiradas do sítio https://politica.estadao.com.br/noticias/geral,estadao-acelera-transformacao-digital-a-caminho-dos-150-anos,70003569776. Acesso em: nov. 2021.

4 Informações retiradas do sítio https://www1.folha.uol.com.br/institucional/historia_da_folha.shtml?fill=4. Acesso em: nov. 2021.

Temer, independentemente do viés político ("direita" ou "esquerda"). Como exemplo, destaca-se o ocorrido na época do governo Collor, quando o editor Otávio Frias Filho e outros três profissionais do jornal foram processados pelo presidente, sob acusação de irregularidades na cobrança de anunciantes. (FOLHA, 2016). Pouco tempo depois, o jornal sugeriu abertamente o impeachment do governante. Mais recentemente, em 2009, a Folha divulgou uma suposta ficha policial de Dilma Rousseff, na época pré-candidata à presidência. Após ser alvo de críticas, o jornal fez uma retratação afirmando que "não pode ser assegurada bem como não pode ser descartada" a veracidade do documento divulgado. (FOLHA, 2009). (OLIVEIRA, 2020, p. 152).

Em 1996, por iniciativa de Luiz Frias, presidente do conselho de administração do Grupo Folha, é lançado o portal de internet "UOL" (Universo Online), primeiro serviço on-line de grande porte no país. No mesmo ano, o Universo Online e o Brasil Online, do Grupo Abril, se fundem em nova empresa, o Universo Online S.A., empresa que atualmente tem participação acionária indireta e minoritária da "Folha". O "UOL" é pioneiro na produção de conteúdo noticioso na internet brasileira. Atualmente, o Grupo UOL é a maior empresa brasileira de conteúdo, tecnologia, serviços e meios de pagamento. Sua homepage recebe mais de 114 milhões de visitantes por mês[5].

Com relação à entrada da *internet* no mundo dos veículos de informação, Grillo (2003) afirma que esse fato tem provocado reconfigurações na imprensa contemporânea brasileira, que passa a redefinir a constituição de seus gêneros com vias a tentar assegurar a sua relevância e sobrevivência social, ou seja, a expansão do jornalismo *on-line* está causando uma redefinição na maneira de se autorrepresentar da imprensa brasileira, responsável por mudanças no decorrer da história.

Selecionados os três suportes jornalísticos de informações *on-line*, dei início então à busca, especificamente, da variante "siclano" realizando a pesquisa a partir dessa entrada pelo mecanismo de busca nos dois jornais e no portal, visto que todos os três suportes oferecem esse mecanismo na parte superior direita da página inicial. O formato desse mecanismo aparece como uma pequena lupa sobre a qual é possível clicar no "Estadão" e, em seguida, aparece a mensagem "Procure no Estadão"; na "Folha de S. Paulo" aparece, ao lado da lupa, a palavra "BUSCAR" grafada em maiúsculo e no "UOL" aparece, ao lado da lupa, as palavras, também em maiúsculo, "BUSCAR NO UOL".

---

[5] Informações retiradas do sítio https://sobreuol.noticias.uol.com.br/historia/. Acesso em: nov. 2021.

E lá estava ela, linda e radiante, como todas as variantes da língua portuguesa, em todos os três suportes pesquisados. Na próxima seção, trarei os resultados da pesquisa e os apontamentos analíticos referentes às hipóteses que generalizaram o seu uso, mesmo que em dissonância com as regras dos tão famigerados manuais de redação jornalística.

3. Tessituras analíticas

Conforme os procedimentos metodológicos de análise, já enunciados na seção anterior, dou início às reflexões analíticas sobre o item lexical sicrano/siclano, primeiramente, apresentando as acepções que se podem apreender, em um espaço-tempo outros, nos dicionários que selecionei para a verificação dos conceitos registrados. Assim, conforme se pode ver abaixo, o item lexical sicrano/siclano, de origem controversa, encontra-se registrado nos cinco dicionários, que retratam a língua portuguesa em distintas fases diacrônicas selecionadas: em Bluteau (1712), em Silva (1823), em Figueiredo (1913), no Aurélio (1986) e no Houaiss (2004).

Exponho, a seguir, os conceitos impressos pelos distintos lexicógrafos para esse verbete.

Quadro 1: Reflexões analíticas sobre o item lexical *sicrano*.

Vocabulario Portuguez & Latino - D. R. Bluteau (1712)	Sicrano, ou Siclano. Fulano, & Sicrano. (p.640)
Diccionario da Lingua Portugueza Recopilado – Antonio de M. e Silva (1823)	Sicráno, s. Nome usado para designar pessoa incerta, corresponde a Fulano. (p.678)
Novo Diccionário da Língua Portuguesa – Candido de Figueiredo (1913)	*m*. Designação vulgar da segunda de duas pessôas indeterminadas, dando-se à primeira o nome de *fulano.*(p.1839)
Novo Dicionário Aurélio da Língua Portuguesa (1986)	S. *m*. A segunda de duas ou três pessoas mencionadas indeterminadamente, cabendo à primeira o nome de *fulano*, e à terceira, se houver, o de *beltrano*: "cartas para fulano e sicrano, convites pra reuniões" (Xavier Marques, *As voltas da Estrada*, p. 116); "o aldeão macróbio evocava antigas pessoas que conhecera. Ali morava fulano, além beltrano, mais adiante sicrano" (Manuel Ribeiro, *A Planície Heróica*, p. 133). [Conforme se vê do último

	exemplo, há quem use *beltrano* como a segunda pessoa, e *sicrano* como a terceira.]
Dicionário Houaiss da língua portuguesa – Antônio Houaiss (2004)	*s. m.* (1587 cf. Físico) indivíduo indeterminado [Tratamento vago e indeterminado, ger. atribuído àquele cujo nome não se conhece ou a quem intencionalmente não se deseja nomear.] * Uso empr. ger. depois de *fulano* e de *beltrano*. * ETIM orig. controversa; JM considera voc. de orig. obscura, levantando a hipótese de ser talvez uma form. expressiva para rimar com *fulano*; cp. esp. *zutano* (1438 sob a f. *çutana*), voc. de orig. incerta, segundo Corominas, que, no entanto, sugere tratar-se de uma de uma interjeição *cit!* ou *çut!*, empregada como forma de chamamento e, logo, para nomear um desconhecido qualquer, cujo nome se ignora e, finalmente, adaptada à term. de *fulano*; o esp. apresenta diversas var., entre as quais *cicrano, citrano, sistrano*, formas que, segundo o autor, asseguram a indissociabilidade entre o esp. *zutano* e o port. *sicrano*; para informações sobre os diversos estudos e as numerosas hipóteses levantadas a respeito da orig. do esp. *zutano* e, p. ext., do port. *sicrano*, cf. Corominas, s.v. *zutano*; cp. *fulano*.

Fonte: elaborado pela pesquisadora

Este item lexical, que teria procedência obscura para o etimologista Machado (1977) e incerta para o etimologista espanhol Corominas (1980-1991), teria sido, inicialmente, uma interjeição, *cit* ou *cut*, empregada para chamamento e, conforme Corominas (1980-1991), é indissociável do vocábulo espanhol *zutano*. Cabe destacar, ainda, a hipótese levantada por Machado (1977) de *sicrano* ser talvez uma formação expressiva para rimar com *fulano*. Além disso, verifica-se que quatro dos cinco dicionários conceituam *sicrano* como pessoa indeterminada (SILVA, 1823; FIGUEIREDO, 1913; FERREIRA, 1986 e HOUAISS, 2004) e todos os cinco o associam a *fulano*, tendo, os mais recentes (FERREIRA, 1986 e HOUAISS, 2004), o associado também a *beltrano*.

Por se tratar do dicionário mais antigo, cabe observar que em seu "Vocabulario Portuguez & Latino", Bluteau (1712) não traz nenhuma conceituação para o termo; por outro lado, é o único dicionário que traz também como entrada a variante *siclano*, deixando claro que essa variante já era utilizada no século XVIII. Silva (1823), por sua vez, traz o termo grafado com acento agudo na segunda sílaba, *sicráno*, talvez para enfatizar a tonicidade desta sílaba.

Além das informações obtidas por meio destes lexicógrafos e etimólogos citados acima, destaco também a pesquisa de Coutinho (2005, p.170), que se apresenta na obra "Pontos de gramática histórica". Este autor, ao especificar na obra os sufixos nominais, mais especificamente ao exemplificar os sufixos latinos, cita que "-ão e –ano < -anú. Designam qualidade, cargo, origem, naturalidade e formam substantivos e adjetivos: [...] baiano, transmontano, alagoano, franciscano", fato este que nos mostra que a terminação do vocábulo *sicrano*, assim como a de seus 'irmãos' *fulano* e *beltrano*, é latina.

Outrossim, sobre isso cabe ainda mencionar os estudos de Moreno (2009), trazidos no Blog "Sua língua":

> No Português, as três formas mais usadas para essa designação incerta são nossos habituais **Fulano**, **Beltrano** e **Sicrano**. **Fulano** vem do árabe *fulân* ("tal"). Corominas nos diz que no Espanhol do séc. XIII *fulano* era ainda empregado como adjetivo (**fulano** lugar, **fulana** ilha), passando depois à função que tem hoje. Pela evolução normal do Português, **fulano** deu **fuão**, mas nossa preferência se fixou na forma primitiva, talvez por influência castelhana. **Beltrano**, nos ensina Luft, veio do nome próprio **Beltrão** (Esp. Beltrán; Fr. Bertrand), nome tornado extremamente popular na Península Ibérica pelo ciclo carolíngio das novelas de cavalaria. A terminação em –**ano** veio, certamente, por analogia com **fulano**. Para fechar a série, apareceu um **sicrano**, forma de origem misteriosa, a julgar pelos palpites totalmente inseguros dos etimologistas. É claro que, exatamente por indicar que o nome verdadeiro não é digno de ser guardado ou mencionado, todas essas denominações carregam, em grau menor ou maior, um toque depreciativo. **Morais**, em seu dicionário (1813), já apontava essa conotação, considerando o uso de **fulano** uma verdadeira descortesia. Irremediavelmente pejorativas são as variantes da linguagem coloquial **fulano-dos-anzóis**, **fulano-dos-anzóis-carapuça**, **fulano-dos-grudes**. [...] A grande quantidade de opções parece indicar a importância que nossa cultura dá ao nome (e à sua desqualificação). (grifos do autor)[6].

---

[6] A íntegra do texto se encontra disponível em: https://sualingua.com.br/2009/04/30/fulano/. Acesso em: nov. 2021.

Como se pode ver, o uso dessas formas não é exclusivo dos brasileiros, mas também de portugueses e hispânicos, tendo o seu uso documentado já na Península Ibérica[7]. Ademais, é interessante observar que, por vezes, os termos são utilizados de maneira pejorativa, ou seja, para desqualificar a pessoa a que se refere.

Na próxima subseção, apresentarei os apontamentos analíticos apreendidos do corpus coletado.

3.1 Resultados apreendidos no *corpus* e hipóteses de uso/autoria

Nesta subseção, dedicar-me-ei, inicialmente, a apresentar o corpus selecionado, que se constitui de oito matérias[8] que trazem, em seu corpo enunciativo, a variante "siclano". Três dessas encontram-se publicadas no jornal "Folha de São Paulo", duas no jornal "O Estadão" e três no portal de notícias "UOL". Após a localização das matérias, iniciei o fichamento de cada uma delas; o procedimento metodológico para o fichamento seguiu a seguinte sequência: data/editoria, título, recorte do fragmento do texto em que aparece a variante em análise e registro das possíveis hipóteses de autoria.

Com relação às reflexões sobre as hipóteses de autoria, cabe destacar os estudos de Sant'Anna (2004), que abordam sobre a constituição de matérias jornalísticas, e, por consequência, remetem à noção de autoria. Para esta autora, a estratégia que jornalistas, em sua maioria, utilizam para resolver a questão da autoria é a adoção do discurso relatado, sendo este o constituinte maior de um texto jornalístico de proposta informativa.

Refletir sobre tal estratégia remete à compreensão do porquê de certas escolhas lexicais, assim como de formas e marcas linguísticas autorizadas pelos jornalistas, bem como seus posicionamentos ideológicos, ainda que tentem passar a impressão de textos absolutamente imparciais e objetivos, sendo possível, inclusive, atribuir claramente o citado a alguém, quando utiliza, por exemplo, os discursos direto, indireto e segundo, observando-se também a combinação de marcas de pontuação, uso de aspas e verbos

---

[7] Estima-se que os primeiros povos a habitar a Península foram os iberos, e que por cerca de 1000 a.C., ou antes, tenham chegado povos de origem celta. No ano de 218 a.C., os romanos começaram a desembarcar na Península, no período da expansão do Império Romano. Ao fim do processo de ocupação, a Península foi dividida em três províncias: Lusitânia, Hispânia Bética e Hispânia Terraconense. (RIBEIRO, 2021).

[8] Ainda que contrariando o "Manual de Redação e Estilo" do jornal "O Estado de São Paulo" (1997, p. 174), que diz que é melhor usar, "conforme o caso, notícia, informação, reportagem, texto, artigo, comentário, editorial, crítica, crônica, etc.", vou utilizar este jargão jornalístico como forma de generalização dos gêneros abordados.

discendi. Ademais, podem valer-se de estratégias ainda mais peculiares de utilizar o dito do outro pelo intertexto[9], recuperando a apresentação de números, estatísticas, dados de exportações/importações, conteúdos de leis, projetos e acordos, e pelo discurso narrativizado. (PHILIPPSEN, 2007).

Em seguida, transcrevo quadros demonstrativos dos resultados obtidos acompanhados de apontamentos analíticos tanto sobre as hipóteses de autorias/origens dos usos da variante "siclano" quanto sobre o ineficaz combate à sua propagação, visto já ser disseminada, inclusive por falantes urbanos cultos e altamente escolarizados.

A ordem de apresentação dos quadros e apontamentos analíticos será a mesma feita na seção 2: primeiro abordarei os resultados apreendidos no jornal "O Estadão"; na sequência, os do jornal da "Folha" e, para concluir esta subseção, o corolário apensado do portal "UOL":

Quadro 2: Matérias localizadas no jornal *O Estadão*

DATA/EDITORIA	TÍTULO	FONTE	FRAGMENTO	HIPÓTESES DE AUTORIA
07/03/2017 às 09h00 Economia & Negócios	Mulheres no comando	1[10]	O que o Google ainda não consegue responder são coisas do tipo: "quais as reais motivações do Fulano?" "Como ajudar o **Siclano** a chegar a um consenso com o resto do time?"	Google Claudia Miranda Gonçalves (atua em *coaching*, consultoria e facilitação sistêmica)
16/09/2014 às 05h/Política	Noite dos mascarados à paulista	2	Intervenções para quê? Para que um fulano – seja estudante, professor, engenheiro, gari, cobrador ou simplesmente morador de rua – entregue o canivete? Para que a **siclana** tire o lenço da cara? Para que um outro entregue o isqueiro? Seria	Renato Stanziola Vieira e André Pires de Andrade Kehdi (advogados)

---

[9] Noção utilizada por Sant'Anna (2004, p.179).

[10] Todo o Referencial, de todos os suportes jornalísticos, encontra-se nas Referências Bibliográficas deste artigo, mais especificamente em "Fontes das matérias coletadas no *corpus*", enumeradas conforme numeração trazida nos quadros.

			a intenção da Lei inaugurar um estranho – porque aberto, descuidado e propiciador dos mais inomináveis abusos e intromissões na vida alheia – poder de requisição?	

Fonte: O Estadão

Conforme se pode observar, no jornal "O Estadão", somente localizei duas matérias que trazem, em seu bojo textual, a variante "siclano". A primeira delas é trazida no Blog intitulado "Lentes de decisão: veja o que você não vê", que é de responsabilidade da consultora Claudia Miranda Gonçalves, e no qual se apresentam textos sobre Economia e Negócios.

Claudia assim se apresenta na página inicial do Blog:

> Sou uma pessoa que busca soluções em várias ferramentas, teorias e metodologias. Sou uma transformadora que atua em coaching, consultoria e facilitação sistêmica. Ajudo pessoas e empresas a encontrarem não só as novas possibilidades, mas a sintonizar com estas a energia e atitude que ajudem a torná-las histórias de sucesso. Uma pessoa que aprende mais que ensina porque tem a disposição de ouvir, de perguntar, de ir onde está o conhecimento novo, destoante, impactante[11].

Neste texto intitulado "Mulheres no comando", a consultora fala sobre a pequena quantidade de mulheres conselheiras em empresas brasileiras e sobre a importância de qualificação para que possam contribuir com empresas a partir de uma perspectiva mais consultiva. No fragmento específico do recorte, ela afirma que não basta só adquirir conhecimento, pois para isso existe o Google, mas que o Google não é capaz de criar relacionamentos, de tomar decisões, de analisar um mundo complexo sob critérios que vão muito além dos dados e índices. Sobre a questão de autoria do emprego da variante 'siclano', no fragmento, é importante observar que ela se encontra em um período que é trazido entre aspas, assim, conforme as regras da boa e dócil norma-padrão, há ali um discurso direto. E a quem ele está sendo atribuído? Ao 'Google', que se torna então, pela

---

[11] Disponível em: https://economia.estadao.com.br/blogs/lentes-de-decisao/. Acesso em: nov. 2021.

leitura do intertexto, o 'autor', e a consultora, ao se 'apagar' da autoria, confunde o leitor com esta ideia.

Na segunda matéria, intitulada "Noite dos mascarados à paulista", os advogados Renato Stanziola Vieira e André Pires de Andrade Kehdi falam sobre a Lei estadual nº 15.556, instituída em 29 de agosto de 2014. Essa Lei tinha o intuito de 'garantir', à manifestação livre de pensamento e reunião, proibir o uso de 'máscara' ou 'qualquer outro paramento que pudesse ocultar o rosto da pessoa, ou que dificultasse ou impedisse a sua utilização'. No fragmento, em que aparece a variante 'siclana', a autoria pode ser atribuída aos advogados, ainda que, implicitamente, possa se associar o seu uso à referida Lei.

Quadro 3: Matérias localizadas no jornal *Folha de São Paulo*

DATA/EDITORIA	TÍTULO	FONTE	FRAGMENTO	HIPÓTESES DE AUTORIA
29/06/2020 às 13h53 Internacional – Es – Brasil	El régimen infló a las constructoras y fue rico en escándalos financieros	3	Geisel mismo criticaba en privado el entorno que lo rodeaba. "Solo en un país como Brasil en la situación actual podría llegar a la Presidencia", dijo, antes de asumir el cargo, según el libro "La dictadura derrotada", del periodista Elio Gaspari. "¿Cómo se llega a mi nombre? ¡Ahora, porque tal y tal es un imbécil, **siclano** es un idiota, un beltrano es un bastardo! ¿Es ese el camino?"	Felipe **Bächtold (repórter/correspondente)** **Ernesto Geisel (ex-presidente do Brasil)** Elio Gaspari (jornalista)
08/05/2020 às 13h38 Poder	Weintraub xinga STF em vídeo de reunião que Planalto não quer mostrar	4	"Há muito 'jornalista' dizendo que eu xinguei fulano, beltrano e **siclano**. Tenho muitas horas de entrevistas duras e inúmeros debates no	**Thaís Oyama (jornalista)** **Abraham Weintraub (ex-ministro da Educação)**

			Congresso (onde eu fui sim xingado). Desafio a apontarem um único palavrão que eu tenha proferido. Posso ser contundente, porém, sou bem educado".	
01/08/1994 à 0h00 Opinião	Manchetes requentadas	5	Aproveito a oportunidade para lembrar que já estão mais que requentadas as manchetes 'quentes' desta Folha (do tipo 'Publicidade de fulano esquenta programação de **siclano**', 'Filme X esquenta festival Y', 'Polêmica de A esquenta campanha de B', 'Novo plano esquenta debate' etc. etc.).	Folha Lorinne Vermont (leitora do jornal)

Fonte: Folha de São Paulo

Com relação à primeira matéria localizada neste jornal, denominada "El régimen infló a las constructoras y fue rico en escándalos financieros", cabe pontuar que foi trazida na página de notícias internacionais da "Folha", que são produzidas, geralmente, por correspondentes que estão ou se deslocam ao exterior, e mais especificamente na página que apresenta as versões em espanhol. Sobre isso, Linares (2017) ainda acrescenta que o site peruano de jornalismo investigativo "Convoca" e o jornal brasileiro "Folha de S. Paulo" coordenaram, em 2017, uma aliança de 20 jornalistas de 11 meios de comunicação, em outros nove países, para lançar a plataforma on-line "Investiga Lava Jato", um portal com o objetivo de desenvolver e publicar reportagens aprofundadas sobre o esquema de corrupção que se expandiu para além do continente, e é sobre isso que a matéria trata.

Sobre a autoria da variante utilizada, o correspondente Felipe Bächtold a atribui, conforme as aspas trazidas na fala, ao ex-presidente Ernesto Geisel, e que, ainda, teria sido retirada da obra chamada "La dictadura derrotada", de autoria do jornalista Elio Gaspari.

Já a jornalista Thaís Uyama mostra, no fragmento entre aspas da matéria intitulada "Weintraub xinga STF em vídeo de reunião que Planalto não quer mostrar", que a autoria do uso é do ex-ministro da Educação do Governo Bolsonaro, **Abraham Weintraub**, inclusive cita que ele postou essa publicação na íntegra em seu Twitter. E a leitora da "Folha", Lorinne Vermont, ao escrever o seu texto de reclamação sobre as supostas manchetes 'quentes' da "Folha", usando, para isso, o título "Manchetes requentadas", deixa implícita a autoria da variante à própria "Folha", ainda que as aspas trazidas ao período em que emerge a variante sejam simples, e a gramática normativa propõe que aspas simples podem querer apenas enfatizar o que se escreve.

Quadro 4: Matérias localizadas no portal *UOL Notícias*

DATA/EDITORIA	TÍTULO	FONTE	FRAGMENTO	HIPÓTESES DE AUTORIA
16/06/2021 às 05h53 Colunas	Dúvida acabou: a Globo elegeu Huck. A entrevista e os votos em 2018 e 2022	6	Votei em branco e votaria de novo. Nesse momento, eu acho que a gente não está falando sobre A ou B: **siclano** (sic) ou beltrano.	Reinaldo de Azevedo Luciano Huck (apresentador de TV)
08/05/2020 às 15h49 Política	Sem negar xingamentos ao STF em reunião, Weintraub reage: "Sou educado"	7	"Há muito 'jornalista' dizendo que eu xinguei fulano, beltrano e **siclano**. Tenho muitas horas de entrevistas duras e inúmeros debates no Congresso (onde eu fui sim xingado). Desafio a apontarem um único palavrão que eu tenha proferido. Posso ser contundente, porém, sou bem educado".	**UOL (não assinada) Abraham Weintraub (ex-ministro da Educação)**
07/06/12217 às 22h23 Cotidiano	Mulher relata terror em chacina em Belém: "Atiravam para todos os lados"	8	Com aquela quantidade de tiros era impossível alguém não ter morrido. Na rua falavam que **siclano** morreu, beltrano morreu. Não quis olhar os mortos.	Adriano Wilkson (jornalista e repórter) Moradora da rua Nova II

Fonte: UOL Notícias

Sobre esse portal de notícias cabe tecer algumas informações mais, além das já apresentadas. Especialmente sobre a informação que se localiza no final da primeira página e que apresenta os "Sites parceiros" do "UOL", que são, respectivamente: A Tarde, Band, Congresso em Foco, Cultura, **Folha de S. Paulo**, History, Media Talks, NE10, Paraná Portal, Rede TV!, TN Online, Tribuna do Paraná e Mídia Max.

Ao pesquisar sobre a parceria que a "Folha" tem com o "UOL", a informação que encontrei na "Folha" foi que "O Grupo Folha tem participação minoritária, indireta e em ações sem direito a voto no UOL12".

Quando fiz a pesquisa para a localização da variante nesse portal, inicialmente, tive uma grande surpresa, visto que apareceu na tela a informação de que havia aproximadamente 93 resultados para "siclano". Foi então que tive que me decidir sobre o recorte do corpus, e isso se deve aos 'sites parceiros', pois a busca localizou a variante em todos eles. Sendo assim, optei em procurar apenas no "UOL Notícias", ou seja, nas notícias publicadas pelo próprio portal. Nessa nova busca, apareceram apenas três matérias com a variante, as que foram apresentadas no quadro 3.

A matéria 1, intitulada "Dúvida acabou: a Globo elegeu Huck. A entrevista e os votos em 2018 e 2022", integra a coluna do renomado colunista Reinaldo de Azevedo. No texto, o colunista fala sobre a tendenciosa entrevista que aconteceu entre o apresentador televisivo Pedro Bial e o também apresentador Luciano Huck promovida pela Rede Globo de Televisão. Conforme Azevedo, a entrevista teria acontecido para promover o apresentador Luciano Huck à candidatura de presidência nas eleições de 2022. Com relação à autoria da variante, vale ressaltar que o colunista procurou deixar bem claro que não se tratava de um uso seu, mas do apresentador Huck. Essa clareza procurou ser passada pelo advérbio latino sic, que, ao ser escrito entre parênteses ou colchetes, pressupõe que o texto original, escrito ou falado, foi reproduzido conforme quem o proferiu/escreveu.

A matéria 2, intitulada "Sem negar xingamentos ao STF em reunião, Weintraub reage: 'Sou educado'", se assemelha à produzida pela jornalista Thaís Uyama, na "Folha", contudo, além de atribuir a autoria ao ex-ministro da Educação do Governo Bolsonaro, **Abraham Weintraub**, traz a fotografia da publicação postada por ele em seu Twitter.

Finalmente, a matéria 3, escrita pelo jornalista Adriano Wilkson e denominada "Mulher relata terror em chacina em Belém: 'Atiravam para todos os lados', faz a transcrição do relato sobre uma chacina testemunhada no bairro da Condor, periferia de Belém, que matou cinco pessoas e feriu outras onze. O jornalista deixa claro também que o uso da variante não foi feito por ele, mas sim pela mulher, ainda que o fragmento não esteja entre aspas, mas, antes de apresentar o relato, Wilkson convida o leitor a ler o relato da moradora da periferia.

---

12 Informação retirada do sítio
https://www1.folha.uol.com.br/institucional/historia_da_folha.shtml?fill=4. Acesso em: nov. 2021.

4. Considerações finais

Meu leitor pode estar se perguntando agora, "mas, você não acha que é um número bem pequeno de ocorrências frente à quantidade de edições que já foram produzidas até hoje?". E eu respondo, humildemente, que "sim, é, de fato, um número pequeno", mas, se pensarmos na exigência normativa imposta a essas três instituições e de que existem profissionais revisores contratados que fazem apenas esse trabalho, mesmo o número sendo exíguo, nos mostra, pelo menos, duas coisas que incidem sobre esses resultados.

A primeira é que há olhos atentos, incansáveis, que procuram, diuturnamente, revisar tudo o que podem, numa verdadeira "paranoia ortográfica", conforme tão bem diz Bagno (2008), no intuito de mostrarem que a língua é 'quase homogênea' em um país de tão grande extensão e de tanta diversidade linguística. Esse fato pode ser comprovado, também, na seção "Erramos: Proezas em língua pátria", da "Folha", onde aparece, além de muitos outros 'erros', o seguinte: "FULANO, SICRANO - A palavra 'sicrano' foi grafada incorretamente no editorial 'Preto no branco', publicado à pág. 1-2 (Opinião) de 17/6." (22.jun.96). Saiu "siclano'"[13].

A segunda, e ainda mais importante, é que, com muito gosto, poderei dizer que "siclano" existe ao renomado gramático e colunista da "Folha", Pasquale Cipro Neto (1999), sim, ele mesmo outra vez, e que encontraremos seu uso: eu, tu, ele, você, nós, a gente, vocês, eles, em muitos contextos, lugares, gêneros, suportes, escolaridades, idades, profissões, etnias, redes sociais...

De nada então vale dizer que:

> Não se surpreenda se, ao ler Alencar, você encontrar "froco"[14], tão legítima quanto "floco": "Sua tez, alva e pura como um froco de algodão...". Isso está em "O Guarani".Também não se surpreenda se em Herculano você encontrar "frecha", tão correta quanto "flecha". Mas não saia procurando "siclano". Você só vai achar "sicrano"[15].

---

[13] Disponível em: https://www1.folha.uol.com.br/folha/circulo/dicas_proezasemlin.htm. Acesso em: nov. 2021.

[14] Então, se a língua mudou depois de Herculano, depois de Alencar e de Camões (ele esqueceu de mencionar), por que não haveria de mudar agora?

[15] Disponível em: https://www1.folha.uol.com.br/fsp/cotidian/ff22049911.htm. Acesso em: nov. 2021.

Se até na "Folha", "O Estadão" e "Uol" há variação, imagina na vida de gentes que, todos os dias, moldam a língua, brincam, cantam e, em versos novos, escrevem novas poesias que fazem brotar mais e mais variações, que saltitam alegres e sorridentes no curso da língua viva, que continuará, queiramos ou não, o seu processo natural de mudanças, ainda que tenhamos que prestar muita atenção ao combate de todo e qualquer estigma, estereótipo e preconceitos que tentam, com toda força, emudecer as melodias das línguas.

Quase com um sorriso cínico, é possível pensar, com muita força, que a variante "siclano" é, como já foi mostrado, fruto de preconceito linguístico sobre um fenômeno da língua, o rotacismo, que, por tanto se querer combater, fez provar aos puristas gramaticais de seu próprio veneno, ou seja, o que farão agora com o pobre cicrano, que, temeroso, tem perdido cada vez mais espaço para o pomposo e magnificente, aos olhos de quem julga, "siclano". Brindemos a isso!

Referências

BAGNO, Marcos. Nada na língua é por acaso: por uma pedagogia da variação linguística. São Paulo: Parábola Editorial, 2007.

BAGNO, Marcos. Preconceito Linguístico. São Paulo: Edições Loyola, 2008.

BARBOSA, M. A. Lexicologia, lexicografia, terminologia, terminografia, identidade científica, objeto, métodos, campos de atuação. In: Anais do II Simpósio Latino-Americano de Terminologia. I Encontro Brasileiro de Terminologia Técnico-Científica. Brasília, 1990, p. 152-158.

BLUTEAU, R. Vocabulario Portuguez e Latino. Coimbra: Collegio das Artes da Companhia de Jesus, 1712.

BORTONI-RICARDO, Stella Maris. Do campo para a cidade: estudo sociolinguístico de migração e redes sociais. São Paulo: Parábola Editorial, 2011 (1985).

CAMACHO, Roberto Gomes. Sociolinguística. Parte II. In: MUSSALIM, Fernanda; BENTES, Anna Christina (orgs.). Introdução à linguística: domínios e fronteiras. 8ª ed. São Paulo: Cortez, 2008.

CASARES, J. Introduccion a la lexicografia moderna. 3. ed. Madrid: Consejo Superior de Investigaciones Científicas, 1992.

CIPRO NETO, Pasquale. Vezeiro, sicrano, supetão. Folha de S. Paulo, São Paulo, 22 abr. 1999. Disponível em: https://www1.folha.uol.com.br/fsp/cotidian/ff22049911.htm. Acesso em: nov. 2021.

COROMINAS, Joan; PASCUAL, José A. Diccionário Crítico Etimológico Castellano e y Hispánico. 6. vol. Madrid, 1980-1991.

COUTINHO, Ismael de Lima. Pontos de gramática histórica. Rio de Janeiro: Ao Livro Técnico, 2005.

FERREIRA, A. B. de H. Novo dicionário da língua portuguesa. 2ª ed. revista e ampliada. 4ª imp. Rio de Janeiro: Editora Nova Fronteira S.A., 1986.

FIGUEIREDO, Candido de. Novo Diccionário da Língua Portuguesa. Lisboa: Biblioteca Nacional de Portugal, 1913.

GAYER, Juliana Escalier Ludwig; DIAS, Ludquellen Braga. O fenômeno variável do rotacismo: uma análise pela teoria da otimidade. Diadorim, Rio de Janeiro, vol. 20, n. 2, p. 377-397, jul.-dez. 2018.

GRILLO, Sheila Vieira de Camargo. Manuais de redação e estilo: gêneros do discurso, linguagem e objetividade na imprensa. The ESPecialist, vol. 24, nº especial, p. 85-110, 2003.

GUILHERME, Cássio Augusto Samogin Almeida. A imprensa como partido político-ideológico: o caso do jornal O Estado de S. Paulo. Dimensões, v. 40, jan.-jun. 2018, p. 199-223.

HOUAISS, A.; VILLAR, M. de S.; FRANCO, F. M. de M. Dicionário Houaiss da língua portuguesa. 1ª reimpressão com alterações. Rio de Janeiro: Objetiva, 2004.

LABOV, William. Sociolinguistic Patterns. Philadelphia: University of Pennsylvania Press, 1972.

LABOV, William. The stratification of English in New York city. Washington, D. C.: Center for Applied Linguistics, 1966.

LINARES, César López. Jornalistas de 11 países unem esforços em site sobre a Lava Jato. ABRAJI, 19 jun. 2017. Disponível em: https://www.abraji.org.br/noticias/jornalistas-de-11-paises-unem-esforcos-em-site-sobre-a-lava-jato. Acesso em: nov. 2021.

MACHADO, José Pedro. Dicionário etimológico da língua portuguesa. 3ª ed., 5º vol. Lisboa, 1977.

MARTINS FILHO, Eduardo Lopes. Manual de Redação e Estilo de O Estado de S. Paulo. 3ª ed. revista e ampliada. São Paulo: O Estado de S. Paulo, 1997.

MÉA, Célia Helena Pelegrini Della; DALPIAN, Laurindo. Processos Assimilatórios da Língua Portuguesa. Vidya, Santa Maria – RS, vol. 21, n. 37, p. 197-211, jan.-jun. 2002.

MORENO, Cláudio. Fulano. 2009. Disponível em: https://sualingua.com.br/2009/04/30/fulano/. Acesso em: nov. 2021.

OLIVEIRA, Verônica Mendes de. Análise comparativa de editoriais nos Jornais Folha de S. Paulo e Estado de S. Paulo. Revista do GELNE, v. 22, n. 1, 2020.

PHILIPPSEN, Neusa Inês. Mídia Impressa e Heterogeneidade: polêmicas da esfera da atividade madeireira no espaço discursivo da Amazônia Legal. Dissertação (Mestrado). Cuiabá: Universidade Federal de Mato Grosso, 2007.

RIBEIRO, Amarolina. Península Ibérica. InfoEscola, 2021. Disponível em: https://www.infoescola.com/geografia/peninsula-iberica/. Acesso em: nov. 2021.

SANT'ANNA, Vera Lúcia de Albuquerque. O trabalho em notícias sobre o Mercosul: heterogeneidade enunciativa e noção de objetividade. São Paulo: EDUC, 2004.

SILVA, Antonio de Moraes e. Diccionario da Lingua Portugueza Recopilado de todos os impressos até o presente. Tomo Segundo G-Z, 3ª ed. Lisboa: Typographia M. P. de Lacerda, 1823.

SOUTO, Anderson de. Campo lexical e neologia: criatividade linguística em favor da argumentação. In: SOLETRAS, ano XI, nº 21, jan.-jun. 2011. São Gonçalo: UERJ, 2011.

STAMPE, David. A dissertation on natural phonology. Tese (Doutorado). Universidade de Chicago, EUA, 1973.

TURAZZA, J. S. Léxico e criatividade. São Paulo: Plêiade, 1996.

VIOLA, Wanderléia Silva Carvalho de. O léxico guiratinguense na perspectiva dialetológica: aspectos semântico-lexicais. Dissertação (Mestrado). São Paulo: Universidade de São Paulo, 2010.

XAVIER, Vanessa Regina Duarte. Lexicologia, Lexicografia e Filologia: intersecções e especificidades epistemológicas. Anais do SILEL. Volume 2, nº 2. Uberlândia: EDUFU, 2011.

Fontes das matérias coletadas no *corpus*

1. https://economia.estadao.com.br/blogs/lentes-de-decisao/mulheres-no-comando/
2. https://politica.estadao.com.br/blogs/fausto-macedo/noite-dos-mascarados-a-paulista/
3. https://www1.folha.uol.com.br/internacional/es/brasil/2020/06/el-regimen-inflo-a-las-constructoras-y-fue-rico-en-escandalos-financieros.shtml

4. https://www1.folha.uol.com.br/poder/2020/05/weintraub-xinga-stf-em-video-de-reuniao-que-planalto-nao-quer-mostrar.shtml
5. https://www1.folha.uol.com.br/fsp/1994/8/01/painel/3.html
6. https://noticias.uol.com.br/colunas/reinaldo-azevedo/2021/06/16/agora-e-oficial-a-globo-elegeu-huck-a-entrevista-o-voto-de-18-e-o-de-22.htm
7. https://noticias.uol.com.br/politica/ultimas-noticias/2020/05/08/weintraub-questiona-reportagem-sobre-xingamentos-dele-ao-stf-sou-educado.htm
8. https://noticias.uol.com.br/cotidiano/ultimas-noticias/2017/06/07/mulher-relata-terror-em-chacina-de-belem-atiravam-para-todos-os-lados.htm

Crenças e atitudes linguísticas: o encontro de línguas e falares no oeste do Paraná[1]

Sanimar Busse

Universidade Estadual do Oeste do Paraná – UNIOESTE

1. Palavras iniciais

Este capítulo apresenta um recorte da tese de doutorado "Estudo Geossociolinguístico da Fala do Oeste do Paraná" (BUSSE, 2010). A pesquisa buscou descrever a fala de 8 informantes, selecionados a partir das variáveis sexo, faixa-etária e ecolaridade, de 9 localidades da região, com o objetivo de analisar os traços linguísticos mantidos dos grupos sulistas que colonizaram os munícipios e as formas inovadores que ingressaram como movimentos migratórios recentes.

Neste texto, especificamente, apresentamos a análise das crenças e atitudes linguísticas, coletadas por meio de questões metalinguísticas do questionário semiestruturado da pesquisa, considerando a formação de núcleos culturais e a heterogeneidade de grupos linguísticos presentes nas localidades (2010). A rede de pontos da pesquisa é formada por Ponto 01 – Guaíra, Ponto 02 - Assis Chateaubriand, Ponto 03 – Marechal Cândido Rondon, Ponto 04 – Santa Helena, Poto 05 – Medianeira, Ponto 06 – Santa Terezinha de Itaipu, Ponto 07 – Capitão Leônidas Marques, Ponto 08 – Cascavel e Ponto 09 – Guaraniaçu. A escolha das localidades se deu pelo seu povoamento a partir das décadas de 1930 até 1960 por colonizadores sulistas, vindos dos estados de Santa Catarina e Rio Grande do Sul.

A questão que se coloca quanto às respostas ao questionário metalinguístico diz respeito ao comportamento linguístico dos falantes entrevistados diante das línguas e falares presentes nas localidades. Trata-se da análise das crenças e das atitudes linguísticas dos falantes em contexto de contato entre falares do português brasileiro e diferentes línguas.

---

[1] Este texto é um recorte da tese "Estudio Geossociolinguístico da Fala do Oesto do Paraná". (BUSSE, 2010). A pesquisa foi financiada pela Coordinação de Aperfeiçoamento de Pessoal de Nível Superior/CAPES, com a Bolsa de Estágio de Doutorado na Christian-Albrechts-Universität (CAU) zu Kiel/Alemanha, CAPES/DAAD

Entendemos que a manutenção e a inovação linguística, nesse contexto, remetem ao conjunto de conhecimentos, posicionamentos, avaliações e ações dos falantes sobre os diferentes grupos linguísticos, em diferentes momentos da história.

Conforme destaca Busse (2010, p. 22),

> O Oeste paranaense teve sua formação marcada pela homogeneidade étnica e cultural. O sentimento e a crença dos antepassados, que colonizaram o Rio Grande do Sul e Santa Catarina, de recriar nas terras brasileiras a vida deixada na Europa motivaram os primeiros moradores a se instalarem na região. A língua, assim como outros aspectos da cultura, foi o elemento de ligação com a terra deixada para trás, tanto a pátria mãe, na Europa, quanto à segunda pátria, o Rio Grande do Sul ou Santa Catarina. Muito embora tivesse que conviver e se adaptar à nova realidade, esse migrante/imigrante teve nos planos das colonizadoras as condições necessárias para formar no Oeste a sua nova pátria. Tais sentimentos e atitudes eram convenientes, também, aos planos de progresso e consolidação da política nacionalista de conservação das áreas de fronteira com o Paraguai e a Argentina.

A história da região também deve ser compreendida a partir do processo de ocupação da fronteira do Sul do Brasil que, segundo Rippel (2005), desenvolveu-se no Rio Grande do Sul, mais tarde em Santa Catarina, e, num momento posterior, no Paraná. Neste estado, a ocupação das terras e a formação das localidades se deram na presença de portugueses, paulistas, mineiros, nordestinos, e com grande participação de imigrantes gaúchos e catarinenses. Com relação a estes últimos, destacam-se as representações em torno da terra, do trabalhar a terra e do trabalhador da terra, no caso, o colono.

Quanto à formação dos núcleos sulistas, nascidos a partir do movimento nacional denominado Marcha para o Oeste, Busse (2010, p. 39) destaca,

> Entre os idealizadores e realizadores do projeto, um sentimento de nacionalismo e de reafirmação do imaginário social em torno da unidade e homogeneidade, numa atitude contra o outro, o forasteiro, o diferente. Os governantes do período souberam como reavivar e fomentar o sentimento de homogeneidade cultural trazido pelos imigrantes europeus, principalmente com a promessa da propriedade da terra, o que dava ao colono autoridade para impor e preservar sua cultura e seus hábitos

As reflexões se somam aos estudos variacionistas sobre o português brasileiro, em que a descrição dos fenômenos da língua aponta para a necessidade de identificar e analisar as crenças e atitudes linguísticas sobre os falares e seus falantes. Entendemos que as crenças podem mobilizar determinadas atitudes linguísticas, as quais podem atuar sobre a manutenção e/ou a inovação linguística.

2. Línguas e falares em contato: cenários para a formação de crenças e atitudes linguísticas

A formação histórico-cultural e linguística da região pode ser descrita como um colorido mosaico, cujas partes conectadas refletem contatos que marcaram uma identidade linguística polimórfica, em que alguns grupos, sob o efeito de luz e sombra, têm traços culturais e linguísticos destacados, enquanto outros obscurecidos estão apagados, silenciados.

A realidade linguística da região é atravessada pela formação histórica e cultural a partir de 3 momentos que se relacionam transversalmente. O primeiro momento compreende os anos de 1600[2], com a presença de espanhóis, nas reduções jesuíticas, e de bandeirantes paulistas. As reduções jesuíticas e as entradas e bandeiras deixaram um resultado marcante no reconhecimento da cultura e da língua indígenas como elementos da formação linguística da região.

O segundo momento é marcado por três eventos distintos, a instalação da Vila Militar, em 1889, em Foz do Iguaçu, as atividades da empresa Erva Mate Laranjeiras no município de Guaíra, em 1910, e as Obrages, na década de 1920. Este período é marcado por uma insegurança territorial, principalmente na fronteira com o Paraguai e com a Argentina, cujos desdobramentos são o afastamento linguístico entre o espanhol, o guarani e o português falado na fronteira. Em pesquisa que descreve o português falado no Oeste do Paraná, principalmente, em Guaíra, município localizado na fronteira com o Paraguai, Busse (2010) não registrou sugestão ou mesmo identificação de termos das línguas espanhola e guarani nas respostas ao questionário semântico-lexical.

Por fim, o terceiro momento, com a colonização sulista por grupos descendentes de europeus vindos do Rio Grande do Sul e de Santa Catarina para o povoamento da região. A retomada das fronteiras e a política de colonização do governo brasileiro que giraram em

---

[2] PARELLADA, C. I. Análise da malha urbana de Villa Rica dei Espiritu Santo (1589-1632) / Fênix-PR. **Rev. do Museu de Arqueologia e Etnologia**, São Paulo, v. 5, p. 51-61, 1995.

torno do colono sulista constituíram-se como ambiente favorável para o ressurgimento do sentimento em torno da "terra prometida", que trouxe os imigrantes europeus ao Brasil, no século XIX.

A chegada do colono sulista à região foi pavimentada sob a perspectiva de reprodução do modo de vida dos antepassados e da implantação de hábitos de suas culturas de origem. Com a rara presença de outros grupos na região o projeto de povoamento se cumpriu, formando-se ilhas linguísticas em algumas localidades, centradas nos descendentes de imigrantes alemães, italianos e poloneses. Esse último momento compreende a colonização moderna do Paraná e que, aliado aos anteriores, resultou na constituição de um contexto heterogêneo, multicultural.

Segundo Gregory (2005), os planos de ação do governo, executados pelas companhias madeireiras e pelas colonizadoras, eram implementados por meio da seleção de colonos que se adaptassem à região, "o elemento humano eurobrasileiro do sul do Brasil, ou seja, descendentes de alemães, italianos e de outros imigrantes acostumados com a lida agrícola colonial na pequena propriedade" (GREGORY, 2005, p. 93).

Este terceiro momento levou à formação de áreas linguísticas, que se formam a partir de núcleos de povoamento e do deslocamento pelo território de grupos culturalmente distintos, em diferentes períodos da história. Nesse contexto, a identidade linguística dos falantes pode ter se formado em torno de algumas crenças, principalmente após a passagem dos diferentes grupos pela região e do vazio populacional.

O Oeste paranaense foi e continua sendo um palco de encontros de diferentes grupos, suas línguas, dialetos e falares. Esses cenários se atualizam constantemente, ontem por indígenas, moradores da fronteira, brasileiros e descendentes de alemães, italianos, poloneses, entre outros, hoje, a região tem recebido grupos da África, haitianos e venezuelanos. Destaque-se que, concomitantemente à chegada dos grupos sulistas à região, alguns municípios como Foz do Iguaçu e Guaíra tiveram um aumento da densidade da população árabe[3] e oriental segundo Coeli (2008), em 1970. A multiculturalidade e o multilinguismo são silenciados na região diante da ausência de políticas linguísticas que se relacionem com o contexto de fronteira e principalmente com a história dos grupos que formaram e formam a região.

---

[3] Silva, Regina Coeli Machado. Reordenação de identidade de imigrantes árabes em Foz do Iguaçu. **Trabalhos em Linguística Aplicada** [online]. 2008, v. 47, n. 2, p. 357-373. Disponível em: https://doi.org/10.1590/S0103-18132008000200006. Epub 24 Jul 2009. ISSN 2175-764X. Acesso em: 28 Agosto 2021.

Nas pesquisas que se voltam para a descrição do português falado na região (AGUILERA, 1994; KOCH; KLASSMANN; ALTENHOFEN, 2002; ALTINO, 2007; BUSSE, 2010) são poucos os registros do contato do português com a língua indígena, a língua de fronteira (espanhol) e as línguas de imigração europeia (alemão, italiano, polonês e as demais). Há, contudo, núcleos de povoamento em que línguas e/ou dialetos, como o alemão, o italiano e o ucraniano ainda estão parcialmente ativos na interação, em espaços muito específicos, como a igreja, os clubes de atividades esportivas e em eventos gastronômicos e culturais.

Beloni (2015), na dissertação de mestrado intitulada "Um estudo sobre a fala e a cultura de italodescendentes em Cascavel-PR", conclui que as manifestações culturais são um elemento agregador do grupo de descendentes de imigrantes italianos que colonizaram a localidade, enquanto o talian sofre, principalmente, entre os mais jovens algumas avaliações tomando o italiano padrão como referência.

Dalleaste (2016), na dissertação de mestrado "Crenças e atitudes linguísticas: um estudo da língua e da cultura italiana em Matelândia/PR", destaca "a premente necessidade da implementação de políticas linguísticas na comunidade, com o objetivo de promover uma ampla difusão da língua italiana, nas suas variedades talian ou padrão, para resgatar a identidade linguística dos moradores" (DALLEASTE, 2016, p. 114). Há na localidade, entre os informantes inquiridos, crenças e atitudes diferenciadas sobre o talian e o italiano padrão. Entre os informantes do sexo masculino há a identificação como falantes do italiano, porém, entre as mulheres há apenas o reconhecimento do italiano padrão e, portanto, não se consideram falantes da língua.

Martiny (2015), na tese "Políticas Linguísticas e Educacionais: o ensino de Língua Alemã em Marechal Cândido Rondon, Paraná", concluiu que a língua alemã se encontra em uso em situações restritas, do dia a dia das famílias. Nesse contexto, restam as manifestações culturais, na gastronomia e na arquitetura, enquanto a língua não encontra mais espaço para seu cultivo, principalmente, entre os jovens.

Referenciamos essas pesquisas para registrar os resultados do contato linguísticos do português e de línguas dos descendentes europeus que colonizaram a região. A crença de um país monolíngue assim como proibições e perseguições a falantes do alemão e do italiano e, principalmente, a ausência de políticas linguísticas nas localidades têm resultado num silenciamento linguístico e no gradativo abandono das línguas e, por consequência, da própria identidade linguística.

A opaca relação entre o polimorfismo linguístico da região e os diferentes comportamentos linguísticos dos falantes é recortado, neste texto, como a sinalização de uma realidade que se orienta de forma mais efetiva para a construção de uma consciência linguística sem referências no passado e que também não reconhece o presente, com os diferentes grupos linguísticos presentes na comunidade.

Somando-se às pesquisas sobre variação e diversidade linguística, os estudos sobre crenças e atitudes restabelecem a estreita e complexa relação entre língua e sociedade, na qual se revela uma série de comportamentos sociais, com relação aos grupos e à fala.

Labov (1976, p. 47) destaca que "pressões sociais são exercidas constantemente sobre a língua, não de qualquer ponto de distância passada, mas são sob forma de uma força social imanente e presentemente ativa". Essa força se atualiza nas interações sociais por meio da fala, criando superposições de falares, alguns deles soterrados socialmente diante das crenças e atitudes linguísticas dos falantes.

No Oeste do Paraná, podemos reconhecer essas superposições, principalmente, no que se refere à presença de formas marcadas de uma e outra língua, por exemplo, a realização da fricativa velar como tepe, em início de palavra ou entre vogais (traço fonético representativo dos falantes de sulistas) e como retroflexa, em coda silábica (traço fonético representativo dos falantes paulistas e mineiros).

Fishman (2001, p. 145) apresenta o conceito de vitalidade etnolinguística "ethnolinguistic vitality", como a "capacidade de um grupo para sobreviver como uma entidade distinta coletiva em um cenário intergrupal", a qual dependeria de fatores, como o status (social, econômico, e de prestígio linguístico), força demográfica (números absolutos, concentração, natalidade, migração), suporte institucional e fatores de controle (presença da língua na mídia, no governo, na escola etc.).

A pesquisa sobre a mudança linguística ou o fenômeno da variação presente em um determinado falar nos leva ao questionamento sobre a motivação para a sua ocorrência ou a sua presença. Mais ainda, até que ponto os falantes resistem ou se rendem às formas coexistentes.

Por meio da descrição das variantes linguísticas, no caso desta pesquisa, sob o princípio dialetológico, segundo Busse (2012), investiga-se a relação entre língua e fatores extralinguísticos, pois

> O reconhecimento das dimensões que favorecem e/ou inibem a adoção e a difusão das novas formas ou a manutenção e preservação de formas já existentes revela também o papel de cada dimensão, que, no caso da variação, é particularizado pelos elementos da história e da cultura de cada grupo (BUSSE, 2012, p. 114).

Weinreich; Labov e Herzog (2006) destacam a necessidade de se identificar o mecanismo de transferência, na medida em que não se trata da simples troca de uma forma por outra, mas da coexistência sob alternância, numa mesma comunidade linguística e num mesmo falante, de formas consideradas arcaicas e inovadores e o desfavorecimento gradual da primeira em prol da segunda por motivações sociais. Labov (1994) destaca que

> Algumas variáveis são temas abertos para comentários sociais e mostram tanto correção quanto hipercorreção (estereótipos); outras não mostram o mesmo alto nível de consciência social, mas apresentam estratificação estilística e social consistente (marcadores); e a outras nunca se comentam ou se quer são reconhecidas pelos falantes nativos, porém se diferenciam só em graus relativos de avanço entre os grupos sociais que as iniciaram (indicadores) (LABOV, 1994, p. 144-145).

Recuperando o conceito de vitalidade etnolinguística de Fishman (2001), segundo o qual a vitalidade tem a sua incidência no uso da língua, da mesma forma como fazem outros fatores sócio-culturais, através das percepções subjetivas, ou crenças sobre a natureza das coisas, mais do que a realidade objetiva, podemos identificar na presença de certos fenômenos da variação (conservação ou inovação) a pressão de certos grupos sociais.

> Membros de grupos com baixa vitalidade são mais propensos a usar estratégias de assimilação, ou grupo pode até mesmo deixar de existir como uma entidade distinta coletiva. Por outro lado, grupos com vitalidade têm maior probabilidade de sobreviver como coletividade distinta em contextos multilíngues. O pressuposto básico aqui é o de que os falantes que percebem a vitalidade grupo como alta possuírem atitudes mais positivas sobre o uso de sua própria língua, do que aqueles que acham que ela seja baixa (FISHMAN, 2001, p. 145).

Assim, com formas concorrentes, sobreviverá aquela que pertencer ao grupo mais forte, ou seja, com maior prestígio. No contexto da região Oeste, cuja colonização foi identificada de forma emblemática como "Marcha para o Oeste", pois estava assentada em ações oficiais do governo do Período Vargas, de nacionalismo exacerbado e de busca de um Estado fortalecido e centralizador, podemos observar a formação de "ilhas culturais", com a presença de colonos sulistas descendentes de imigrantes europeus (alemães e italianos, principalmente). Esses grupos reproduziram hábitos culturais de seus locais de origem e marcaram a fala da região com traços linguísticos resultantes do contato de dialetos alemães com o português.

Conforme Aguilera (2005), o Paraná, devido aos diferentes momentos de sua história, coloca-se como um ambiente propício para pesquisas que possam compreender os diferentes comportamentos em torno das línguas e falares em contato, pois é "um mosaico vivo de dezenas de povos e culturas diversificadas, e até historicamente antagônicas, convivendo lado a lado, assimilando mutuamente, em maior ou menor escala, seus costumes e hábitos, inclusive, e, sobretudo, os linguísticos" (AGUILERA, 2005, p. 139).

Não realizaremos aqui uma distinção entre crenças e atitudes linguísticas, embora reconheçamos que a manutenção e inovação linguística sejam mobilizadas pelas atitudes. Compreendemos que as atitudes em torno do abandono das línguas dos antepassados têm origem em crenças, ou seja, conforme Barcelos (2007), em "construções da realidade, maneiras de ver e perceber o mundo e seus fenômenos, co-construídas em nossas experiências resultantes de um processo interativo de interpretação e (re)significação. (BARCELOS, 2007, p. 113).

Ao analisarmos algumas atitudes evidenciadas nas respostas dos informantes, somos levados a mergulhar nas condições de implantação da língua portuguesa no território brasileiro e na, consequente, criação de uma consciência monolíngue e de língua hegemônica dos colonizadores.

Para Botassini (2013), as crenças determinam o

> comportamento dos indivíduos, no sentido de que são elas que detêm os valores, os julgamentos, as opiniões que uma pessoa tem sobre os outros, sobre o mundo e sobre si mesma. Elementos esses carregados de informações e sentimentos que, geralmente, vão produzir atitudes (BOTASSINI, 2013, p. 60).

As crenças apresentam-se como perspectivas construídas social ou individualmente e que "nascem no contexto da interação e na relação com os grupos sociais" (BARCELOS, 2007, p. 114). A crença em um país monolíngue é a esteira pela qual se desenrolam as relações entre línguas, que, à sombra da língua hegemônica, ainda resguardam elementos de uma identidade cultural, mas que não sobrevive à interação cotidiana em diferentes ambientes sociais.

A atitude, para Lambert e Lambert (1966), materializa-se em fazeres sobre uma situação, pois pode ser descrita como "uma maneira organizada e coerente de pensar, sentir e reagir em relação a pessoas, grupos, questões sociais ou, mais genericamente, a qualquer acontecimento ocorrido em nosso meio circundante" (LAMBERT; LAMBERT, 1966, p. 77).

Segundo Orsi (2010, p. 7), "o modo em que uma atitude se desenvolve está imerso no contexto social, por tanto pré-existe na sociedade um sistema de crenças, valores, costumes e normas compartilhadas." A internalização de construtos sociais, organizados e estruturados resulta em diferentes atitudes frente a diferentes situações.

Moreno Fernández (1998) apresenta um esquema da estrutura interna dos componentes e sua relação entre as crenças e as atitudes, conforme a figura 1:

Figura 1: Relação entre crença e atitude

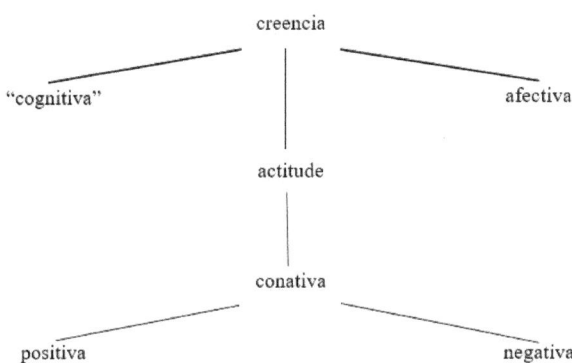

Fonte: López Morález, (1993, p. 235)

Nas pesquisas sobre variação e mudança linguística, as atitudes buscam, segundo Kaufmann (2011, p. 122), "analisar fenômenos em relação ao comportamento linguístico, seja esse comportamento vinculado às variantes específicas de uma variedade ou às variedades em si (por exemplo, perda ou manutenção delas)". Grupos linguísticos em diferentes posições sociais tendem a travar certa luta quanto ao uso de determinadas formas linguísticas, principalmente aquelas que marcam o *status*.

3. Crenças e atitudes linguísticas: recortes de línguas e falares em contato

No Oeste do Paraná, a realidade linguística pode ser descrita a partir do complexo ambiente de atuação das diferentes forças sociais, com a tendência para a manutenção de traços dos grupos de origem que dão à região uma identidade ou com a implementação de formas inovadoras de grupos linguísticos de diferentes regiões do Brasil.

O panorama linguístico da região foi desenhado a partir de uma alteração na paisagem social e econômica advinda de mudanças de diversas ordens, dentre elas, a construção da hidrelétrica de Itaipu, e com todos os desdobramentos que a obra gerou, como alagamentos e desapropriações, *royalties*, entre outros, o desenvolvimento do setor do agronegócio, a prestação de serviço, a formação de polos universitários e na área da saúde. A região passou da monocultura, centrada da agricultura familiar, para a formação de centros de produção econômica, gerando um movimento populacional intenso e constante.

Segundo Busse (2010, p. 23),

> Do ponto de vista linguístico, é possível identificar os resultados do panorama multicultural que se formou na região, com áreas de concentração de traços dos falantes sulistas. O contato entre grupos provenientes de diferentes regiões do Brasil e de diferentes culturas ocorreu a partir da função e do papel que cada um assumiu no processo de colonização da região. Temos, assim, a formação de grupos e comunidades cuja organização se encontra respaldada pelo poder econômico, estabelecido em torno da propriedade da terra, e grupos cuja migração na década de 1960 era em número inferior e avolumou-se a partir dos anos de 1980, e que forneceram mão-de-obra tanto no trabalho da lavoura quanto nos empreendimentos que surgiam nas zonas urbanas. Foram decisórios para a formação da identidade do morador da região Oeste os fatos históricos, econômicos e políticos que envolveram a atuação das companhias colonizadoras, como, por exemplo: a seleção dos colonos que, de posse das terras, formariam a população do Oeste; o sistema de formação das lavouras (pequenas propriedades) a implementação dos processos produtivos e a entrada tardia de pessoas vindas de outras regiões. A formação da identidade do morador da região Oeste teve como ingrediente básico a convivência entre as diferentes etnias e culturas.

Apresentamos na sequência as respostas dos informantes por ocasião da realização dos inquéritos para o estudo da fala do Oeste do Paraná e uma tentativa de análise das crenças e atitudes linguísticas. Para tal, selecionamos alguns recortes observando a dimensão diatópica, localização das localidades e povoamentos (núcleos mais ou menos etnicamente homogêneos) e as dimensões diastráticas (sexo, faixa etária e classe social). Aos recortes seguem entre parênteses as informações referentes à localidade (nome), e às dimensões diastráticas: sexo (masculino ou feminino); classe social ou escolaridade (Cb: sem escolarização ou ensino fundamental incompleto; Ca: ensino fundamental completo ou ensino médio incompleto) e faixa etária (GI: 18 a 35 anos; GII 40 a 65 anos).

As respostas referem-se à pergunta do Questionário Metalinguístico: "Como você acha que os moradores daqui (falar o nome da cidade) falam? Por quê?"

> (1) Olha, aqui em Guaíra tem... em a cidade exatamente de Guaíra, ela tem muitos sotaques muito misturados, então isso vira um mesclado de tudo um pouco. Acho que todos têm uma certa língua, sabe. Não tem um sotaque específico, que nem lá no interior de Marechal Cândido Rondon nós teríamos um sotaque, puxando tipo tudo um padrão, né. Aqui, todo mundo, acho que tenta... tenta homogeneizá o sotaque, né. Sempre a descendência puxa um pouco, japonês fica com sotaque japonês, nós também, mas no geral, todo mundo tenta homogeneizá mais, né, porque, têm muitos tipos... (Guaíra, MCbGII[4])

Neste primeiro depoimento encontramos a avaliação do informante quanto à fala na sua comunidade, bem como a descrição da realidade que envolve situações de contato entre línguas e dialetos. Essa reflexão de que o contato entre diferentes línguas e falares resultou na heterogeneidade linguística da localidade é mobilizada pela crença cognitiva, baseada no conhecimento sobre as línguas presentes na comunidade. Observa-se uma atitude positiva sobre a heterogeneidade na fala, embora a homogeneização mencionada possa indicar a tentativa de superação de estigmas que resultam sobre o diferente e também do que possa, talvez, ser identificado como perfil linguístico do município.

Nos recortes (2) e (3) podemos observar a caracterização de uma fala que busca uma uniformidade. Essa pressão se dá pelos grupos de maior prestígio nas localidades, observando os elementos que dão, segundo Fishman (2001), vitalidade etnolinguística à fala.

---

[4] Informante masculino, classe baixa, geração mais velha.

Em 2, a observação de que as diferenças entre a fala da informante e a fala da comunidade geram determinados comportamentos entre os falantes da localidade está baseada na crença afetiva. O pertencimento à comunidade depende, nesse contexto, de uma adaptabilidade da fala aos traços linguísticos predominantes.

> (2) Porque eu fui criada no norte tenho outro jeito de conversá, cheguei aqui, peguei o ritmo deles, mas já não falo igual eles. Têm muitas coisa que eu falo que eles dão risada, porque não é igual (Guaíra, FCbGII[5]).

No excerto 3 observamos um comportamento mobilizado pela crença cognitiva quando a informante relaciona o falar da sua localidade de origem com o nortista e o falar de Santa Helena com o alemão. No que se refere à atitude, novamente é manifestada a necessidade de adaptação à fala da localidade.

> (3) Eu acho..., eles falam um poquinho diferente. Né, porque aonde que eu morava, né, é mais... Umuarama era mais nortista, né? Aqui já tem mais alemão, né? Eles já têm um sotaque diferente. Agora eu já aprendi, também, a falá com eles, né... (risos) (Santa Helena, FCbGI[6])

Chambers e Trudgill (1980, p. 96-97) destacam que falantes que pertencem a grupos que não possuem uma 'segurança social', que os aproxime de um grupo mais alto e que não se encontram suficientemente distantes de um grupo mais baixo (classe trabalhadora), apresentam 'insegurança linguística', os quais buscam uma fala cuidadosa e monitorada, usando formas linguísticas de maior prestígio.

Os excertos são de informantes do sexo feminino, que, diferentemente dos homens, apresentam maior sensibilidade das pressões sociais principalmente aquelas advindas de grupos mais prestigiados na comunidade. Paiva (2004) destaca o fato de que a correlação sexo e variação linguística está relacionada ao prestígio atribuído pela comunidade ou grupo social a determinadas formas como também à forma de organização social da comunidade. Quanto às explicações sobre as diferenças linguísticas entre falantes de gêneros diferentes, segundo Trudgill (1974), estudos sociolinguísticos demonstram que as mulheres em nossa sociedade são mais conscientes do *status* social das formas linguísticas

---

[5] Informante feminino, classe baixa, geração mais velha.
[6] Informante feminino, classe baixa, geração mais nova.

do que os homens. Por esta razão, elas são mais sensíveis à significação das variáveis linguísticas nas relações sociais.

Na sequência, o recorte 4 revela uma atitude mais receptiva quanto à pressão de determinadas formas. Os informantes são do município de Assis Chateaubriand que se encontra próximo ao noroeste da região e se distancia dos núcleos de colonização sulista.

> (4) Óia, fica meio difícil pra mim falá, porque os minero com paulista mistura bastante, paranaense são meio... parece que misturo bastante. E os nordestino também, quando eles vêm do Norte, são bastante diferente, mas despois que eles tão aqui muda. Aí fica mais, mais no paulista, aí, paulista, minero, acho que fica mais nessa língua aí. (Assis Chateaubriand, MCbGII[7])

A heterogeneidade linguística da comunidade é reconhecida pelo informante, com destaque para os falares paulista e mineiro como semelhantes ou "misturados", com uma observação reticente com relação ao paranaense. Destaca-se, porém, a força dos traços do falar paulista e mineiro sobre os grupos que chegam à comunidade. O município, embora localizado na região Oeste, apresenta traços linguísticos particulares que o vinculam ao falar paulista e/ou mineiro. O conhecimento sobre as diferenças dos grupos linguísticos presentes na comunidade, cuja predominância leva os demais falantes, que chegam à comunidade a se adaptarem, expressa uma atitude positiva diante da heterogeneidade linguística.

No excerto 5, mesmo registrando que entre as variações há aquelas que possam ser identificadas corretas ou da "cultura antiga" ou "cultura caipira", o informante reconhece as diferenças e reflete sobre elas amparado em questões de ordem cultural. Baseando-se na crença cognitiva, provavelmente o contexto social o leva a perceber as diferenças do ponto de vista da convivência entre diferentes gerações.

> (5) Olha, existe, existe variações, né. Existe quem fala correto, aqueles que já, tipo aqueles nome que a gente citô, que ainda se conserva, né. Digamos que isso daí é uma... na sociologia é a cultura que uma pessoa recebe, né. Então, se você recebe aquela cultura antiga, caipira, mas é uma cultura, também. (Assis Chateaubriand, FCaGII[8])

---

[7] Informante masculino, classe baixa, geração mais velha.
[8] Informante feminino, classe alta, geração mais nova.

Nos excertos 6 e 7 encontramos posicionamentos mais críticos sobre as diferenças linguísticas da comunidade. As respostas são de informantes da geração mais nova (18 a 35 anos). As avaliações tocam em pontos como a gíria, presente na fala do jovem, e a interferência de uma língua na outra, no caso do alemão no português. Os aspectos apontados pelos informantes podem indicar a pressão social sobre o domínio dos conhecimentos gramaticais da língua e, também, sobre a necessidade de se distanciarem dos traços linguísticos mais estigmatizados da comunidade.

(6) Bem mal...

Ah, se for analisá pelo português... viche, principalmente os jovens, nossa... totalmente errado o jeito de falá, muita gíria... eh... Bem diferente do que precisaria sê, né?

A gente foi, nóis fumo..., entendeu? Essas coisas assim, nossa, completamente errado... (Marechal Cândido Rondon, MCaGI[9])

(7) Com sotaque alemão... Bastante...

Ah... troca as letras, tipo o b... o b pelo p, pelo t também... o f pelo v. Até no modo de escrevê tem gente que troca fazemos... vazemos, o tia, dia...

Como aqui é uma cultura mais alemã, é difícil alguém que falá diferente. Mesmo que vem de outro lugar, assim mais do norte, acaba pegando o costume, né, de falá...

Acaba que pega o costume de escutá... de tanto escutá acaba falando também, né.

Ah, cada região tem um jeito. Que nem o nordeste tem um jeito... a Bahia fala mais puxado, aqui, aqui Rondon aqui... com mais alemão. Acho que o Brasil não tem uma língua certa... Que a pessoa tem um sotaque. (Marechal Cândido Rondon, FCaGI[10])

As avaliações expostas partem de conhecimentos que os informantes possuem sobre estrutura e uso da língua e sobre diferentes falares do português, esses elementos estão baseados em crenças negativas sobre a fala. Em 7, embora haja uma crença negativa sobre a origem dos vários falares, a atitude é positiva, pois há a constatação de a diferença estar também relacionada à cultura e à geografia, o que leva à relativização do certo e errado.

---

[9] Informante masculino, classe alta, geração mais nova.
[10] Informante feminino, classe alta, geração mais nova.

As respostas dos excertos (8) e (9) dão indícios de crenças e atitudes mais positivas sobre a fala. Há, por parte dos informantes, o registro de certa segurança quanto à avaliação da sua fala e da fala de outros, o que pode estar relacionada às condições econômicas dos falantes, mas também ao pertencimento ao grupo de prestígio nas localidades. Os excertos são de informantes de geração mais velha (45 a 65 anos), pertencentes aos grupos que colonizaram a localidade, que gozam de *status* e prestígio social.

(8) A gente acha que é certo, né, pode ser que muitas pessoas acham que é erado. (Marechal Cândido Rondon, FCaGII[11])

(9) Entre nós aqui, o pessoal já veio do Sul, então troxe o mesmo sotaque, as mesmas..., né. Agora no norte, Umuarama, aí pra cima, é diferente, mais puxado pro pessoal do norte, né? Paulista, Rio de Janeiro veio de lá, e nós subimo aqui. Nós não sentimo muito a diferença... (Santa Helena, MCaGII[12])

As crenças e as atitudes são positivas. A informante feminina (excerto 8) reconhece que a diferença pode gerar a avaliação entre o certo e o errado. Mas essa avaliação parece não sofrer um efeito sobre a fala. Para o informante masculino (excerto 9), apesar de as diferenças existirem e remeterem à origem dos falantes, os traços linguísticos da comunidade representam o grupo que colonizou a localidade. Assim, a particularidade da fala é abonada pelo papel do grupo na comunidade.

Dentre os elementos que se destacam em cada resposta, podemos observar que o contexto multidialetal da região pode ser um aspecto representativo na identificação e análise da formação de áreas de conservação, inovação e transição linguística. Em torno das crenças e das atitudes sobre a fala pode surgir, assim, um ambiente favorável ou não para a mudança linguística. Observamos que a relação não é unidirecional, mas de uma via de mão-dupla, em que as crenças e as atitudes manifestam a dinâmica relação entre língua e sociedade, entre língua e falantes e entre os grupos que constituem as comunidades. As mudanças na ordem social implicam ou não a mudança também de atitudes quanto à língua. Ess a realidade pode ser observada na implementação da retroflexão na região.

Do ponto de vista linguístico, é possível identificar os resultados do panorama multicultural que se formou na região, com a formação de áreas de concentração de traços dos falantes sulistas. O contato entre grupos provenientes de diferentes regiões do Brasil e

---

[11] Informante feminino, classe alta, geração mais velha.

[12] Informante feminino, classe alta, geração mais velha.

de diferentes culturas ocorreu a partir da função e do papel que cada um assumiu no processo de colonização da região.

As crenças e as atitudes dos falantes sobre sua fala e a fala do outro se colocam como possibilidade para refazer os caminhos percorridos pelas variantes no interior dos grupos e dos grupos no interior da comunidade.

Referências

AGUILERA, Vanderci de Andrade. Crenças e atitudes linguísticas: o que dizem os falantes das capitais brasileiras. In: Estudos Linguísticos. São Paulo, 2008, p. 105-112.

BELONI, Wânia Cristiane Beloni. Um estudo sobre a fala e a cultura de italodescendentes em Cascavel-PR. 2013. Dissertação (Mestrado em Letras) – Universidade Estadual do Oeste do Paraná, Cascavel, 2013.

BOTASSINI, Jacqueline Ortelan Maia. Crenças e atitudes linguísticas: um estudo dos róticos em coda silábica no Norte do Paraná. 2013. 227 f. Tese (Doutorado em Estudos da Linguagem) – Universidade Estadual de Londrina, Londrina, 2013.

BUSSE, Sanimar. Investigações Geossociolinguísticas: Considerações para uma descrição dos fenômenos da variação. Revista Línguas & Letras, v. 13, n. 24, p. 90-116, 1º Sem. 2012.

BUSSE, Sanimar. Um estudo geossociolinguístico da fala do Oeste do Paraná. Volume 1. 2010. Tese (Doutorado em Letras) – Universidade Estadual de Londrina, Londrina, 2010.

CHAMBERS, J. K.; TRUDGILL, P. Dialectology. Cambridge: Cambridge University Press, 1980.

DALLEASTE, Ana Paula. Estudo da fala de descendentes italianos em Matelândia-Paraná. 2014. Dissertação (Mestrado em Letras) – Universidade Estadual do Oeste do Paraná, Cascavel, 2014.

FISHMAN, Joshua. Handbook of language & ethnic identity. New York: Oxford University Press, 2001.

GREGORY, Valdir. Os eurobrasileiros e o espaço colonial: migrações no Oeste do Paraná (1940-1970). Cascavel: EDUNIOESTE, 2005.

KOCH, Walter; KLASSMANN, Mário Silfredo; ALTENHOFEN, Cléo Vilson. ALERS: Atlas Linguístico-Etnográfico da Região Sul do Brasil. Volume I e II:

Introdução. Porto Alegre/Florianópolis/Curitiba: UFRGS/Ed. UFSC/Ed. UFPR, 2002.

LABOV, William. Principios del cambio linguístico. Volumen 1 e 2: Factores internos. Madrid: Gredos, 1994.

LAMBERT, William. W.; LAMBERT, Wallace. E. Psicologia social. Trad. Álvaro Cabral. Rio de Janeiro: Zahar Editores, 1966.

MARTINY, F. M. M. Políticas Linguísticas e Educacionais: o ensino de língua alemã em Marechal Cândido Rondon. 2015. Tese (Doutorado em Letras) – Universidade Estadual do Oeste do Paraná, Cascavel, 2015.

MORENO FERNÁNDEZ, Francisco. Principios de sociolinguística y sociologia del languaje. Barcelona: Ariel, 1998.

ORSI, Laura. Estereotipos y actitudes: similitudes y diferencias. Universidad Nacional del Sur, 2010.

PAIVA, Maria da Conceição de. A variável gênero/sexo. In: MOLLICA, Maria Cecília; BRAGA, Maria Luiza (orgs.). Introdução à sociolinguística: o tratamento da variação. São Paulo: Contexto, 2004.

RIPPEL, Ricardo. Migração e desenvolvimento econômico no Oeste do Estado do Paraná: uma análise de 1950 a 2000. Campinas, SP: [s.n.], 2005.

THUN, Harald. A dialetologia pluridimensional no Rio da Prata. In: ZILLES, Ana Maria Stahl. Estudos de variação linguística no Brasil e no Cone Sul. Porto Alegre: Editora da UFRGS, 2005.

TRUDGILL, Peter. Sociolinguistics: an introduction to language and society. England: Penguin Books, 1974.

WEINREICH, Uriel; LABOV, William; HERZOG, Marvin L. Fundamentos empíricos para uma teoria da mudança linguística. São Paulo: Parábola, 2006.

Desafios do ensino de variação linguística em tempos de pandemia da covid-19: revisitando algumas sugestões pedagógicas

Rayani Andressa da Cruz Oliveira, Cristiane Schmidt

Universidade do Estado de Mato Grosso – UNEMAT, Universidade de Mato Grosso do Sul – UFMS

1. Considerações iniciais

Este estudo foi elaborado, avaliado por pareceristas e aprovado em 2021 para a Qualificação Fora de Área que os doutorandos, do Programa de Pós-Graduação em Linguística, da Universidade do Estado de Mato Grosso, *campus* Cáceres, apresentam como requisito para a permanência no Programa.

A pesquisa sustenta-se nos pressupostos teóricos da Sociolinguística Educacional, tendo como objetivo central apresentar alternativas para o professor de Língua Portuguesa, no que diz respeito ao tratamento dado à heterogeneidade da língua no contexto escolar. Partindo desse intuito, que corrobora "O reconhecimento da variação linguística em sua estreita correlação com a heterogeneidade social [que] tem redirecionado as concepções de língua e de ensino de língua nas diretrizes oficiais e na prática pedagógica em sala de aula" (BAGNO, 2008, p. 10). Sendo assim, no contexto escolar brasileiro, foi a partir da publicação dos Parâmetros Curriculares Nacionais (BRASIL, 1988) que foi reconhecida a importância da abordagem da variação linguística nas aulas de língua portuguesa.

De acordo com esses documentos educacionais, as variedades linguísticas devem integrar os conteúdos programáticos de língua portuguesa nas escolas de ensino fundamental e médio e "[...] o respeito à diversidade é o principal eixo da proposta" (BRASIL, 1998, p. 4), por conseguinte, postulam uma prática pedagógica sensível à diversidade linguística e cultural.

Com essa perspectiva de ensino, a Sociolinguística Educacional, iniciada por Bortoni-Ricardo, mediante a publicação da obra "Educação em língua materna: a sociolinguística na sala de aula" (2004), começa a ganhar espaço, voltada sobretudo, para o desenvolvimento das pesquisas da realidade linguística brasileira.

Contudo, sabemos que o ensino da linguagem como um todo é cheio de desafios, pois ensinar variação linguística nas escolas, em grande parte ainda carece de conhecimento e espaço. E o que já não era tarefa fácil para o docente, tornou-se ainda mais desafiador, visto que estamos enfrentando uma pandemia, causada pela COVID-19, a qual forçou principalmente as escolas a adotar aulas *online,* na modalidade do ensino remoto.

É fato que o contexto formal educacional não estava – e ainda não está – preparado para uma pandemia, sendo que em algumas situações, foi possível "se reinventar", expressão que tem aparecido com frequência neste momento de isolamento físico. Nessa tentativa, buscamos ao menos dar uma direção para o professor de Língua Portuguesa continuar suas atividades, mesmo com o ensino não presencial.

Visto que o momento pede urgência, compreendemos que é necessário olhar para o que já temos. Pois, há muitos anos vêm sendo desenvolvidas pesquisas sobre fenômenos de variação e de mudança linguísticas no português brasileiro e, principalmente, estratégias voltadas para o progresso da competência comunicativa dos alunos.

A partir dessas delineações iniciais, este estudo tem relevância para o contexto atual, sobretudo quanto à emergência do ensino remoto, o que nos faz buscar novas estratégias relativas aos processos de ensino e aprendizagem de línguas.

Dessa forma, revisamos estudos que oferecem sugestões pedagógicas, como o de Santos (2010) intitulado "Procedimentos Pedagógicos para abordar a Variação Linguística a partir de programa assistido por alunos o Ensino Fundamental"; a pesquisa de Bezerra e Pimentel (2016) sob o nome de "Normativismo Linguístico em redes sociais digitais: uma análise da *fanpage* Língua Portuguesa no *Facebook*"; e "Um estudo sobre Variação Linguística no *WhatsApp*" com a autoria de Salvador e Barros (2020).

2. O ensino de língua portuguesa nos documentos oficiais e suas implicações na prática docente

Iniciamos a discussão deste estudo a partir do documento oficial de ensino, o Parâmetro Curricular Nacional PCN (BRASIL, 1998), uma vez que esse documento determina o reconhecimento e o tratamento no ensino das variedades da língua portuguesa a partir da Sociolinguística Educacional.

Quando se trata do ensino de língua portuguesa, entendemos que a Sociolinguística Educacional busca colaborar para a melhoria da qualidade do ensino na educação básica, por meio da implantação de uma Pedagogia da Variação Linguística que agregue ao ensino de Português as diferentes variedades linguísticas trazidas pelos alunos à sala de aula.

No entendimento de Bortoni-Ricardo, essa vertente teórica se configura numa subárea da Sociolinguística que veio para "[...] denominar todas as propostas e pesquisas sociolinguísticas que tenham por objetivo contribuir para o aperfeiçoamento do processo educacional" (BORTONI-RICARDO, 2005, p. 128). Inicialmente, ao retratar a nossa realidade linguística, a Sociolinguística Educacional procurou se ater à descrição do Português Brasileiro (PB).

Todavia, para que chegássemos até essa percepção sobre o ensino da língua portuguesa, Dias (2011) nos explica que, no início dos anos de 1980, a escola brasileira realizou uma grande mudança na concepção de língua. Tal mudança foi marcada pela publicação de um documento para a Secretaria de Educação do Estado de São Paulo. O documento contemplou, entre outros os "Subsídios à proposta curricular de Língua Portuguesa para o 2º Grau", feito por Ataliba Castilho, Roberto Camacho, Maurício Gnerre entre outros. Sobre o conteúdo do documento Dias (2011) argumenta que

> Esse texto, fundamentado na Sociolinguística, traz a heterogeneidade e a diversidade linguística para dentro do ensino de Língua Portuguesa. A partir daí, ensinar língua na escola passa a exigir uma visão crítica sobre a gramática, uma reflexão sobre: as diferenças entre o oral e o escrito; os diferentes registros e modalidades de uso da língua (DIAS, 2011, p. 24).

Mesmo com a nomeação da Comissão Nacional para o aperfeiçoamento do Ensino da Língua Portuguesa (por meio do Decreto n. 91.372, de 26 de junho de 1985) do Ministério da Educação, foi somente com a publicação dos Parâmetros Curriculares Nacionais (BRASIL, 1998) que foi legitimada a relevância do enfoque da variação linguística nas aulas de língua portuguesa.

> Não se pode mais insistir na ideia de que o modelo de correção estabelecido pela gramática tradicional seja o nível padrão de língua ou que corresponda à variedade linguística de prestígio. Há, isso sim, muito preconceito decorrente do valor atribuído às variedades padrão e ao estigma associado às variedades não-padrão, consideradas inferiores ou erradas pela gramática. Essas diferenças não são imediatamente reconhecidas e, quando são, são objeto de avaliação negativa (BRASIL, 1998, p. 31).

Esse documento oficial explica que para desempenhar de modo satisfatório o papel de ensinar a escrita e a língua padrão

> [...] a escola precisa livrar-se de vários mitos: o de que existe uma forma "correta" de falar, o de que a fala de uma região é melhor do que a de outras, o de que a fala "correta" é a que se aproxima da língua escrita, o de que o brasileiro fala mal o português, o de que o português é uma língua difícil, o de que é preciso "consertar" a fala do aluno para evitar que ele escreva errado (BRASIL, 1998, p. 31).

Assim, podemos observar que a partir dos postulados dos PCN (1998) para uma nova percepção de ensino de língua portuguesa, foi possível estabelecer a consideração das variedades da língua brasileira, de modo que se possa refletir e discutir com os alunos a realidade linguística do nosso país.

Em resumo, a ausência de conhecimento dos professores sobre a Linguística e a Sociolinguística Educacional perpetua práticas intolerantes no ensino-aprendizagem da língua portuguesa. Por conseguinte, a importância de os professores terem formação em Linguística é reiterado por Cagliari (2007):

> [...] a linguística é o estudo científico da linguagem. Está voltada para a explicação de como a linguagem humana funciona e de como são as línguas em particular, quer fazendo o trabalho descritivo usando os conhecimentos adquiridos para beneficiar outras ciências e artes que usam de algum modo, a linguagem falada ou escrita (CAGLIARI, 2007, p. 42).

É importante que o professor assuma o papel de analista da língua, para que possa ter o próprio conhecimento dela e, assim, tenha um posicionamento crítico que, consequentemente, o auxiliará a ressignificar sua prática. Quando a escola e o docente de Língua Portuguesa têm conhecimentos teóricos sólidos na área da linguagem, conseguem visualizar os caminhos para o ensino-aprendizagem. A Sociolinguística Educacional permite tal redirecionamento, uma vez que

> O que a Sociolinguística Educacional faz é buscar respostas para questões educacionais dentro do seu universo da escola. Com isso, ela se envolve em temas consideravelmente mais amplos que se inserem no contexto social maior, conciliando os aspectos micro e macro do processo. E é para esse contexto que a escola deve preparar o indivíduo (BORTONI-RICARDO; FREITAS, 2009, p. 220).

Desse modo, podemos compreender que Sociolinguística Educacional tem oferecido não só metodologias para um amplo ensino, mas também gerado reflexões bastante relevantes em relação ao ensino atual de língua portuguesa. Diante da diversidade linguística temos muitas produções teóricas, as quais demonstram o quanto o ensino de língua portuguesa tem evoluído apesar das falhas que ainda existem, por exemplo, ao não levar em consideração as variedades linguísticas trazidas pelos alunos.

Tais avanços vêm sendo bastante debatidos por estudiosos e especialistas da área, especialmente na Sociolinguística Educacional, ainda assim o ensino de língua portuguesa necessita de mais avanços que agreguem os resultados dessas pesquisas para serem colocados em prática nas escolas.

3. Pedagogia da Variação Linguística

Quando falamos em educação e ensino, logo nos lembramos da palavra "pedagogia", pois, de acordo com Libâneo, trata-se do "campo do conhecimento que se ocupa do estudo sistemático da educação, isto é, do ato educativo, da prática educativa concreta que se realiza na sociedade como um dos ingredientes básicos da configuração da atividade humana" (LIBÂNEO, 1998, p. 30).

Desse modo, compreendemos a *Pedagogia da variação linguística* como um conjunto de práticas educativas, práticas de ensino da língua portuguesa, que contemplem a discussão da variação linguística no espaço escolar, todas as variedades da língua, desde a norma padrão até as normas de menor valor social como a norma popular.

O grande desafio é entender como abordar tudo isso, de forma pedagógica. Assim, Faraco e Zilles (2015) indagam

> Como desenvolver uma pedagogia da variação linguística no sistema escolar de uma sociedade que ainda não reconheceu sua complexa cara linguística e, como resultado da profunda divisão socioeconômica que caracterizou historicamente sua formação (uma sociedade que foi, por trezentos anos escravocrata), ainda discrimina, fortemente pela língua, os grupos socioeconômicos que recebem as menores parcelas de renda nacional (FARACO; ZILLES, 2015, p. 8).

Compreendemos que a abordagem da diversidade da língua na escola tem um papel muito importante para o professor, visto que o modo como o conceito da variação linguística é exibido aos alunos pode afetar o posicionamento dele com relação à língua. É fundamental, então, desenvolver um novo comportamento do professor de língua portuguesa. Cyranka (2015), argumenta que essa nova postura requer

> [...] lembrar, antes de tudo, de que não vai "ensinar" o que os alunos já sabem, ele não vai ensiná-los a falar português. O que cabe ao professor é, simplesmente, considerando as experiências reais de seus alunos quanto ao uso da língua portuguesa, considerando a variedade linguística que eles utilizam e sua capacidade de nela se expressarem, conduzi-los nas atividades pedagógicas de ampliação de sua competência comunicativa (CYRANKA, 2015, p. 35).

Assim, o professor necessita propiciar um ensino da língua portuguesa que a considere como a soma de variantes exemplificadas pela variação linguística, visto que tudo depende da adequação ao uso.

Para tanto, Faraco (2008) argumenta sobre a pedagogia da variação linguística, apontando que o ensino de língua portuguesa tem avançado no que diz respeito à instituição de diferentes gêneros, principalmente com relação à pedagogia da leitura e da produção de texto. Visto que não mais se privilegia apenas um tipo de texto, como o texto literário para a leitura ou a redação como produção de texto, considera-se que é dever da escola possibilitar tanto a experiência da literatura, quanto a familiaridade com os textos de vasta circulação sociocultural.

O autor salienta, contudo, que em relação à construção de uma pedagogia da variação linguística, ainda estamos muito atrasados: "Parece que não sabemos, de fato, o que fazer com a variação linguística na escola. E o que temos feito é seguramente bastante inadequado" (FARACO, 2008, p. 176). Ele ainda argumenta que os documentos oficiais para o ensino já mencionam a pedagogia da variação linguística, todavia, nos leva a observar que, mesmo com os documentos oficiais destacando essa pedagogia, ela ainda não está presente de fato nos livros didáticos e nas atividades que abordam a variação linguística em sua diversidade.

> Nos livros, os fenômenos de variação são ainda marginais e maltratados (são abordados tendo a cultura do erro como pano de fundo). Quando se fala em variedades da língua, predominam referências à variação geográfica (sem dúvida, a mais fácil de ser abordada por envolver menos preconceitos do que a variação social). No entanto, os fenômenos são aqui apresentados muito mais de uma maneira anedótica do que como expressões linguísticas da história das comunidades de cada região (FARACO, 2008, p. 177).

Nesse contexto, o autor nos faz perceber a falta de uma pedagogia apropriada à variação linguística. Compreendemos que a língua portuguesa é heterogênea, contudo, a deficiência no ensino dessa língua não está na diversidade da língua, mas na maneira de lidar com essa diversidade.

Para Cyranka (2014), a Sociolinguística Educacional pretende conscientizar os futuros docentes de Letras sobre a necessidade do reconhecimento da heterogeneidade linguística do Brasil e da importância do trabalho sobre e como lidar com a variação linguística no contexto escolar da educação básica. Compete, portanto, ao ensino de língua portuguesa na educação básica, do ensino fundamental ao médio, possibilitar aos alunos a percepção da aprendizagem linguística, pois, assim, os docentes oportunizarão aos alunos um tratamento mais adequado para com a língua materna.

Podemos dizer que o ponto essencial do tema 'variação linguística e ensino' parte da aceitação, tanto por parte dos alunos quanto dos docentes, no tocante às sugestões metodológicas de se trabalhar a variação linguística e as diversidades da língua em sala de aula. E nos parece que tudo isso ficou mais distante no momento que estamos enfrentando, o distanciamento físico inesperado e urgente entre alunos e professores, coloca mais um desafio, não apenas para a *Pedagogia da Variação Linguística*, mas para o ensino como um todo.

4. O ensino e as transformações diante da Covid-19

A pandemia decorrente do coronavírus SARSCoV 2 (COVID-19), modificou a vida da sociedade em geral, de modo que para frear o avanço da contaminação causada pelo vírus, diversas medidas de segurança foram tomadas junto ao isolamento social. Tais medidas afetaram tanto as instituições de ensino brasileiras, quanto todos os demais setores da sociedade.

A medida de distanciamento social determinada é uma situação totalmente incomum para a população do Brasil. Situações excepcionais exigem soluções nunca antes realizadas, principalmente quando se trata da saúde e da vida de milhares de pessoas. Diante desse contexto, as instituições de ensino passaram a buscar alternativas tecnológicas para atender à necessidade do distanciamento físico.

Para tanto, em março de 2020, por meio da Portaria nº 343, o Ministério da Educação (MEC) permitiu a substituição das aulas presenciais por aulas em meios digitais, enquanto durasse a situação de pandemia da COVID-19. Diante desse cenário o mundo mudou, afetando escolas e universidades. Conforme apontam Silus, Fonseca e Jesus (2020), o ensino passou para a modalidade remota, sendo chamada de Ensino Remoto Emergencial (ERE)[1], o qual teve o objetivo de gerar um espaço *online* capaz de fornecer soluções de ensino absolutamente remotas ao que antes era presencial.

A expansão da pandemia causou uma urgência do trabalho com as tecnologias nos espaços escolares, fazendo com que alunos e professores redesenhassem seus modos de compreender o processo de ensino e aprendizagem. Assim, a necessidade de implementar o Ensino Remoto Emergencial está nos mostrando fortemente a fragilidade das implementações das Tecnologias Digitais de Informação e Comunicação (TDIC's). Tais tecnologias tiveram um crescimento global, guiando a educação a reformular não só suas práticas pedagógicas, como também suas ferramentas tecnológicas de ensino ao formular programas, redes e mídias que possibilitam a integração dos estudantes com professores em redes de aprendizagem em ambientes virtuais.

De forma geral, com a entrada inesperada do Ensino Remoto Emergencial, percebemos que grande parte dos alunos e professores não estão preparados, de modo que é preciso que sejam promovidas atividades de formação continuada docente, que deem suporte às mudanças e inovações pedagógicas tecnológicas nesse contexto do ensino remoto.

Nesse sentido, Masetto (2002) faz uma reflexão importante em relação ao ensino superior, mas que pode ser aplicada ao ensino básico também. De acordo com o autor, inovar no trabalho educativo conduz os professores a uma análise criteriosa no que diz respeito ao ensino, de modo que analisem todo o seu processo diante dos estudantes.

Para tanto, Masetto infere que os profissionais da educação podem procurar por novas metodologias que estimulem a atividade dos estudantes no seu processo de ensino; podem tornar mais humana a aproximação aos estudantes, na tentativa de estimulá-los ao aprendizado; podem repensar a forma de avaliações e podem reafirmar o constante compromisso de formação continuada docente.

Diante deste novo cenário de ensino, passamos a perceber que a educação de modo geral precisa dialogar com a sociedade pois compreendemos que o novo perfil do professor é de mediador, orientador e, até mesmo, de aprendiz dessa nova configuração.

De modo geral, podemos perceber que o Ensino Remoto Emergencial, provocou um efeito devastador entre alunos e professores, por um lado por não estarem preparados para inserção dos ambientes virtuais de aprendizagem (AVA), por outro lado o uso das

---

[1] Vale mencionar que o Ensino Remoto Emergencial não é o mesmo que Educação à distância EAD, pois esta, possui normativas próprias e sistemas de ensino e aprendizagem que em muitos casos divergem do ensino presencial.

tecnologias ainda não era uma realidade,apesar de haver projetos na educação que buscavam implantar as TDIC's antes mesmo da pandemia,.

Quando as aulas presenciais foram suspensas, começou uma maratona para que alunos, professores e calendário escolar não fossem lesados. Logo, alguns materiais tecnológicos criados para o ensino, passaram a representar a sala de aula física, e os professores tiveram que imediatamente substituir a lousa pelas telas digitais, mesmo sem terem passado por uma formação inicial tecnológica e metodológica, como argumenta Foletto (2021):

> No momento estamos vivenciando o popularmente chamado "o que temos pra hoje", um improviso de aulas gravadas, às pressas, sem o devido preparo e treinamento dos profissionais da educação para se familiarizarem ao contexto digital, professores "se virando" para desempenhar seu papel por meio de vídeos gravados, famílias desinformadas sobre as plataformas digitais disponibilizadas pelo governo e a distribuição de materiais impressos pela secretaria (FOLETTO, 2021, p. 54).

Contudo, não é o momento de majoritariamente apontar as falhas do sistema escolar em relação à apropriação tecnológica. O que nós professores e pesquisadores sabemos é que não é de agora que estamos vivenciando a grande revolução tecnológica, cada vez mais imersos no mundo digital, na facilidade de acesso à comunicação e na enxurrada de informações. Os alunos, em grande parte, agem com mais naturalidade perante as novas tecnologias, e, mesmo aqueles que não têm tanto contato diário com esses recursos, conseguem se apropriar das informações com mais facilidade.

De todo modo, faz-se necessário utilizarmos o que já temos, como, por exemplo, os estudos realizados sobre tecnologias e seu uso pelos alunos. Nesse sentido, Melo (2019) em seu estudo oferece informações importantes:

> Essa geração não tem "paciência" para focar sua atenção em aulas exclusivamente expositivas; então, se fecham em seu universo digital. Os recursos tecnológicos têm influenciado, não só o comportamento desses adolescentes e jovens, mas, também, a forma como estão construindo seu conhecimento. Os professores se queixam da indisciplina na sala de aula, da falta de interesse dos alunos pela aprendizagem, no entanto, a maioria das aulas permanece sendo ministrada com os mesmos recursos tecnológicos de séculos passados (giz/lousa e livro didático), com textos lineares, que atraem pouco os alunos, ao invés do uso de textos em telas ou display digitais, com hipertextos e suas múltiplas possibilidades,

mesclando tanto as linguagens verbais e visuais quanto as sonoras. Assim como o conhecimento deve ser algo dinâmico e interativo, o texto digital possui algumas características que, somadas, despertam a atenção dos nossos alunos (MELO, 2019, p. 36).

Compreendemos que os alunos possuem interesse pela aprendizagem quando ela é significativa, quando notam que o aprendizado em questão terá finalidade real em suas vidas. Depreendemos, portanto, que se torna importante que professores passem a levar em conta como as tecnologias têm motivado atualmente os alunos, principalmente, quanto ao desejo de publicar, conversar, compartilhar tudo que produzem, enfim, tudo que gerar visibilidade.

Diante do exposto, compreendemos que o ensino de modo geral passa por grandes desafios, especialmente o ensino de língua portuguesa. Compreendemos que já era difícil para os professores ensinar para os alunos a importância do ensino de língua portuguesa relacionado às questões sociais da língua, de modo que fosse possível possibilitar e estimular a construção de uma reflexão sobre a língua em uso, agregando sua diversidade e expandindo o seu conhecimento e, como resultado, a competência linguística desse aluno. Agora, imaginemos oferecer todas essas possibilidades da língua, diante de uma pandemia, no ensino na modalidade a distância, com dificuldades tecnológicas e até mesmo sem recursos pedagógicos.

No tópico a seguir, trataremos de algumas propostas para o professor de língua portuguesa nas aulas sobre variação linguística, a partir dos pressupostos Sociolinguísticos sendo auxiliados pelas tecnologias recentes.

5. Alternativas para o ensino de variação linguística: uso de algumas ferramentas

Como já mencionamos no decorrer deste estudo, muitas pesquisas sobre fenômenos de variação e mudança linguísticas no português brasileiro têm sido desenvolvidas há muitos anos, e por isso, acreditamos que tais pesquisas podem auxiliar no estudo da língua portuguesa em sala de aula; podendo servir como um auxílio para um ensino mais efetivo, contribuindo, de fato, para o progresso da competência comunicativa dos alunos. Tudo isso vem sendo bastante discutido por pesquisadores e especialistas da área, especialmente dentro da vertente da Sociolinguística Educacional.

Desse modo, buscamos propiciar para o professor de língua portuguesa alternativas diante dos diversos estudos que já temos, visando que o docente tenha a opção de oferecer um ensino sobre a heterogeneidade da língua de modo mais dinâmico e eficaz, com base nas interações midiáticas com as quais os alunos já interagem no seu cotidiano. Pois, compreendemos que o contexto atual, a emergência do ensino remoto, nos força a buscar novas estratégias de ensino.

Por isso, dada a urgência do momento, revisitamos estudos já realizados que oferecem possibilidades para o professor diante das determinações dos documentos oficiais como o PCN (1998). Conforme afirma Faraco (2008), tentar cumprir o desafio de criarmos práticas didático-pedagógicas adequadas que não apenas reforcem a folclorização da variação e os estereótipos do senso comum.

5.1 A TV como Recurso Educacional

Santos (2010) realizou um estudo sobre programas televisivos assistidos por alunos do ensino fundamental como ferramenta pedagógica para abordar a variação linguística. A autora se propôs a buscar os procedimentos pedagógicos utilizados por uma docente que leciona nas séries iniciais do ensino fundamental. O objetivo central do estudo foi analisar a linguagem verbal veiculada pela mídia televisiva nos programas para trabalhar questões de linguagem, principalmente, sobre a variação linguística em sala de aula.

De modo geral, Santos (2010) demonstra em seu estudo que a TV pode ser um recurso para as aulas de língua portuguesa no que diz respeito ao ensino de variação linguística. Isso por que:

> As tecnologias da informação e comunicação permitem que a cultura audiovisual seja difundida em todos os países, consequentemente em todos os lares; **assim a mídia televisiva proporciona às crianças, jovens e adultos informações, conhecimentos e valores. Essa cultura difunde em nossa sociedade conhecimentos e linguagem que se diferenciam da cultura escolar**, contudo, essa diferença não pode ser ignorada pelas instituições formais de ensino (SANTOS, 2010, p. 44, grifos nossos).

A linguagem não é somente um conjunto de palavras faladas ou escritas, mas também de gestos e imagens. Na televisão isso não é diferente, mas a linguagem é considerada artificial, fazendo referência ao estilo de comunicação verbal empregado por esse veículo de comunicação de massa, da mesma forma como costumamos falar em linguagem dos jornais ou do rádio.

Nesse sentido consideramos a TV uma ferramenta interessante para as aulas sobre variação linguística, em contraste com jornais, nos quais há o emprego da linguagem formal; em contrapartida aos personagens de propagandas e novelas diferentes níveis de formalidade da língua. Assim, o professor pode demonstrar a língua em seu caráter vivo, consequentemente diversificada. Nesse caso, a linguagem veiculada pela mídia televisiva está também relacionada ao princípio de heterogeneidade, podendo conter variações nas falas das várias personagens existentes.

Contudo, Santos (2010) explica que os resultados de seu estudo demonstram que o trabalho com a variação linguística em sala de aula seguiu as formas comparativas entre a linguagem urbana e a rural, sem adentrar na discussão dos aspectos culturais, sociohistóricos e comunicativos que estão presentes na língua em seus usos sociais.

Podemos perceber que a abordagem sobre variação linguística em sala de aula a partir da TV, deve ir além da comparação da linguagem urbana e rural. Para tanto, o professor precisa compreender que a mídia televisa é só um ponto de partida, no qual ocorrem falares estereotipados, privilégio de determinados falares, bem como aspectos culturais e linguísticos.

A televisão oferece possibilidades de discutir com os alunos a linguagem presente nas telenovelas, por exemplo, já que que caracterizam o modo de falar dos personagens, muitas vezes, de forma exagerada, distanciando-se da realidade. Santana e Neves (2015) mencionam como exemplo "[...] os sotaques dos personagens nordestinos exibidos nas novelas, que muitas vezes são exagerados e tornam-se cômicos, representando quase sempre pessoas de classes populares e notadamente com pouco nível de instrução" (SANTANA; NEVES, 2015, p. 86).

Com a mesma importância que o ensino da norma padrão representa para qualquer cidadão no seu uso social, as variações não-padrão também estão presentes na realidade linguística do português brasileiro. Desse modo, o aluno precisa ser orientado e conscientizado sobre isso, uma vez que a TV é uma tecnologia presente na maioria dos lares brasileiros, sendo, por muitas vezes, a única.

5.2 Facebook e as Fanpages

Outra ferramenta acessível e que 'caiu no gosto dos alunos' é a rede social chamada *Facebook*[2]. Bezerra e Pimentel (2016) realizaram um estudo sobre o normativismo linguístico presente na *fanpage* "Língua Portuguesa"[3], uma comunidade virtual inserida na rede social *Facebook*. *A fanpage "Língua Portuguesa" é descrita como, "dedicada à divulgação da Língua Portuguesa" e como um "espaço para os admiradores" dessa língua.*

> Criada em agosto de 2011, a *fanpage Língua Portuguesa* chama a atenção pela sua popularidade, aferida pela quantidade de "curtidas" que a página apresenta: quase um milhão e quatrocentas mil até meados de janeiro de 2016. Parece ser, de longe, a página mais popular nessa categoria. Pode-se afirmar, assim, que as ideias ali veiculadas certamente terão um impacto em construir e/ou manter um determinado imaginário sobre a língua portuguesa (BEZERRA; PIMENTEL, 2016, p. 733).

As autoras demonstram que as práticas discursivas mediadas por *sites* como o *Facebook*, recebem uma grande aceitação de adolescentes e jovens. Em contrapartida, sofrem estigma por parte de instâncias reguladoras dos usos da língua portuguesa. Elas ainda explicam, que a escrita no ambiente digital se torna uma ferramenta de autoexposição dos usuários, de modo que ocasiona juízos de valor sobre usos "certos" e "errados" da língua.

Nesse sentido, o professor poderá utilizar a ferramenta *Facebook* a partir do estudo de Pimentel e Bezerra (2016), com intuito de orientar sobre os sentidos de norma linguística, de heterogeneidade da língua e de preconceito linguístico. A *fanpage* "Língua Portuguesa" pode ser um ponto de partida para tais discussões, pois os alunos já estarão envolvidos neste ambiente, o que pode contribuir para fomentar a curiosidade e o desenvolvimento da aula de modo mais dinâmico e interativo. Assim, será possível demonstrar aos alunos que

> A "defesa" da língua é um empreendimento sempre abraçado por pessoas que se decidem a (re)agir contra usos linguísticos que a seu ver ameaçam "assassinar",

---

[2] O Facebook foi criado em 2004, por um grupo de jovens universitários. O objetivo era criar um espaço para o encontro de pessoas e o compartilhamento de opiniões e fotos. Em pouco tempo a rede ampliou-se entre as universidades americanas, conectando jovens de mais de 800 instituições. A sua popularidade aumentou e em menos de um ano já possuía 1 milhão de usuários ativos. No ano de 2006 o *Facebook* foi liberado para quem quisesse criar uma conta.

[3] https://www.facebook.com/linguaportuguesa07

"deturpar" ou ainda fazer "regredir" o idioma. No âmbito da Internet, essas iniciativas corporificam-se em *sites* e *blogs* e aplicativos de diversas naturezas. Para mencionar apenas o *Facebook*, aí é possível localizar uma diversidade de "grupos" e "páginas" que se dedicam a fornecer dicas de usos "corretos" da língua ou ainda a denunciar, corrigir e ridicularizar "erros" frequentes nas redes sociais, no ENEM e em diversas outras instâncias de uso da linguagem (BEZERRA; PIMENTEL, 2016, p. 741).

Assim, essa discussão torna-se mais viável quando é algo que faz parte do mundo de interação dos alunos. De modo que, torna-se possível o objetivo de oferecer uma reflexão contínua sobre a natureza da língua e da linguagem, a partir de postagens e comentários de uma página do *Facebook* à "divulgação" e ao "cuidado" da língua portuguesa podemos levar o aluno a compreender que a língua é, nesse cenário, vista como a norma padrão, na iminência de ser eleita como a "língua padrão".

Essa variedade imaginada, portanto, é tida como língua legítima, já o português popular é tratado como inferior. E paralelamente a isso, a língua também é identificada como um referencial estético, na qual o padrão é bonito, o não padrão é feio.

5.3 WhatsApp

Outra ferramenta pedagógica que pode ser utilizada nas aulas de língua portuguesa é o aplicativo de mensagens instantâneas *WhatsApp*. Barros e Salvador (2019) desenvolveram um estudo, cujo objetivo foi analisar a variação linguística encontrada no processo comunicativo nesse aplicativo de mensagens, no 9º ano de uma Escola Municipal de Campo Grande, MS.

As autoras argumentam que o progresso e a popularização da tecnologia ocasionaram o surgimento dos gêneros virtuais e, consequentemente, uma mudança na maneira de utilização da língua e da linguagem, destacando o aumento do uso do *WhatsApp*. De modo que é possível notar que a população tem escrito e lido mais, adequando-se às peculiaridades comunicacionais da atualidade, principalmente, à rapidez no ato de receber e enviar mensagens. Barros e Salvador (2020) selecionaram 30 alunos da turma do 9º ano, os quais   demonstraram desinteresse e apatia pela aprendizagem, tendo déficits tanto em competências ligadas à leitura como à escrita comprovados em exames internos da escola. Por isso, as autoras pontuam que foi necessário produzir uma "Sequência Didática apoiada nos estudos realizados pela Sociolinguística feitos por Alkmim (2001),

Camacho (2001), Marcuschi (2008), dentre outros, trazendo o contexto da realidade do aluno para dentro da sala de aula" (BARROS; SALVADOR, 2020, p. 12).

O primeiro passo dessa proposta didática foi pedir aos alunos que criassemum grupo no *WhatsApp* e incluíssem a professora. Essa etapa inicial, de acordo com as autoras, parte da concepção de que os discentes se envolvem em uma comunidade linguística, o que corrobora as afirmações de Alkmim (2001): "um conjunto de pessoas que interagem verbalmente e que compartilham um conjunto de normas com respeito aos usos linguísticos" (ALKMIN, 2001, p. 31). Em seguida, a docente pediu aos alunos que produzissem um texto sobre sua série preferida utilizando a linguagem que normalmente usam no aplicativo *WhatsApp*.

Por esse motivo, de acordo com Barros e Salvador (2020), a docente da turma solicitou que os alunos fizessem a leitura de uma conversa qualquer no *WhatsApp*, percebendo e refletindo sobre a linguagem utilizada. Posteriormente, a professora mostrou a imagem de algumas respostas dadas por eles na atividade, pedindo para que notassem a variedade usada e sempre fazendo indagações para que os alunos pensassem o motivo do uso dela. Logo após essas discussões, as autoras explicam que a professora solicitou que os alunos realizassem em conjunto a verificação de situações linguísticas que a diferenciavam da linguagem padrão. As pesquisadoras argumentam que:

> Após a análise, a conclusão recorrente foi a aproximação do internetês com a linguagem oral, associando-a à informalidade. A partir disso, a professora explicou na terceira aula outras variedades linguísticas, fazendo um quadro comparativo para que os alunos anotassem e, sempre questionando-os e levando-os a refletirem sobre a adequação da linguagem ao seu contexto e, principalmente, ouvindo experiências dos alunos, mostrando e esclarecendo que o preconceito linguístico é inaceitável na sociedade atual (BARROS; SALVADOR, 2020, p. 15).

Observamos a grande relevância de inserir o aplicativo de mensagens *WhatsApp*, nas aulas de língua portuguesa, principalmente referente ao uso da linguagem, já que é notório como o *WhatsApp* faz parte da prática diária dos alunos. As autoras, ainda, explicam que durante as atividades solicitadas através do aplicativo, foi possível observar como os alunos diferenciam situações como:

> Em sala de aula, os alunos notaram que no aluno 2, diferentemente do aluno 1, encontramos marcas acentuadas do uso de gírias, como no uso de "tropinha",

"mais curto", "muito zika" e na abreviação tlgd ("tá ligado"), corroborando com a afirmação de GOMES (2016, p. 83) de que "as redes digitais de relacionamento têm permitido e potencializado novas formas de ser e estar no mundo, de ensinar e aprender", mostrando que a escola deve contextualizar seu ensino, principalmente no que tange a linguagem (BARROS; SALVADOR, 2020., p. 17).

Desse modo, além da conscientização sobre as variações linguísticas, pode haver mais facilidade em trabalhar as diferentes variações existentes. Para finalizar, as autoras explicam que a professora levou uma nova proposta para turma, colocando em destaque fatores externos, como sexo, idade e fator socioeconômico. Após separar os alunos em grupos, a professora pediu que os grupos escolhessem um fator e criassem uma situação comunicativa que exemplificasse o item selecionado, para que depois fosse encenado para a turma. Devido à atual situação de distanciamento, uma alternativa seria que os alunos filmassem suas encenações e as compartilhassem no *WhatsApp*. Posteriormente, a professora abre um debate com a turma, indagando-os sobre a encenação e, principalmente, sobre suas experiências pessoais ligadas ao tema trabalhado.

Barros e Salvador (2020) argumentam que foi possível perceber com a discussão que os alunos tiveram consciência de que existe uma variante de maior prestígio na sociedade, mas que isso não é motivo para que haja o preconceito linguístico, visto que há uma adequação ao contexto de comunicação.

> Ficou claro para eles de que ter conhecimento da variedade padrão é de suma importância, já que é a variedade cobrada pela sociedade, no entanto se adaptar e moldar-se ao ambiente de comunicação é algo significativo para se evitar os julgamentos dos possíveis falares que podemos encontrar no ato comunicativo (BARROS; SALVADOR, 2020, p. 18).

Desse modo, podemos compreender que levar a inovação da internet para as aulas é possível e, principalmente, propiciar diferentes formas do uso da linguagem para que o aluno saiba a maneira adequada de empregá-la, o que é uma das atribuições escolares. Contudo, para que isso ocorra na prática, é necessário valer-se das ferramentas tecnológicas e midiáticas usuais na sociedade atual, pois aprender fazendo o uso real da língua ainda é o melhor modo de aprender.

Conforme argumenta Schmidt (2017),

> Tendo em vista essa realidade constatada, defendo a importância de o professor-pesquisador refletir sobre o uso dos recursos pedagógicos, visando uma autonomia teórico-metodológica. Sobretudo, que ele possa ter condições de refletir sobre o que as pessoas fazem como usuários falantes de idiomas, ao agirem e interagirem nos diversos contextos socioculturais (SCHMIDT, 2017, p. 97).

Assim, ressaltamos que utilizar as mídias em sala de aula pode ser um recurso de significante préstimo durante as aulas de língua portuguesa, desde que utilizadas acertadamente e com a devida finalidade.

Mais do que buscar soluções para o agora, é fundamental que, dada a atual situação enquanto professores tomemos uma nova postura diante das tecnologias. Foletto (2021) nos leva a refletir sobre adotar um novo comportamento diante da inserção das tecnologias nas aulas:

> Seria também o momento de incluirmos nas nossas aulas, quando voltarmos a modalidade presencial, o uso de celulares e/ou *tablets* nas nossas aulas, adaptando nossos estudantes à um contexto tecnológico de ensino e aprendizagem mediados por esses recursos que antes eram vistos por eles apenas como entretenimento – ou na própria concepção dos aprendizes como passatempo –, pois não sabemos quando enfrentaremos outro momento que nos impossibilite de frequentarmos o espaço físico escolar (FOLETTO, 2021, p. 55).

Compreendemos que além da urgência do agora, faz-se necessário, uma visão a longo prazo em relação ao ensino de variação linguística nas escolas, pois uma nova realidade se estabelece diante do atual cenário, sendo preciso acompanhar os meios tecnológicos em que a linguagem se insere.

6. Considerações finais

Neste artigo foi possível promover a reflexão de que no atual momento de crise é essencial criar meios alternativos, inovadores e de fácil utilização e acesso. Ressaltamos a importância de se avançar, mesmo diante de uma nova rotina, como um desafio a ser transposto por todos os envolvidos em uma comunidade escolar. Afinal, os alunos precisam de algo concreto e devidamente orientado para dar continuidade aos seus estudos. Vislumbra-se a possibilidade de se pensar em uma alternativa simplificada para a promoção da interatividade entre professores e alunos, com a inserção da televisão, de aplicativos como o *Facebook* e o *WhatsApp*, pois qualificam-se em possibilidades concretas e viáveis da promoção e da veiculação da diversidade linguística.

Ao percorrer as determinações dos documentos oficiais, como o PCN sobre as aulas de língua portuguesa, e compreender suas implicações na prática docente, podemos perceber que a relação entre o ensino e a aprendizagem precisa ocorrer de forma intrínseca entre língua, educação e sociedade. É por isso que não podemos conceber um ensino de língua materna isolado da realidade do alunado e também das exigências da sociedade contemporânea, na qual informação e conhecimento se propagam de forma espantosa. Nesse sentido, podemos ver cada vez mais dentro deste momento histórico atual que a educação necessita ser o elo entre a língua e seus falantes.

Reafirmamos a importância de o ensino de língua portuguesa estar pautado pelos pressupostos da Sociolinguística Educacional e mediado pela pedagogia da variação. Acreditamos, assim como muitos outros pesquisadores, que as questões discutidas sobre um ensino envolto numa pedagogia da variação linguística precisam ser discutidas com todos os docentes em formação inicial e/ou continuada para transformar as práticas em suas salas de aula por meio da troca de experiências num diálogo mais efetivo entre teoria e prática.

Por fim, consideramos positivo todos os estudos que se preocupam com o processo de intervenção didática, não apenas por promoverem um espaço de reflexão sobre a língua em uso, mas sobretudo, por possibilitarem aos docentes de língua portuguesa e aos alunos um novo olhar sobre a heterogeneidade linguística.

Referências

ALKMIM, Tânia. Sociolinguística: Parte I. In: MUSSALIN, Fernanda; BENTES, Anna Christina (Orgs.). Introdução à Sociolinguística: domínios e fronteiras. 2. ed. São Paulo: Cortez, 2001.

BAGNO, Marcos. A língua de Eulália: novela sociolinguística. São Paulo: Contexto, 2008.

BEZERRA, Benedito Gomes; PIMENTEL, Renato Lira. Normativismo Linguístico em Redes Sociais Digitais: uma análise da Fanpage língua portuguesa no Facebook. Trabalhos em Linguística Aplicada, [s. l.], v. 55, n. 3, p. 731-755, dez. 2016. Disponível em: https://www.scielo.br/scielo.php?script=sci_arttext&pid=S010318132016000300731&lng=pt&tlng=pt. Acesso em: 06 jan. 2021.

BORTONI-RICARDO, Stella Maris. Educação em língua materna: a sociolinguística na sala de aula. São Paulo: Parábola Editorial, 2004.

BORTONI-RICARDO, Stella Maris. Análise e diagnose de erros no ensino da língua materna. In: BORTONI-RICARDO, S. M.. Nós cheguemu na escola, e agora? Sociolinguística e educação. São Paulo: Parábola, 2005, p. 53-59.

BORTONI-RICARDO, Stella Maris; FREITAS, V. A. de L. Sociolinguística Educacional. In: HORA, Dermeval da; et al. (Orgs.). Abralin: 40 anos em cena. João Pessoa: Editora Universitária, 2009.

BRASIL. SECRETARIA DE EDUCAÇÃO FUNDAMENTAL. Parâmetros Curriculares Nacionais: terceiro e quarto ciclos do ensino fundamental: língua portuguesa. Brasília: MEC/SEF, 1998. Disponível em: http://basenacionalcomum.mec.gov.br/images/pcn/portugues.pdf. Acesso em: 18 jan. 2021.

CAGLIARI, Luiz Carlos. Alfabetização e Linguística. São Paulo: Scipione, 2007.

CYRANKA, Lúcia Furtado de Mendonça. A pedagogia da variação linguística é possível? In: ZILLES, A. M. S.; FARACO, C. A. Pedagogia da variação linguística: língua, diversidade e ensino. São Paulo: Parábola Editorial, 2015, p. 31-51.

CYRANKA, Lúcia Furtado de Mendonça. Sociolinguística aplicada à educação. In: MOLLICA, Maria Cecilia; FERRAREZI JUNIOR, Celso (Org.). Sociolinguística, Sociolinguísticas. São Paulo: Editora Contexto, 2016.

DIAS, Paula Maria Cobucci Ribeiro. Contribuições da sociolinguística educacional para materiais de formação continuada de professores de língua portuguesa. 2011. 323 f. Tese (Doutorado em Linguística) – Universidade de Brasília, Brasília, 2011.

FARACO, Carlos Alberto. Norma culta brasileira: desatando alguns nós. São Paulo: Parábola, 2008.

FARACO, Carlos Alberto. Norma culta brasileira: construção e ensino. In: ZILLES, A. M. S. Pedagogia da variação linguística: língua, diversidade e ensino. São Paulo: Parábola Editorial, 2015, p. 19-29.

FOLETTO, Daniele Angélica Borges. Expressões Idiomáticas em Contexto de Ensino de Língua Inglesa a partir de Séries Televisivas. 2021. 141 f. Dissertação (Mestrado)

– Curso de Linguística, Unemat Campus Universitário de Cáceres Programa de Pós-Graduação Stricto Sensu em Linguística, Cáceres, 2021.

LIBÂNEO, José Carlos. Pedagogia e pedagogos: para quê?. São Paulo: Cortez, 1998.

MASETTO, Marcos Tarcísio (Org.). Docência na Universidade. 4. ed. Campinas: Papirus, 2002.

MELO, Regina Ferreira. Variação linguística e tecnologia digital: por uma abordagem reflexiva da língua portuguesa no ensino fundamental. Dissertação (Mestrado Profissional em Letras) – Universidade Federal de Uberlândia, Uberlândia, 2019. Disponível em: http://dx.doi.org/10.14393/ufu.di.2019.625 . Acesso em: 02 jan. 2021.

SALVADOR, Ana Maria; BARROS, Adriana Lúcia de Escobar Chaves de. Um estudo sobre variação linguística no WhatsApp. Web-Revista Sociodialeto, v. 10, n. 29, p. 46-65, 20 fev. 2020. Disponível em: http://sociodialeto.com.br/index.php/sociodialeto. Acesso em: 12 fev. 2021.

SANTOS, Marta Minervino dos. Procedimentos pedagógicos para abordar a variação linguística a partir de programa assistido por alunos do Ensino Fundamental. Dissertação (Mestrado) – Curso de Educação e Linguagem, Universidade Federal de Alagoas, Centro de Educação Programa de Pós-Graduação em Educação, Maceió, 2010. Disponível em: http://www.ufal.edu.br/unidadeacademica/cedu/pos-graduacao/mestrado-e-doutorado-em-educacao/dissertacoes/2008/marta-maria-minervino-dos-santos. Acesso em: 10 fev. 2021.

SCHMIDT, Cristiane. O livro didático de língua alemã no contexto de formação de professores no Brasil. Curitiba: Appris, 2017.

SILUS, Alan; FONSECA, Angelita Leal de Castro; JESUS, Djanires Lageano Neto de. Desafios do ensino superior brasileiro em tempos de pandemia da Covid-19: repensando a prática docente. Liinc em Revista, [s. l.], v. 16, n. 2, p. 1-17, 11 dez. 2020. Disponível em: http://revista.ibict.br/liinc/article/view/5336. Acesso em: 26 jan. 2021.

Sobre os autores

Felício Wessling Margotti – É doutor em Letras pela UFRGS (2004) e Professor Titular da UFSC. Atualmente, é professor Voluntário do Programa de Pós-Graduação em Linguística da UFSC. Participou na elaboração do Atlas Linguístico-Etnográfico da Região Sul do Brasil - ALERS e no Projeto Atlas Linguístico do Brasil – AliB.

Martina Steffen – É doutora em Romanística pela Christian-Albrechts-Universität zu Kiel (2011) e pós-doutora pela UFRGS (2012) e pela UFFS (2017-2018). Atualmente, é colaboradora científica na Universidade de Augsburg, Alemanha. Sua experiência na área de Linguística abrange Sociolinguística e Dialetologia, com várias publicações e coedições sobre variação fonética do português entre imigrantes alemães no Brasil e o contato linguístico entre o português e o espanhol na fronteira entre Brasil e Argentina.

Cristiane Horst – É doutora em Letras/Filologia Românica pela Christian-Albrechts-Universität zu Kiel (2009) e pós-doutora pela Universität Augsburg (2021). É Professora associada da Universidade Federal da Fronteira Sul - Campus Chapecó – UFFS. É vice-líder do grupo de pesquisa ALCF e responsável pelos projetos ALCF – OC e Plurilinguismo e Educação.

Celina Eliane Frizzo – É mestre em Estudos Linguísticos pela Universidade Federal da Fronteira Sul (2017) e doutoranda no mesmo programa. É membro do Grupo de Pesquisa ALCF desde 2015, atuando principalmente no contato linguístico entre o português e línguas indígenas.

Ana Elizabeth Fornara – É mestre em Estudos Linguísticos pela Universidade Federal da Fronteira Sul (2019) e membro do Grupo de Pesquisa ALCF desde 2016, atuando nas áreas de diversidade linguística, mudança linguística, bilinguismo, línguas minoritárias e dialetologia.

Marcelo Jacó Krug – É doutor em Letras/Filologia Românica pela Christian-Albrechts-Universität zu Kiel (2009) e pós-doutor pela Universität Augsburg (2021). É professor associado na Universidade Federal da Fronteira Sul - Campus Chapecó – UFFS e coordenador do grupo de estudo e pesquisa do ALCF.

Edenize Ponzo Peres – É doutora em Estudos Linguísticos pela UFMG (2006) e pós-doutora pela Pontifícia Universidade Católica de Minas Gerais (2016). É professora voluntária na Graduação em Letras da UFES. Atualmente coordena o Grupo de Pesquisa A diversidade linguística do Espírito Santo (Gediles).

Marco Antônio de Oliveira – É doutor em Linguística na University of Pennsylvania (1983). Atualmente é prof. adjunto da Pontifícia Universidade Católica de Minas Gerais. Pesquisa na Sociolinguística e Dialetologia, atuando principalmente em aquisição da escrita, fonologia do português, variação e mudança linguística, sociolinguística e linguística textual.

Joachim Steffen – É doutor em Romanística pela Christian-Albrechts-Universität zu Kiel (2006). De 2007 a 2011, foi professor visitante na UNAM, México, e entre 2011 e 2013, bolsista da Fundação Alexander von Humboldt na UFRGS, Porto Alegre. De 2016 a 2018, atuou como professor visitante na USP. Desde fevereiro de 2018, é professor catedrático de Linguística Românica na Universidade de Augsburg, Baviera. É diretor de um projeto DFG-CONICET sobre tratados médicos em espanhol e guarani (*"Pa'i ha pajé"*) e de um projeto de edição do manuscrito *Paraguay Cultivado* de J. F. Sánchez Labrador, SJ. Em 2022, coordenou um projeto interdisciplinar em colaboração com a UNaM (Misiones, Argentina) (redbaymis.net) sobre diversidade cultural e contato linguístico em Misiones, Argentina.

Ediene Pena Ferreira – É doutora em Linguística pela Universidade Federal do Ceará (2007) e professora da Universidade Federal do Oeste do Pará (UFOPA). Faz parte do Grupo de Estudos em Funcionalismo (GEF/UFC) e coordena o Grupo de Estudos Linguísticos do Oeste do Pará (GELOPA).

Thaiza Oliveira da Silva – É mestra em Educação na Universidade Federal do Oeste do Pará (UFOPA) – ANO - e doutoranda em Educação na Amazônia (Doutorado em Rede - Educanorte/UFOPA). Integra, como pesquisadora, o Grupo de Estudos Linguísticos do Oeste do Pará – Gelopa. É professora da rede estadual do Pará e ministra aulas de Língua Portuguesa e Inglesa no Ensino Básico.

Simone de Sousa Naedzold – É Mestra em Letras - ProfLetras/Unemat/Sinop/MT (2018) e doutoranda em Linguística, Unemat de Cáceres/MT. É pesquisadora do Projeto de Pesquisa - VERRES - Versões, reformulações, ressignificações: como funciona a linguagem.

Antonio Carlos Santana de Souza – É doutor em Letras pela UFRGS (2015) e pós-doutor pela UNEMAT (2016). É líder do Núcleo de Pesquisa e Estudos Sociolinguístico e Dialetológicos do CNPq (NUPESD-UEMS) e do Laboratório Sociolinguístico de Línguas Não-Indo-europeias e Multilinguismo do CNPq (LALIMU) e o Editor-chefe da Web-Revista SOCIODIALETO.

Neusa Inês Philippsen – É doutora em Letras pela USP (2013) e pós-doutora pela USP (2018) e pela Universität Augsburg - Alemanha (2022). Atualmente é professora adjunta da Universidade do Estado de Mato Grosso. É membro da equipe Red-BayMis, do Grupo de Trabalho Estudos Linguísticos na Amazônia Brasileira, dentre outros.

Sanimar Busse – É doutora em Estudos da Linguagem, pela Universidade Estadual de Londrina/UEL (2010) e professora efetiva da Universidade Estadual do Oeste do Paraná/Unioeste. Trabalha no Programa de Desenvolvimento de Educação - PDE/PR e coordena o Subprojeto de Língua Portuguesa, da Universidade Estadual do Oeste do Paraná/Unioeste, campus de Cascavel.

Rayani Andressa da Cruz Oliveira – É Mestre em Linguística pela Universidade do Estado de Mato Grosso (2019) e doutoranda em Linguística na mesma universidade. É integrante do grupo de pesquisa Mato Grosso: falares e modo de dizer (UNEMAT).

Cristiane Schmidt – É Doutora em Letras pela Universidade Estadual do Oeste do Paraná/UNIOESTE (2016) e pós-doutora em Linguística pela Universidade Estadual do Mato Grosso do Sul/UEMS (2018). É Docente Permanente do Programa de Pós-graduação em Linguística da Universidade Estadual do Mato Grosso/UNEMAT e líder do Grupo de Pesquisa e Estudos de Narrativas de Sujeitos-Professores em Formação-SUPROF.